パフォーマンス・アプローチ心理学

自然科学から心のアートへ

フレド・ニューマン　ロイス・ホルツマン　著

茂呂雄二　監訳

岸磨貴子　北本遼太　城間祥子　大門貴之　仲嶺真　広瀬拓海　訳

ひつじ書房

UNSCIENTIFIC PSYCHOLOGY

A Cultural-Performatory Approach
to Understanding Human Life

by Fred Newman and Lois Holzman

Japanese translated by Makiko Kishi, Ryota Kitamoto, Shoko Shiroma, Takayuki Daimon,

Shin Nakamine, and Takumi Hirose under the supervision of Yuji Moro

Japanese translation published by arrangement with Lois Holzman
through The English Agency (Japan) Ltd.

目　次

日本語版への序文

　フレド・ニューマンと私が本書『パフォーマンス・アプローチ心理学：自然科学から心のアートへ』を書いて以来、アメリカの心理学(つまり米国のという意味ですが)は、地球全域で恐ろしいまでに支配的となりました。支配的ということで私は、心理学研究職と専門職の訓練内容に関する主要情報源となっているということだけでなく、米国以外の国々とヨーロッパの諸文化もますます心理学化されてきたことを意味します。このことを理由に、私たちが本書で心理学の歴史を暴露したことは適切だったと考えます。私たちが暴露したのは、西欧の心理学が、どのようにして心理学自体とその主題内容(人間とは何かに関する心理学の見方)を作り出したのかの歴史なのですが、この暴露は文化を越え時代の観点からも適切だったからです。心理学がどこから来て、人間にどのようなダメージを与えたのかを理解するために必要なのは、人間の生についての全面的に新しい理解と実践を創造することでした。これこそがニューマンと私の生のあり方だったのです。私たちは、既存の心理学を脱構築することと、人間の生への文化的パフォーマンスアプローチを創造することが、同時に達成されるのを学びました。この意味で、本書『パフォーマンス・アプローチ心理学』は、批判のための批判ではなく、心理学を廃棄し人間の生を革命的に再構築することを目指すマニフェストです。

　本書のページをめくるごとに、みなさんはニューマンと私たちのコミュニティが用意した新しい概念に出会うことになるでしょう。私たちのコミュニティは、ニューマンと私が当時の何百人の人々そして現在の何千人もの人々とともに、私たちの道具と結果の方法論の実践と理論を通して、心理学の再構築／脱構築を行うことを可能にした環境なのです。このような私たちの生のあり方が示すように、発達のコミュニティを形成することは、同時にセラピーにも、哲学することにも、パフォーマンスにもなるのです。本書を通して、このことをみなさんと共有できることを、とても光栄に感じています。

ロイス・ホルツマン　2022年5月

献　辞

　本書を私たち二人の指導者、レノラ・フラーニ、ケネス・ガーゲン、レフ・ヴィゴツキー、ルートウィヒ・ウィトゲンシュタイン、そして私たちの発達するコミュニティの数多くの仲間たちと学生と友人たちに捧げます。

前書き

　長い間、私たちは少数の本しか出版してきませんでした。結局のところ、私たちは根っからの実践家でありアクティビストなのです。最近の数年（そしてこれからの数年）、私達の共著ならびに単著が刊行されてきています。しかし、基本的に、私達はアクティビストなのです。1979 年の最初の共著は、『方法の実践　The Practice of Method』と題したモノグラフでした。これは、伝統的左翼の実践の方法 (Method of Practice) から区別するための書名でした。実践は、私たちの方法などではないからです。むしろ、方法は、私たちが継続的に実践するものなのです。私たちにとって、方法とは何かに対して適用·される何かではないのです。私たちの見方では、マルクスを言い換えて、「即自的」ではなく「対自的」な活動です。ヴィゴツキーのことばでは、方法は「結果のための道具」に対する「道具と結果」です。

　過去 20 年にわたる私たちの実践－批判的活動は、思いもよらぬほど発達的なものでした。私たちのコミュニティを地理的に定義はできないものの、メンバーは数万人を数え日々成長しています。私たちは冗談めかして、私たちの発達のコミュニティを、60 年代スタイルの「壁のない大学」ではなく、ポストモダンの「大学のない壁」だという事があります。本当に多くの「外部の」人々が、私たちが何をしているのかをもっと知りたいと願っているようです。私たちも、自分たちの物語を全く歪めてしまう事なしに伝えるだけの、少々の自信はつきました。しかし、くり返しですが、私たちは主には実践家でありアクティビストです。というわけで、読者のあなたに、本書をただ読むのではなく、実践して欲しいのです。どうやって？　本書や私たちの他の仕事にお手伝いさせてください。本は誰かの「生活形式」を変えない限り価値がないと私たちは信じているのですが、最後に、このことを言わせてください。私たちの「生活形式」はすでに変わりました。もし、あなたのも変化したら、それこそ私たちの喜びになる事でしょう。

謝　辞

　私たちの知的なメンター以外に、このプロジェクトで共同作業をしてくれた人々に感謝します。これらの人々がいなかったら、本書の最終的な完成は不可能でした。フィリス・ゴールドバーグは計り知れない価値のある原稿整理と編集をしてくれました。キム・サボーは、止むことなく改訂される草稿を、たゆまずタイプし、タイプし直してくれました。そして私たちの研究チームのメンバーと、ケイト・ガードナー、クリス・ヘルム、キム・サボー、カレン・スタインバーグは、本書の執筆をともに成し遂げるのを支援してくれました。

　本書の執筆中に励まし助けてくれた、多数の友人、同僚、学生たちにも感謝を申し上げたいです。その中には、ニューマンの「哲学のパフォーマンスセミナー」とホルツマンのエンパイア・ステート・カレッジにおける研究会の参加者もいます。

　最後に、本書は、イーストサイド・短期心理研究所、イーストサイド・ソーシャルセラピーセンター、バーバラテイラー学校、カスティロ文化センターの仲間たちの 20 年間にわたる困難な実践なしには書き上げられることはなかったと思います。仲間たちが発達的な道具と結果を持続的に創造してくれたことで、私たちは書くべき言葉を見つけることができたのです。

凡　例

・本書は、Newman, F. and Holzman, L. (2006). Unscientific Psychology: A Cultural-Performatory Approach to Understanding Human Life. iUniverse. の全訳である。初版の 1996 年版は Praeger 社より出版されている。現在 2006 年版が手に取りやすいことを考えて 2006 年版を翻訳の底本とした。ただし一部印刷ミスなどで、両版に異同が認められた場合もあった。その場合には、当該箇所について著者の Lois Holzman 氏に相談しながら適切な版を選択して翻訳した。

・原著に明らかな誤記を確認した場合には、訳注でその旨を記した上で、正しい表記に改変している。

・原著引用部分で、日本語訳がある場合には、日本語版訳を示した。文脈などで一部改変が必要な場合は、訳注でその旨を示した上で、日本語訳を参考にしつつ一部を改変した。

・原著で引用符""で示された部分は、鉤括弧「」で括っている。

・原著で斜字体(イタリクス)で表記された部分については、圏点で示した。

第 1 章　序論

科学的な信念がなくとも、戦うことも、希望することも、信じることさ
えも可能だ。

——ルートウィヒ・ウィトゲンシュタイン

哲学、自然科学、心理学

　当然あなたが今読書中と想定できるけれど、読んでいるあなたには、何か
読んでいるものがあるはずだ。読んでいるのが「序論」なら、それは何かに関
する序論であるはずだ。このような一見抽象的な哲学的問いや、この問い
の「一族」のような類似の問いは、相当程度、この本の役に立つ素材である。
我々の考えでは、この種の問いが意味をもつかは、——個人であれ、種とし
てのヒトであれ——人がまさに成長し発達し続けるかどうかに関わっている
のだ。本書は、通俗的な心理学の流行を分析したり批判したりするものでは
なく、クリニック、学校、大学や研究所で行われている自然科学ではない心
理学を暴露するものでもない。同様に、心理学を方法的にも実質的にも他の
科学(神経科学、生化学、遺伝学や認知科学)に接近させようとする動きを賛
美するものでもないし、心理学の科学性をもっと高めたいと願うものでもな
い。もし、本書が(単なる挑発ではない)「メッセージをもつ」なら、それは次
のようなメッセージになる。21 世紀の夜明けを前に私たちが目にしている
文化的、政治的そして道徳的な泥沼は主として科学的心理学によって作られ
た、というメッセージだ。

　哲学者や心理学者が主観とか心理と呼ぶものに関する、近代の研究が西欧
の哲学から (科学として) 生まれると同時に、心理学は (哲学という母親から

2

信念システムと病理も受け継いだにも関わらず）即座に母親を覆い隠し、そして、もっとも偶像化された兄弟である近代科学の「健康」イメージをまとい始め、そしてもっとも畏怖する父親である資本主義のやり方で自分自身を商品化し始めた。しかし、このような振舞は個人レベルでも種のレベルでも、人間を成長させることはなかった。人間の種としての発達には、哲学者ルートウィヒ・ウィトゲンシュタインが新しい生活形式（新しい疎外の形式ではなく）と呼ぶもの、それだけというわけではないが、とくに主観的生活の新しい形式の創造が必要だと考えている。後ほど吟味するように、このような活動は、科学の標準からは除外されるというシンプルな理由で、科学的とはいえない（科学的ではあれない）。その活動に可能なのは、関係的で過激に民主的でそして非解釈的なものを理解する文化的アプローチである。それはまさに自然科学ではない心理学である。さらに言えば、それは心理学などでは全くなく、質的に新しい、ある種の遊びであり、商品化されていない主観性のパフォーマンスなのである。

『革命のヴィゴツキー Lev Vygotsky: A Revolutionary Scientist』(1993) において、私たちが繰り返し問題にしたのは「革命的心理学者は何をすべきなのか？」であった。本書は、ある意味で、『革命のヴィゴツキー』の続編である。前著では、人間の発達を再開するために必要な革命的科学活動の創造において、ヴィゴツキーが果たした貢献に関して、最大限理論的な議論をしてみた。そこでは、人間の根本的社会性の哲学的政治的な力の肯定という、ヴィゴツキーの読み方を呈示した。本書では議論を拡張して、モダニズムの息苦しい（擬似）科学的心理学と、現在のポストモダン化によって示される可能性を架橋する、「プレ・ポストモダン」にヴィゴツキーを位置づけてみる。心理学がどのようにして哲学から生まれ、科学と資本主義のイメージで自分を作り上げたか（と同時に自分を商品化したか）について物語ることで、困難な課題ではあるが、新しい、自然科学を超えた心理学を作り上げることにも注目して欲しいと考えている。

私たちの物語の始まりは、（始まりは物語の中にしかないのだが）古代ギリシャからである。このギリシャにこそ、近代科学と心理学の祖先神がいるからだ。最も強力な神を少しだけあげれば、真理、個物、個体、システム化、

説明、解釈等の神々である。第 1 部の「哲学のいくつかの物語」は、哲学の生
と死に関する一連の物語からなり、哲学に対するポストモダン的導入（であ
り追悼記事）となっている。(古代ギリシャ)哲学は、思考とは何かを定義した。
(特に、哲学は思考を定義可能だと主張した。) 地球上の (またはそれ以上の)
生命の存在論的な性格付けと、理解の認識論的な性格との二元性を確実なも
のとしてしまった。それに加えて、哲学は、特殊な二元性をもつ西欧生まれ
にも関わらず(善きにつけ悪しきにつけ)世界中を支配する、思考システムも
生み出してしまった。その思考システムとは、政治、科学、テクノロジーそ
して心理学である。

　これらの哲学の子ども達の物語のなかで、20 世紀後半に最も政治的力を
得たのは、――もっとも概念的に貧しい――心理学であった。というのも、
抽象と自己意識という人間の能力に関する 2 千年にわたる哲学の黙想を、シ
ステム化された科学的な調査に転換するという課題を引き受けたのは、心理
学だったからだ。心理学は科学を偽装し理性の声となって(理性や他の人間
固有の諸特性として)近代社会にうまいこと取り入った。第 2 部「心理学のと
んでもない物語：国家と心」は、この新しい学問が、どのようにして、たく
さんの古代神話を不朽のものとしつつ、心理学自身の新しい神話を創り出す
ことに成功したか、どのようにして新しい研究実践と事実の確立を行うのか、
頻繁に臆面もなく便宜主義を利用して、どのように自分のためのマーケット
を作ったのかを明らかにする。心理学という神話は、何も発見することは無
かったのに(なぜなら、私たちが強く主張したいことだが、もともと発見さ
れるものなど何も無いからだ)、恥知らずにも、独自の主題を発明してしまっ
たのだ。神話としての心理学には、次の 3 種の擬似科学の、もっとも破壊
的な要素を認めることができる。それは、個人という神話、精神病理の神話、
発達の神話である。これら三つが合わさって、心理学という神話を作り上げ
ている。

　主観性／認知の商品化に伴って、科学的心理学は、20 世紀中の超商品化
あるいはメタ商品化の時代において、市場の要求に答える主要な産品となっ
た。しかしながら、私たちの物語にはたいへん重要な西欧の経済史について
は、本書ではほとんど触れることができない。詳細を語ると、別の本になっ

4

てしまうと恐れるからだ。我々が語るのは、知的成果の生産にかかわる腐敗物語だ。

　私たちを鼓舞してきた、ポストモダンの洞察と分析の物語を紡ぎたい。ポストモダンの全てに賛成はしないが、今日の社会構成主義者、脱構築主義者、活動理論／文化心理学、フェミニスト、哲学的心理学の大量の著作に、楽観主義の原因を見つけることができた。私たちの考えでは、現代の心理学者がルートウィヒ・ウィトゲンシュタインの反基礎付け主義に示した興味関心は、特に重要である。明らかなのは、2500年に及ぶ、体系化された形而上学的哲学の時代は（そして、おそらく近代科学の理解に関する350年の唯一で絶対的パラダイムの時代も）終りになろうとしている。それらが無くなるとき、世界はどのようになるのだろうか？　現在の心理学のポストモダン化——強大な力としての科学とイデオロギーとしての科学主義に対するかつてない拒絶——は、歴史が、停滞した哲学、絶対主義の科学そして科学的心理学からさらに発達的に自由になり続けていることを示している。

物語よりも雄弁に語る活動

　ドイツ人のエッセイスト・批評家のヴァルター・ベンヤミン（Walter Benjamin）は「人類はホメロスの時代にはオリンピアの神々のまなざしの対象だったが、今や、人類自身のまなざしが自己へと向けられている。人類の自己疎外は、人類自身の破滅をなによりの美的悦楽として経験するという所までに至っている」と述べている。近年の、モダニストの知識、理解、絶対的な意味、真理指向的対象物から、徹底した概念枠組みの分析への転回は、人文諸科学から物語を抽出して、社会科学的思考の中心舞台へと押上げたのである。物語、ナラティブ、メタファーそして神話は、ポストモダンの知識と理解の「中身」となった。真理性、合理性、論理そして議論という西欧の思考と結びついた概念族である、知識、理解、意味は、過ぎ行く時代の残滓になりつつあると言われている。それらは、数百年の間、近代の説明的認識論の模範となってきた本質的要素として、近代の科学技術の方法論的基礎を形成してきた。しかし、この知り方は——一つの知り方なのだが——、（私たちは

これを正確な名付けだと考えているが)「認識論革命」と名付けられた動きの中で異議申し立てが行われてきた(たとえば McNamee, 1993)。

　幅広い影響力をもつ、米国の心理学者ジェローム・ブルーナー(Jerome Bruner) は、パラダイム的姿勢から、ナラティブの姿勢への転換と呼んでいる(Bruner, 1984; 1993)。このうちパラダイム的姿勢とは、説明(すなわち、一般法則、カテゴリー、そして絶対的な演繹あるいは帰納的な真理)が追求されるものだ。ナラティブの姿勢からすれば、知ることと理解することは説明ではなく、解釈的である。意味は、それが指し示す対象物に「まさにそこに」あるのでも、「私たちの心の中に」あるわけでもなく、むしろ私たちの会話の中に、談話の中に、私たちが創造し使用する言語の中にある。私たちは単に情報処理する種ではなく、意味を創り出す種なのだ。私たちが創造した(生成し構成した)、社会的に構成されたナラティブ(物語)を通して、生き、そして意味を作るのだ。

　こうはいっても、物語やナラティブが、何も新しく発見された現象だということではないし、文化的個人的なアイデンティティ形成において果たす役割が注目されてこなかったというのでもない。しかしながら、相対的に新しいことは、物語と語りが心理学にとって、とくに発達心理学や精神病理学にとって、重要であり興味深いということだ。私たちに特別興味深いのは、ナラティブとナラティブの姿勢が、近代社会科学のイデオロギーと方法論に対する最大限の批判となっていることだ。

　私たちの見方では、人間理解に関する構成主義とナラティブ研究は、近代的科学絶対主義から離脱する上での重要な一歩である。それ以上に、理解のための支配的メタファーを、見ることと視野のメタファーから、声のメタファー(つまり会話の媒体)に転換したことは、西欧の思考(そして思考に関する思考)のジェンダーバイアスを暴露することともなった。私たち自身も、この新しい伝統が作った重要な研究から影響を受けつつ、それを活用してきた。しかし同時に、この新しい伝統がモダニストの世界観から完全には離脱できていないとも考えるので、物語を越えること——革命的で関係的な活動と呼ぶものへと至ること——が、必要であるばかりでなく可能だと考えている。

　そうなると、あなたは、私たちが以降のページで物語を語るのはなぜかといぶかしく思うのではないだろうか。とくに、「哲学の物語」や「心理学のとんでもない物語」とは何だろうかと不審に思うだろう。一方で、これらの物語は可能な物語に過ぎないというナラティブー構成主義の主張も行うのである。つまり、私たちの語らねばならないことは、歴史（哲学の暦あるいは心理学の歴史）でもなければ、真実でもない。しかし、現代の大衆文化が繰り返し示すように（とはいえポストモダンはまだ充分そうしてはいないが）、物語は真理を主張しないものの、私たちに様々な度合いのインパクトを与える。ある意味で（あるいは他の意味で）一つの物語は、他の物語よりも良いものと映ることとなる。

　他方、私たちが強調したいのは、物語とナラティブの概念と、そして解釈概念それ自体でさえ、外部にあるのではなく、私たちの批判的解明の、伝統そのものの一部だということだ。明らかに、ナラティブの姿勢は、批判的な姿勢の一つである。ナラティブも物語も、近代社会科学の方法論的、イデオロギー的なバイアスを暴く上で価値のある批判の道具である。それらは、支配的パラダイムの改善であり、改良である。しかし、これは、私たちの見方では、（レフ・ヴィゴツキーの言う意味で）実践－批判的ではないし、革命的でもないし、発達的な道具と結果 developmental tools and results でもない。私たちの研究の中核にある、この違いは議論を進める中で明確になると期待している。

　このナラティブの姿勢は、（意識的でないとしても）とくに根底的な意味で真理性にとらわれている。多くのナラティブー構成主義の理論家と実践家が、解釈の方法によって真理性の放棄を企てたり、時に放棄したと主張する。例えば、旧来の心理療法では、セラピストが「物語」を「真理」（すなわち、核心、本質、深層にある本当の意味）に置き換えるのとは対照的に、ナラティブー構成主義的セラピーには先取りされた真なるものは無い。ナラティブの伝統における著名な心理療法家であるリン・ホフマン（Lynn Hoffman）によれば「ポストモダンのセラピストは、本質を信じていない。社会的に達成される知識は、相互行為の瞬間瞬間で、知識自身を変化させ更新する。物語やテクストに隠れた、根源的意味等は無い。このような見方に立つセラピストは、新し

い、より有用なナラティブが会話を通して深層の意味を表面化すると期待するだろうが、このナラティブは計画されたというよりも自発的なものだと分かるだろう。セラピストではなく、会話が著者なのだ (Hoffman, 1993, p.18)」。

　真理性の概念に、セラピスト達が明示的に言及しようがしまいが（例えば、Anderson and Goolishian (1992, p.30) が患者の「ナラティブの真理性つまり物語化された生の一貫した真実性」に言及する場合のように）、ナラティブの姿勢の中核には真理性への囚われがあるように思われる。真理性概念は、フィクション、ナラティブ、物語、そして解釈に埋め込まれている。それらは、結局のところ真理を指示しているのだ。ある解釈というのは、特定の環境における真なる命題のことだ。つまりは、ある解釈を所与のものとすることで、何か真なるものを手にするということなのだ。

　ガーゲンとケイ (Gergen and Kaye, 1993) は、真理性に基づかないセラピーアプローチを創造するなら、ナラティブに基づく再構築を越えなくてはならないと述べて、私たちに近いことを主張している。ナラティブの内部でナラティブを通して、人が人生を送り、いわば「ナラティブへの深い傾倒」を表現する等、ナラティブを理解のシステムと見なすことは問題だと、彼らは述べている。「すなわち一定の自己物語に深く傾倒し、それを「今の自分にとって正しいもの」として受け入れることは、その人の語ることの可能性を大きく制限してしまう。ある人が成功したと信じることは、その人が失敗したと信じることを、何らかのやり方で弱らせることになる。両方とも結局ナラティブなのだ」(Gergen and Kaye, 1993, p.179)。ある物語が他よりも、より真実に近いと見なすことでは、真理性を消し去ることは困難である。ただ単に、何か他のレベルに引き戻すだけである。ナラティブへ傾倒することは、結局のところ、真理への傾倒なのだ。

　ガーゲンとケイは、セラピーにおいて、ナラティブを構築する価値をセラピスト自身がどのように理解しているかという問題を取り上げている。通常の説明によれば、ナラティブは患者に、世界についての新しい見方や、行為の構造を提供するという。ガーゲンとケイによれば、このような見方は、人間とナラティブそしてセラピーに関して、過度に固定的で、個人主義的で、非発達的な理解を強化してしまう。二人は、関係論的な代案を呈示する。二

人は、ウィトゲンシュタインの言語ゲームと生活形式の概念を引用しながら、ナラティブは、「より広範な生活形式」に埋め込まれた、特定の言語ゲームの中で、意味や有用性をもつと示唆している (Gergen and Kaye, 1993, p.177)。二人のウィトゲンシュタイン解釈では、ある物語は「状況付けられた行為そのものであり、発語内効果を持つパフォーマンス」である (p.178)。意味と効果は関係的である。その価値とは、プラグマティックであり、特定の関係形態つまりゲームにおける一手として、関係の位置取りから発するのである。

　私たちはガーゲンとケイの批判に賛成する。彼等のナラティブ構築を越えようとする願望を共有もしている。彼等の分析の要点に共感するものの、しかし、どうしても親しみに満ちた（ヴィゴツキーの意味での）完成 completion も必要だと思う。ナラティブによる再構成を越えるには、私たちの考えでは、ナラティブの姿勢を越えることが必要だと思う。新しい生活形式を創造するために新しい物語を創造する、という考え方を越えねばならないことを意味するのだ。(結局、物語は生について語るものだが。)意味と使用の等価性を越えることを意味する。つまり、私たちからすれば、ウィトゲンシュタインの言語と言語ゲーム概念に関する、きわめて常識的で、過度にプラグマティックな理解を越えることを意味するのだ。ウィトゲンシュタインの一部の定式化が意味－使用の等価性を主張していることは明らかだ。しかし他の定式化は、言語ゲーム概念によって言語が生活形式としての活動であることを可能にすることが、言語ゲームの価値であることを示唆している(例えば、『哲学探究』の §23 で、「「言語ゲーム」ということばは、ここでは、言語を話すということが、一つの活動ないし生活様式の一部であることをはっきりさせるものでなくてはならない」[Wittgenstein, 1953]^訳注1 と述べていることに、私たちを含む複数の研究者 (Newman and Holzman, 1993; Shotter, 1991, 1993a; Shotter and Newman, 1995; van der Merwe and Voestermans, 1995)が注目している。

　私たちのウィトゲンシュタインの読み方は、プラグマティズムというよりも、活動理論である。(彼の生活の在り方ではなく)彼の「生活形式主義」は、真理性や現実性と無縁であるだけでなく、何にも無縁の理解のモードを創造するという試みであったと考えている。というのも、まさに「生活形式主義」は関係的であり、生きられた生としての関係性は、このようなラディカルな

一元論を必要とするからである。

　活動理論的ということで、私たちは、現代の文化を指向する認知、教育、発達心理学において、活動理論として知られる伝統を指している。初期の著作においてマルクスが定式化した「革命的な実践批判的活動」(1973) は、ヴィゴツキーによって心理学に取り入れられた (Vygotsky, 1978, 1987, 1993)。ヴィゴツキーにとって、持続的に転換する弁証法的統一の中にある学習、発達そして他の心理過程は、社会－文化－歴史的な活動である。それは個人の属性でもないし個人の精神内にもない。私たちは、ヴィゴツキーの活動概念は、二元論的で認知的な哲学－心理学パラダイムを拒絶する上で、物語よりも遥かに有望な候補となると考える。結局のところ、物語を物語足らしめる上で、物語は物語以外のものを必要としているのだ。物語は距離を置くことつまり物語そのものから離れた「…について性」を必要とするのだ。こうして、社会的構成や再構成があろうが無かろうが、成長と発達は、理解から生じるというモデルを踏襲していることになる。これに対して、活動は、創造的に創発するもので、活動以外のものに相関しない。活動は完全に自己再帰的なのだ。活動は、理解することと発達することと分離不可能な、社会－歴史的な生活形式である。

　私たちの発達的で関係的で活動理論的な視点からは、物語の「…について性」には二つの問題がある。第 1 は、観念論の懸念である。(例えば McNamee and Gergen (1992) の編集本への寄稿者達のような) 多くのナラティブ論者が示唆するように、もしナラティブしか無かったら、もしナラティブが現実であるとか現実を創造するとしたら、ナラティブ研究の枠組みの中で、どうやって物語を他のあらゆる対象から区別できるのだろうか？　ナラティブの外部にあるものや語られた現実は、ナラティブの内部になければならないのか？

　多くのナラティブ－構成主義のセラピスト等が、このパラドックスを、自己概念に訴えることで解決しようとしている。ナラティブの現実は、実際に個人的な現実である（それしかない）。人々は、物語を通して、アイデンティティあるいは自己の感覚を構成する。既に指摘したように、このことは一般にナラティブ構成の実用性として理解できる。より良い生を生きるために、より良い物語／自己／アイデンティティを構成するという実用性だ。

　ナラティブを自己とアイデンティティにリンクさせるという定式化は、発達研究にも見られる。この定式化においては、幼児期初期に物語を語り理解できるという子どもの能力は、自己(つまり自己を他者から弁別すること)の出現にとって本質的である。そうはいっても、自己ー他者の二元論はナラティブ研究に特有ではないのだが。これは、現在の言語ならびにディスコースの発達研究(物語)のほとんどにとっての枠組みとなっている。乳児と赤ちゃんは「自分たちの私的世界を超越する」とか「間主観性を共同創造する」などと記述される。対話は、乳児と赤ちゃんがより高次の「関係性」を達成するための乗り物となる(例えば、Dore, 1985; Stern, 1985, 1990; Trevarthen and Hubley, 1978; Wertsch, 1985a, 1991)。言語は、自己を創造し、私的知識を共有するための道具と見なされている。ナラティブの構成を通した、年少の子ども達の語られた自己の感覚の出現は、発達上重要な画期的出来事である。それは「患者がセラピストに開示する、まさにライフストーリーへと発展する自伝的な歴史」の始まりである(Stern, 1985, p.174)

　自己を創造するというナラティブの力強い役割こそが、ナラティブの「…について性」の第2の問題を引き起こすのだ。西欧文化において何千年か発展してきた、物語ることが自己を構成するということに私たちは賛同してきた。それが構成するのはまさに自己そのものに「ついて」であることが、発達的で創発的な方法の実践 practice of method の観点からすると問題となるのである。関係的であることから遠く離れて、アイデンティティと自己は反ー関係論的である(とくに最近「社会的自己」や「関係的自己」と言われるものでさえも関係論的ではない)。自己と自己が構成されるナラティブは、現代のあるいはポストモダンにおける疎外の支配的特徴である。それらは、個人化されたオントロジーへの傾倒を表現している。隠された自己を消去しても、自己ー他者の二元論を消去することにはならない。ナラティブ概念にともなう、(ナラティブの「外部」にあるもの、物語「以外の」ものという)他者の感覚は、同一性に基礎を置くもので、関係に基礎を置くものではないと私たちは考える。別の言い方をすれば、自己は疎外(あるいはより一般的に二元論)と同じく、私たちの文化においては、人間の生のパラドクスを効果的に解消する。活動理論のアプローチは、首尾一貫した形で(科学的に)解消するという

よりも、自己言及的なパラドクスに表現を与えることに関わろうとする。私たちの、理解の関係性に基づく見方では、パラドクスを実践的に受容することが大事となる。

　私たちは長く、人間は新しい生活形式を創造できる、つまり発達できるということを主題にしてきた。そうするためには、私たちは実践的－批判的に疎外に関わることが必要となると信じている。疎外の著者であり主人公である自己は、再構成されるのではなく、脱構築されるべきだ。この課題のためには、ナラティブの姿勢を、越えることが必要だ。物語を物象化するという傾向のため、ナラティブの姿勢は、活動としてのナラティブを見え難くした（それは、ちょうどウィトゲンシュタインにとって、日常の言語使用が「思考と生の流れの中においてのみ言葉は意味を持つ（1967,§173）」を見え難くしたように）。物語はそれを生み出した、プロセス（関係的活動）から切り離され、自己の再構成と、歴史的適応ではない、社会的適応（つまり疎外すること）のための、用具的 instrumental な道具となるのだ。既にみたように、発達的な道具は用具ではない。ヴィゴツキーに従えば、「前提であり産物でもある、道具でもあり結果でもある（1978, p.65）」のだ。ナラティブ活動が発達的となるのは、新しい生活形式を作る上での道具でもあり結果でもある tool-and-result 場合である（反対に結果のための道具や、より良い物語を作ることを目的にする場合には発達的にはならない）。この関係的な活動から、つまり語られたものと語られないもの、話された物語と話されなかった物語の弁証法的統一体の共同創造から生成するのは、さらなる活動であり、更なる歴史である。新しい生活形式を創造することで関係的な完成活動への誘いとしての、真理指示的ではない物語こそが、私たちが創造しようと苦闘してきたことなのだ。

　第3部、「方法の実践：自然科学でない心理学のためのあたらしい認識論」では、幾つか、私たちが創造したことについて考察する。私たちと仲間が過去四半世紀にわたって作ってきた「生態学的に妥当な」環境（コミュニティ）について、私たちの「方法の実践」コミュニティの「道具も結果も」とソーシャルセラピーの出現の両方にヴィゴツキーとウィトゲンシュタインの二人を結びつけたことについて述べることになる。ソーシャルセラピーは、科学的で真

理性が支配する臨床心理学への、明らかに科学的でもなく哲学的でもない対抗文化である。意味と言語（生産）に関するヴィゴツキーとウィトゲンシュタインの見方は、私たちの物語に、私たちの自然科学でない心理学に、そして私たちのコミュニティに広がっている。さらには、私たちは言語学と言語哲学にはほとんど言及しなかったが、本書全体が言語に関する議論だと考えている。最後の分析において、まさにウィトゲンシュタインが哲学において「成し遂げた」（哲学を消し去った）ように、私たちが「成し遂げる」（心理学を消し去る）のをヴィゴツキーは助けてくれる。最終的に、彼の社会文化的、科学的心理学を拒絶して、実践－批判的な人間の生の理解を目指す、自然科学を超えた文化（パフォーマンス）アプローチのために、心理学そのものを廃棄することで、ヴィゴツキーを完成させるのだ。

　心理学コミュニティは、私たちの結論の全てあるいは大半に同意しないだろうが、仰天するのではないかと思う。ニューヨークで開催されたアメリカ心理学会の1995年の年次大会で、数千の実践家が基本的に賛同を示しながら、心理学の問題に関するポストモダンの批判理論的議論を清聴した。しかし、公開の議論や私的会話では、とたんに、臨床心理学の擬似科学的レトリックを放棄することで信用と第三者からの資金を失うことになることに気付いたようだ。「科学っぽい説明」は臨床領域の貨幣なのだ。多くの臨床家が賛同するだろうが、その説明は救いはしないが、手に入れることを可能にするのだ。自分たちの会合では、私たち臨床家は、『DSM-IV』を笑い者にし、それ以上に、患者自ら感情の痛みから脱しようとするのを支援する際には『DSM-IV』などほとんど使わない。しかし、私たちは、この管理されたケアの時代では、官僚が作った書類を埋めて認可され支払いを受けるために、満足するような「科学的お話」を作るのである。明らかに、これが全ての臨床家に当てはまるわけではない。憤激していると自称する者の中には、ただ単に古き良きアメリカの、お金に価値をおくプラグマティストを単純に演じているだけの者も多いだろう。他の選択肢はないのだろう。

　もし心理学のコミュニティが（多少見せかけでも）憤激に至ったとすると、科学コミュニティは、通常の傲慢な、我関せずのやり方で反応すると予想できる。最近読んだ、思い上がった本『高度な迷信：アカデミックな左翼とそ

の科学との喧嘩　Higher Superstition: The Academic Left and Its Quarrels with Science (1994) (未邦訳)』において、ポール・グロス (Paul Gross) とノーマン・レヴィット (Norman Levitt) は、ハードサイエンスから無視されたことで、アカデミックな左翼コミュニティ(ポストモダン、フェミニスト、ネオマルキスト、社会構成主義、デリダやフーコーの信奉者等)の喝采を受けた。この本は、最近の科学批判に普及した、科学的な「へま」(著者のことば)を指摘する、最近のポストモダニスト集団の著作に対する逸話的な歴史を、(科学を含むいかなる基準に照らしても)とんでもなくひどい議論に仕立てたものだ。主張の中には不正確なものもある。しかし、科学的基準の信用を毀損しようとしている著作に対して、グロスとレヴィットが、無自覚的に科学の基準(科学の認識論と方法論)を採用して批判するところ等は、左翼と同じ程度に(この場合には両方ともにだが)傲慢にも非科学的である。最近とみに防御的になっているが、科学とはそんなものだ。科学はその方法が、自己の方法論も含めて、全てのあらゆるものの妥当性を決定できると主張する。19 世紀や 20 世紀の形而上学者が主張し、それ以前には教会の神父がそう主張したとき、科学者(若干若い)と哲学者(科学のスポークスマン)は、激しく抵抗したはずだ。

　しかし、これがグロスとレヴィットの最悪の科学擁護というわけではない。最もひどいのは、レフ・ヴィゴツキーが索引にも(本自体にも)出てこないということだ。ルートウィヒ・ウィトゲンシュタインは出てくるものの 1 度きりであり、しかも、重要な西欧哲学者に関する、当たり障りの無い短いリストに出て来るだけだ。これは欠落しているという事実以上に、重要なことを意味している。グロスとレヴィットは、ほとんどの部分でハードサイエンス・コミュニティによるいわゆる社会科学への批判の誤りを、どのような意味でも考察はしていない。(例外もあるが)ハードサイエンスは、その中核的なパラダイムに従って(あるいは実利主義によって)独善的に(例えば)心理学が自分を物理学に見せ(て利益を獲得し)ようとして、厳格な科学的方法を購入したことを見逃している。さらに言えば、科学のポストモダン批判の大半が繁殖する土地は、科学制度によって行われるパラダイムの統制のための権威主義的ポリティクスの場なのである。

　私たちの仕事は（ステファン・ドゥベリー（Stephan DeBerry）の意識と素粒子物理学に関する価値ある研究『意識の介在化と日常生活の心理病理学 The Externalization of Consciousness and the Psychopathology of Everyday Life（未邦訳）』のように）、とくに「ハードサイエンス」とそれに伴う科学技術の批判ではない。むしろ、人間の生と関係性に適用された、近代科学と認識論パラダイムによるヘゲモニーへの批判なのである。批判を越えて、（モダニズム、科学主義、パラダイム主義の妥当性を否定することで）近代科学パラダイムを自覚的に拒絶する理解に関する文化的アプローチを呈示しようと言うものだ。社会科学の役割（とアカデミックな右翼の政治的姿勢としてハードサイエンスが社会科学を批判したがらなかったこと）を考慮できなかったグロスとレヴィットは、アカデミックの左翼の批判を不誠実で、非科学的な政治的論争にしてしまった。今日、左翼はほとんど手柄をあげることができなくなっている。しかし、非発達的で、擬似科学的で、非人間的な社会科学である心理学を批判し、排除しようとする現時点での努力を、アカデミックな左翼は当然喜ぶだろう。グロスとレヴィットの政治パンフレットは、ハードサイエンス・コミュニティの降伏に向けられるべきだろう。「弱いリンク」である、いわゆる社会科学は物理学を窮地に追い込んできたのだ。自分の実利にかなうからという理由で、ペテン師と取引しない結果のようなものだ。

　たびたび巡回講義で、私たちは「しかし、もしあなた方の自然科学的でないアプローチが流行したらどうなるんです？」と質問される。私達の第一の答えは、「何も別に」である。自然を研究（し統制）する方法である科学は、尋常ではない実績を持っており、疑いなくさらに発展し続けるだろう。願わくば、全ての人間に対する全面的な奉仕として発展して欲しい。（科学の形而上学や宗教への変質や、とくに生きる人間の生活研究への誤った適用などの）科学的方法に関する粗雑な誇張を、私たちは変えたいのだ。私たちの2番目の答えは、「知らん」である。人間の生に関する研究と理解に、発達的で科学的でない文化的アプローチを、全般的に採用することは、疑いなく、ハードサイエンスも含む、生の全てに対して大きなインパクトをもたらす。それは最終的に、西欧が支配する世界についての、批判的な文化的仮説である（たとえば Lerner, 1991）。否、グロスとレヴィットや彼等の同類は、私たちの

仕事に対抗して自然科学を擁護する必要はない。私たちが挑戦するのは、近代の認識論の暴政や家父長制なのだから。ハードサイエンスが近代の認識論に過度に自分を重ねるならば、ハードサイエンスは、その政治的行為の代償を支払わなければならない。ちょうど、ソフトだが、お馬鹿な科学的心理学が今支払いをしているように。左翼は現在の 20 世紀において、政治的革命についてはあきれ果てるほど負けたが、それでも文化的革命の領域では、とても良くやってきた。自然科学でない心理学を含む、私たちの仕事は、そのような文化的で革命的なポストモダンの伝統の一部であることを、誇らしく思っている。

訳注

1．ウィトゲンシュタイン，L. 藤本隆志訳 (1976)『ウィトゲンシュタイン全集第 8 巻　哲学探究』大修館書店、§53 から引用。

（茂呂雄二訳）

第1部　哲学のいくつかの物語

　私たちの意見では、西洋における哲学の発生は、ギリシャ人、とりわけ、プラトン及び彼の教え子であり彼についての評論家でもあったアリストテレスと密接に関連している。古代ギリシャを明示的あるいは暗黙的に、ギリシャが他の文化より優れたものだとする無自覚で偏った立場に、私たちは少しもこだわらない。しかし、私たちは、ギリシャ哲学のまさに「本質」である自己意識の抽象化への関心（及び自己意識への抽象的な関心）は、良くも悪くも、人類の目に見えて分かる発達だと考えている。ギリシャにおいて、抽象化と自己意識の発生がなぜ起こったのかという問いは、興味深くまた、重要な問いである。それは単純に、私たちの問いでないだけである。私たちはそれがギリシャにおいて生じたことを否定できないように思われる。実際に、それを基本的に、人類の数々の発達の瞬間の一つとして見ることは、道徳的あるいは知的に優位だという主張を弱体化させる。人間は中央アフリカあるいは南アジアで最初に直立し、その後に南アフリカ、インド、中国、アメリカにおいて途方もない文明を築いた。これは、黒色、褐色、黄色、赤色（ネイティブアメリカン）の人々に対する白人の優位性を示すものではない。それは、自己意識の抽象化が白人を他の人々よりも優れたものにしないのと同じである。

　とはいえ、西洋の宗教（スコラ派キリスト教）、政治（社会契約状態）、科学技術（自然の数学化と対象化）、心理学（デカルト派と究極的なカント派、心と身体の調停）の著者／生みの親になることで、西洋哲学は過去2500年にわたって世界を支配してきた。数千年にわたる劇的な転換にもかかわらず、真実、実在、必然性、原因、個別性、自己といった中心的概念及びその他の概念は、考えること、話すこと、夢を見ること、そのほか私たちが行い経験する無数のことについて、私たち人間が考えたり、話したり、夢を見るやり方をも形作っている。しかしながら、今やこのイデオロギー的な連続性――骨化した概念的枠組み――はひびが入ってきている。私たちの思考方法に

とってはということだが、体系的な哲学の非常に豊かで発達的な時代は終わりに近づいている。私たちは、哲学は死んだと考えている。もし、今この本を読んでいる人の玄孫が振り返った時、彼らにとって 20 世紀における著しく重要な出来事として現れるのは、共産主義の死ではなく、哲学の死であるだろうと私たちは予測する。

　西洋の宗教、政治、科学技術、心理学は、哲学の主要な子ども／物語である。そして、非常に壮大な物語は、それら自体が、また相互に関連しながら、数千年にわたって人間の歴史と生の大部分をイデオロギー的に過剰に決定してきた。しかし私たちの時代の哲学において、それら全ての母親であり著者である哲学は、ついに自身をも屈服させた。哲学はその晩年、自ら負った傷に苦しみ、最終的に心理学——哲学のみならず科学の冴えない死にゆく子どもでもあるのだが——によって破壊された。第 2 部において、私たちがそのように考える説得的な証拠を示す。哲学の死によって、さらなる発達は可能になったのだろうか？　そして彼女が作り出した子ども／物語とは何なのだろうか？　それらは転換し続けるのだろうか？　もしそうだとしたらどのように転換し続けるのだろうか？　ポストモダニズムはフランシス・フクヤマが言うような、「歴史の終わり」(Fukuyama, 1989) ではない。私たちの見方からすれば、それは哲学なき歴史の継続なのである。

　古代哲学の歴史に関する私のささやかな知識は主に、John Goheen と John Mothershead というスタンフォード大学の二人の恩師から得たものである。彼らが行った素晴らしい講義をもとに、35 年後に私が行うことについて、彼らにいかなる責任もないことは明らかである。

　この中に含まれている論理学的及び数学的な定式化は不正確なものであるが、勿論それは意図的にそうしたのではない。私は大学レベルの論理学を研究し、教えたこともある。しかしながら私は、私自身がこの領域における「奥深さ」を持っているとは思えない。それでもなお、数学と論理学における偉大な思想家のアイディアは、ロイス・ホルツマンと共に執筆した他の著作や本書での主題に関する私の思考に間接的に影響している。そのため、彼らのアイディアを誠実に（しかしながら恐らく不正確ではあるが）読者と共有する

ことは重要であるように思える。

　最終的な分析において、彼女と私は私たちの物語に対して完全な責任を持つ。——フレド・ニューマン

（北本遼太訳）

第2章　イリアスとオデュッセイアの間に

『神々の沈黙：意識の誕生と文明の興亡　The Origin of Consciousness in the Breakdown of the Bicameral Mind』において、ジュリアン・ジェインズ（Julian Jaynes, 1976）は、著しい人類の発達が『イリアス』と『オデュッセイア』の「間」の古代のどこかから生じていると推測している。それらの壮大な叙事詩は、ホメロスという人物によって書かれ、紀元前800年ごろに完成したものだとされている。しかしながら、多くの研究者は、そのような単独の歴史上の人物はいなかったのではないかと考えている。二つの作品は、実際には口頭伝承の伝統の産物であり、二つの作品の間に数百年（あるいは数千年）の年月が隔たっている。この観点から見ると、それらの作品は、様々な地点で語られた伝承の複合体としてより良く理解される。そのほとんどすべてが、私たちが現在古代ギリシャと呼ぶ地理的・歴史的な範囲の中で語られたものである。それらの作品は歴史的・人類学的に重要な人工物であるだけでなく、文学的な芸術作品でもある。そのため、それらの話の内容だけでなく、まさにその様式は人類の発達について、様々なことを明らかにしている。実際に、ジェインズは『イリアス』と『オデュッセイア』の間の差異は単なる「物語の中」だけでなく、どのように物語が語られたかにもあると述べている。

もしその二つの作品が実は一人の声というよりも多くの声の表れであるとすれば、それらを、具体的には伝承という人間の活動、一般的にはコミュニケーションと呼ばれる活動の歴史的、発達的、文化的転換の証拠としてより正当にみなすことが出来るかもしれない。これはそれらの作品に対するジェインズの見方である。彼はそれらの声（達）の著しい変化について私たちが考えるように駆り立てる。彼が示しているように、『イリアス』において、私たちは自己意識や創造的な人間の行為主体なしに物語る。つまり、語り手は、

他者に言われた内容を彼または彼女が伝達するための単なる道具である。それは外側から言われた内容、あるいは——より意義深いこととして——もう一方の内なる声に言われた内容である。それとは対照的に、『オデュッセイア』における語り手の声は、話し手の声であると同時に、物語の製作者の声でもある。この証拠から、ジェインズは「二分心」（一方の部分がもう一方から言われたことを語る）が「崩壊」し、自己意識——自らの言葉の一体的、「一院制的な」著者としての自分自身の気づき（それが妥当であるかは別として）——が誕生すると主張している。

　少なくとも、それらの考え方はジェインズの意見の上に私たちの考えを重ねたものである。それらが興味深いのは、ソクラテス以前から 20 世紀後半の「心の理論」の理論家まで、人間意識に関する社会−文化−歴史的構成について、いくぶん推測的でなく思考するためのステージを組んでいるという点にある。ギリシャの思考と言葉に関するジェインズの刺激的で SF 的な人類学は、ギリシャの経験を発達的に見る枠組みを支持するということだけは言える。それは、哲学、そしてギリシャにおける哲学の進化を、人類の発達の瞬間のイデオロギー的な地盤固めとして考える上で役立つ。発達の瞬間とその地盤固めの本質は、二つの相互に関係した、人間に特有の活動／存在の状態と大いに関係しているように思われる。それは、自己意識と抽象化である。

ソクラテス以前

　西洋哲学の物語において、その全ては、ソクラテス以前から残されている「断片」とともに始まっている。もちろんソクラテス (?470 B.C.–?399 B.C) は哲学のキリスト像である。すなわち、倫理的に純粋であったが、若い心を堕落させたとして誤って告発され、裏切り（とドクニンジン）の結果死に至った。哲学史は全てソクラテス以前か以後かとして理解されている。

　西洋哲学の標準的な導入として、私たちが最初に出会うソクラテス以前の登場人物は普通タレスである。彼の登場シーンはおおよそ紀元前 585 年であり、その時彼は日食を予言したと言われている。実質的な証拠はほとんどないのだが、タレスについて書かれた『断片』の解釈に典型的に用いられる基

準に照らしても、タレスはすべてのものは水から成り立っていると言ったことを私達は教わる。もし教師が何かしら教育的なスキルを持っていたとしたら、タレスの主張を、真偽性ではなく、むしろその様式、おそらくはその意味から精査することだろう。

　全てのもの(この反対には、例えば個々の事物)が何か(ある一つのもの)から成り立っているということは何を意味するのだろうか？　成り立っているはどういう意味なのか？　何かが(同様に全てのものが)何から成り立っているのかと問う社会文化的な環境あるいは出来事とはどういうものなのか？　タレスの主張の普遍性とは何なのだろうか？　全てとは何なのか？　それは物理的なものに限られるのか？　あらゆる(物理的、及び／または精神的な)もののリストが全てのものなのか？　あらゆるものが単一のものから成り立つことが出来る(あるいは成り立つべきだ、成り立っているかもしれない、成り立っている)という概念の源はどんなものなのだろうか？　そして、それはどのような種類のものなのだろうか？　例えば、水はどのような種類のものなのだろうか？　実際に、水とは何だろうか？　全てのものを成り立たせているもの以外に何かがあるのだろうか？　水は水から成り立っているのだろうか？　もし違うなら、水は何から成り立たっているのだろうか？　などなどなど。

　もし今もまだ「包含」メタファーへと向かう傾向があるとすれば、哲学(少なくとも、哲学的問い)の全て(あるいは少なくともその本質)はタレスについての断片「の中に包含」されていると言える。アナクシマンドロス、アナクシメネス、ピュタゴラス、クセノパネス、ヘラクレイトス、パルメニデス、エンペドクレスといった他のソクラテス以前の人々と同じく、慣例的には「ソクラテス以前」とされるソクラテスと同時代の人々(アナクサゴラス、ゼノン、メリッソス、レウキッポス、デモクリトス、プロタゴラス)もまた、先述した哲学的疑問のいくつかに答えようと試みており、その際には、他の答えを上げようとしている。あまりアカデミックではない文脈で、私たちは時々こういった活動を、小さなものについて大きな問いを投げかけると呼んでいる(例えば、Newman, 1996)。結局のところ、「全てのもの」は、質的に小さく、日常的で、具体的なもの(達)である。一方で、「それは何から成り立っている

のか？」は質的に大きな問いである。いずれにせよ、ソクラテスが巡回教師
としてアテネの路上で散策し始める頃には、(まだ厳密な意味での体系的な哲
学ではないとしても)哲学的な様式はよく確立されていた。それは自己意識
の抽象化による検討であり、抽象化の自己意識的な検討である。

　ソクラテスは問う活動そのものを問うという重大で発達的な次のステップ
に進んだ。それによって、彼は、抽象化と自己意識という新しい人間の活動
／状態を一つにした。ソクラテスは、「全てのものは何から成り立っているの
か？」という問いと彼の先行者が思いついた様々な答え(それは水だ、空気だ、
原始の泥だ、数だ、原子だ、大地・水・空気・火の元素だ、変化だ、恒久不
変だ)を乗り越え、方法について検討した。より詳細に言えば、そうした問
いに答えることについて私たちが考える方法についてである。ソクラテスは
弁証法的・対話的な問答をしたが、どのように私たちは小さなものについて
大きな問いを立てられるのか、あるいは、どのように具体的な事物について
の問いを自己意識的に抽象化できるのだろうか？　心はこの注目すべき活動
にどのように関与しているのだろうか？　実際に、それは現実において私た
ちが行っていることなのだろうか？　もしそうであれば、どのようにそれが
可能なのだろうか？(もし私たちがジェインズの理論を真剣に受け取るなら
ば、人間の歴史において当時そうした活動は比較的新しいものであることを
思い出さなければならない。)

　哲学の内容及び哲学のやり方の両方を確立したことは、自己省察的な「回
転」である。事実、その回転は恐らくソクラテスが行い、そして確実にプラ
トン(?427 B.C.–?347 B.C.)が行った。プラトンは、ソクラテスの教えとして
私たちに伝わっている対話の著者である。それゆえに、彼は哲学を構成する
主題(方法論、認識論、存在論)を創造・発見・体系化した人物であると言わ
れている。(宇宙論とその問いである「すべてはどこから来たのだろうか？」は
ギリシャ以前から存在するが、『ティマイオス』の中でプラトンが彼の認識論
と存在論を支持する宇宙論を生み出している。)主要な種の発達という文脈に
おいて、哲学はまぎれもなく西洋的なメタ物語としてそれ自体を生み出した
のである。最終的には、次の 2500 年にわたって、それは、「西洋文明のグレー
トブックス」の親／著者となる。具体的には、西洋の宗教、政治、科学技術、

心理学を生み出した。特に、大きな矛盾を伴うにもかかわらず、心理学は自己定義的な課題としてそうした古くからの問いに取り組む。(アメリカ人哲学者ウィリアム・ジェームズは心理学を開拓した父でもある。彼は哲学から心理学への乗り換えと駆け出しの学問分野の矛盾の両方を示すおそらくもっとも良い例であろう。)4 章でみていくように、心理学の短い人生のうち比較的長い期間、意識の研究はほとんど禁止されていたも同然であった。

方法論、認識論、存在論としての哲学

　ソクラテス以前の人々の問いと断片的な答えへのプラトンの応答やそれらについての思考は、ソクラテス的対話の中で導き出され、実質的に哲学を創造した。プラトンの重要性は、彼が世界に対して特定の哲学(私たちが今日プラントン哲学として描く観念論的な世界観)を与えたことではなく、むしろ視覚優位の世界像を作り出したことにある。それは、人間が新しく獲得した自己意識という能力及び／または自己意識の抽象化へと向かう傾向のパラダイム的表現として創造された[原注1]。世界の眺めあるいは説明(つまり哲学)が存在するという彼の主張は、世界、眺め(観測者)、そして、その二つ――世界と眺め(観測者)――をどうにかして一つにする方法が存在するということを示している。すなわち、存在論(世界の実在)、認識論(世界についての知識)、方法論(実在と知識を結合する手段)である。もちろん、これはギリシャ思想の歴史的発達を恐ろしく単純化して特徴付けたものであって、あまりにも整理されすぎており、体系化されすぎている。けれども整然さや体系化は、ギリシャ思想の遺産の中でも決して小さいものではないので、私たち西洋人は声高に不満を言うべきではない。

　種としては、私たちはギリシャ人から、歴史的、実践的、断続的に起こっていることとは関係なく「理に適った」方法で、考えること及び話すこと(と書くこと)を学んできた。結局のところ、自己意識と抽象化は疎外の産物ではなく、むしろその発達の重要な二つの前提条件となるものである。ギリシャ時代から、疎外は西洋文明をますます支配するようになっている。(西洋の資本主義経済とイデオロギーの下、それ自体が、完全に商品化された現実を理

解するための社会的－心理的な前提条件——私たちが世界を見るための眼鏡
——となっている）。疎外は、哲学及び彼女の子ども／物語（西洋宗教、政治、
科学技術、心理学）である、整然として体系的な視覚優位の世界像と切り離
せない。（学問分野としては活気がないが、日々構成される経験の中では、そ
して私たちの世界と生活を理解するうえでは生き残っている）哲学は、自由
市場と同じくらい、私たちの生活様式の一部となっている。そして、それと
同時に誤解されてもいる。

　自由市場経済は、20 世紀のうちに、中央集権化し統制（計画）した共産主
義経済に簡単に打ち勝ったが、それ自体のイデオロギー的な姉妹編である哲
学（体系的な視覚優位の世界像）はほとんど時代錯誤となった。経済的な勝者
のポーズをとったにもかかわらず、私たちが期待して待つべきものは、世界
新秩序ではなく世界無秩序であった。私たちの見方からすると、このことを
全面的に私たちはありがたく思って良いだろう（とても不安にはなるが）。私
たちは物語を先取りしてしまった。ギリシャへ戻ろう。

哲学と知覚性

　議論の余地があることだが、少なくともプラトンの立場からすれば、ヘラ
クレイトスとパルメニデスは最も重要なソクラテス以前の人物である。それ
は、彼らが「全てのものは何から成り立っているのか？」から、「全てのものの
本性は何か？」あるいは「全てが従う原理とは何か？」という、あまり具体的
でなく物質的でもない哲学的問いに変更した人々だからである。ヘラクレイ
トス派－パルメニデス派の変更は、哲学的な混合の進化に知覚と錯覚を導入
することで、抽象化した自己意識をより拡大していった。

　ヘラクレイトス（?540 B.C.–?475 B.C.）によれば、知覚が私たちに示してい
るのは、全てのものは絶えず流転する状態にあるということ、つまり、それ
は絶えず変化し続けていることである。さらに言えば、自然に関するこの事
実（あるいは事実の本性）は、知識を不可能なものにするいう点で（同じ川の
中へ 2 度入ることについて触れなくても）面倒な問題を引き起こす。私たち
のお気に入りのヘラクレイトス派、クラテュロスは、この点について真剣に

取り扱ったために、一説には、彼は何か真実を言うことが出来ない（つまり、何か話した瞬間からそれは変化してしまう）という理由から 30 年間一言も発しなかった。彼はおそらく、普通未来形で言及することを、現在時制あるいは時制無しで言及し、正解が追い付くのを待つという可能性（近代科学ではこの活動を「予測」と呼んでいる）を見落としていたのだ。それから 30 数年後のある日、クラテュロスはもう一度話し始めたと言われている。結局のところ、彼が声に出して言うことと沈黙が同等の（偽証を条件とした）陳述だということに気付いて、彼が再び言葉を発するようになったことを私たちは願う。いずれにせよ、（彼が闇の人あるいは謎を書ける人として彼が言及されるように）ヘラクレイトスは、知覚によって私たちに示されるように、世界が絶えず変化し続けることを嘆いた。という噂である。

　その一方でパルメニデス（?515 B.C.–?450 後 B.C.）は、同じような問題に直面し、次のように言った。「悪いのは知覚である」。実際に、パルメニデスは変化するものは何もない、すなわちただ恒久不変だけがある、と主張した。彼と（彼の同郷で弟子だった）ゼノンは、変化と運動の知覚は単に錯覚であることを「証明」した。思い出したかもしれないが、知覚が指し示すものに反することを指摘した人物はゼノンであった。それは、ここからあそこまで移動するためには、その距離の半分を移動しなければならず、それにまたその距離の半分を移動しなければならず、その後そのまた距離の半分を…と無限に続くため、有限の時間内でここからあそこへ行くことは不可能であるという指摘である。そして、（線のような）距離は無限に分割することが出来るため、有限の時間内で移動することはできない。私たちが距離を移動するという知覚はそれゆえに錯覚なのであり、論理的にそれは不可能であると言える。つまり、動きはないし、変化もない。実際に、パルメニデスは恒久的な何かを知るという点においてヘラクレイトスと一致している。しかしながらヘラクレイトスと違って、彼は、恒久不変と名付けられる恒久的な何かが存在し、それが全てだと考えた。

　哲学的な道のりの中で、それほど遠く離れていない地点にあるヘラクレイトス派－パルメニデス派の観点から見ても、水に関するタレスの理論はかなり素朴なものであるようだ。抽象化は短い時間の間にかなりの距離を移動し

た。プラトン——有能な弁論家であり、最も創造的な思想家であり、あるい
はウィトゲンシュタイン流の言い方をすれば、抽象化の言語ゲームの洗練さ
れたプレイヤー——は、ソクラテスの声を借りながら、ヘラクレイトスとパル
メニデスに応答した。彼は、二つの知的であるが正反対の観点さえ持つ議
論を最初で最良のトリックの一つを用いて、調整した。彼はその両方を支持
したのである。そうすることで、プラトンがヘラクレイトス派ーパルメニデ
ス派の論争の両方から手に入れたものは、世界観の創造における知覚性 (多
くは特に視覚) が中心的役割を持つという両者の同意である。認識論的な知
覚者としての男性の像 (女性の存在はギリシャの思想と生活において見るこ
とも見られることもなかった) と存在論的に知覚されるものとしての世界は、
二元論的な世界観を基本的に必要としている。そして、その二元論は、二つ
の間を媒介する多様な様式とともに、イデオロギーとしての西洋思想を今日
までずっと支配してきている。私たちが強調してきた点は、二元論が哲学の
中心となることは単なる位置取りや偶然の問題ではないということである。
それはプラトンにとって、そしてそれゆえに哲学にとって、——したがって
哲学の流れをくむ近代の西洋の知性化にとっても、定義上本質的なものであ
り、構造的に必要なものである。

二元論から個別化された同一性へ

　二元論、体系的な視覚優位の世界像、解釈的理解のひな型 (現代的な用語
でいえばパラダイムと呼ばれるもの) は、次の 2500 年間の西洋思想を支配
する。哲学のイデオロギー的な子ども／物語——宗教、政治、科学技術、心
理学——は、みな、アプリオリに体系立った方法で自己意識の抽象化とそれ
に伴う疎外を示している。ジェインズはそれらが『イリアス』と『オデュッセ
イア』の間の古代ギリシャ時代に人間の特徴として現れてきたと考えた。そ
れぞれが、その独自の「特別な」二元論を構築している。それは、世界からの
人間の切り離しから生じ、その切り離しを強めてもいる。神と人、人と社会、
観察者と観察対象、心と体は、宗教、政治、科学技術、心理学をそれぞれ定
義するようになる。

　「二元論に対する反乱」が定期的にあるにも関わらず、分割された（すなわち疎外された）生の形式——プラトン的な意味で体系化されており、知覚を基礎にした、（媒介されるとしても）二元論的な世界観——は、遠い昔から私たちの時代まで、西洋文化とイデオロギーを特徴づけている。哲学とその姉妹編である二元論は、単なる多くの思考方法のうちの一つではない。それらはアリストテレスの論理学によって洗練され、組み合わさることで、思考とは何か、つまり論理的思考、あるいは体系的な把握というものを構成している。プラトンにとって、哲学にとって、そしてその後に続くほぼすべての西洋イデオロギーにとって、二元論的で抽象的な知ることと知覚することは切っても切れないほどに結び付いている。「分かった (I see)」と「知っている (I know)」が実質的に同義であることは偶然ではない。すなわち、西洋思想は、見る人、そして見ることと見た光景というメタファーに強く根差している。ポストモダニズムの「後知恵」を用いて、知識を説明するために見る人を使うことがどれほど普及しているのかを述べたフェミニスト哲学者とフェミニスト心理学者は、視覚的なメタファーが本質的に男性中心であるということを主張した。視覚モデルに基づく認識論が男性中心であるかどうかについて検討することの複雑さを明らかにしたエッセーにおいて、エヴリン・ケラーとクリスティン・グロントコウスキ (Evelyn Keller and Christine Grontkowski, 1983) は、他のメタファーが使われていることを示した。皮肉にも、ヘラクレイトスは、「知ること」に対して「聞くことで知る」を元々意味しているギリシャの話し言葉の様式を使用していた。

　彼の中期の対話集として知られるようになったものの中で（そして比較的規模は小さいが他の対話集で）、プラトンはヘラクレイトス派の非恒久性（絶え間ない変化）に対する関心とパルメニデス派の知識に不変なものが必要だというこだわりの両方に気を配り、知識の理論を考案した。知覚した対象は、本質的に陰の多いものであり潜在的に錯覚であるため、私たちの現世における知覚は常に懐疑の対象である。プラトンはそのことに気づき、それとは質的に異なる種類の知覚を仮定にする。つまり、現実の世界の内的な記憶あるいは想起（意識）は、不変のイデアによって特徴づけられる。それは個々の外的な魂の現世の経験に先立って生の中で直接的に経験される。現世において、

物体はぼんやりとした、イデアの例示である。魂それ自体は現世の生の間で単に実体化されているだけである。

　ソクラテスの方法として知られている弁証法的ー対話的な哲学の探究方法は、洞窟の壁に浮かぶ陰から洞窟の入り口の外で輝くまばゆいばかりの真実の光へと私たちが移動する過程である。私たち（というより倫理的な男性、哲学者）は、真実を（聞く、触る、感じるのではなく）目にし、世界のハーモニーと調和し、何が実在するのかを考えることでいっぱいになっている。西洋文化が哲学に関するこの独特な物語、つまり洞窟の物語の重要性を誇張することは困難である。それ以降、内的な「見ること」である知覚と外的な「見ること」である知識は恒久的に関連付けられている。疑いと確信という概念は、プラトンによって統合され、知覚的な基盤を持つもの確立された。そして、それらの概念は、この 2500 年間の時代における西洋のイデオロギーと、体系的な哲学によって支配された叙事詩の最も重要な二重性の一つとなった。

　抽象的な西洋二元論は知覚主義を前提とし、知覚主義によって定義される。知覚主義がもたらす更なる結果は個人化である。見る人は個人である。もし知覚ではなく別の何か——例えば、仕事を基本的な現象とする知識の理論が覇権を握っていれば、疑いようもなくこの数千年の歴史は全く違ったものになっていただろう。（もしプラトンがマルクスだったらどうなっていたのか想像しよう！）見ることとは対照的に、仕事は通常、人間の共有された関係的な活動であり、必然的に共同的、集合的、社会的なものである。しかしながら、結果的には、プラトン（実際にはマルクスではなくプラトンだったのだ！）は、ソクラテス以前の哲学の創始者たちによって開始された探求を個別の観測者の経験に基づく理論へと転換し、それによって人間のドラマに新しい登場人物（新しい人格）を導入した。このプラトン化された、個人化された、抽象的な、認識論的に内面と外面を観測する者（観測されることを存在論的に必要とする対象がつきものである）は、歴史の舞台へと足を踏み入れている（ジェインズのシナリオにおいて、『イリアス』と『オデュッセイア』の間のいつか）。宗教、政治、科学技術、心理学などの壮大な近代の物語においてみられるように、大幅に変化してはいるものの、次の 2500 年を支配する人物は彼である。

　おおよそ 350 年前の近代科学技術の出現は、自己意識や抽象化の出現と同

様に、おそらく私たち人類の生において重要なもう一つの発達的瞬間（あるいは下位の瞬間）に根差していた。それによって、見る「私」が、人間の典型になった。この理想化された個人は、近代以前の宗教、近代国家、19 世紀後半の心理学における、おおよそ受動的な対象者である。この新しい「科学」は、正常性と病を研究し、治療するために生み出された。その病は自己意識をもった個人に現れ、彼そして彼女を苦しめる。しかし、哲学の他の子孫と同じように心理学それ自体はある一つの物語であり、神話である。哲学がもうろくして生まれた心理学は科学の出来損ないの子どもでもある。そのため、それは第二世代の神話、つまり母子間の近親相姦的関係から生まれた神話的な産物である。それは、主観性の真実を自分のものにすることに成功し、そうすることで、人類史においてかつてない時代である 20 世紀の全域に渡って影響力を持つことになったのである。私たちの時代において、科学の見る「私」が心理学化された様式は、今は亡き哲学の二元論的、知覚主義的、抽象的な視覚優位の世界像を最もよく表している。私たちはまた物語を先取りしてしまっている。もう一度ギリシャへ戻ろう。

スコラ学：前近代の物語

　私たちの意見では、その歴史的起源をさかのぼるとキリスト教は東洋の神秘的な宗教である。キリストと一神教的旧約聖書における彼の前任者は、とりわけ神秘主義者であった。奇跡はキリストの物語の偶然的な要素ではなく、本質的な要素である。奇跡は起きたのかもしれないが、実質的にそして歴史的に言えば、東洋の神秘的で非合理的な思考がソクラテス以前の人々とプラトンに影響を与えたことは明らかであるようだ。紀元後の最初の 1000 年において、キリスト教が「ローマ帝国と共に世界的に広がった」宗教となった時、キリスト教の形成を助けたのは、より神秘的で、非合理的で、（プロティノスを経た）プラトン流の二元論というギリシャ思想の特徴であった。西洋宗教と哲学的思想の様々な一般向けの入門書は、プラトン主義（特にその別世界の神秘的な特徴）と東洋思想（例えば、聖アウグスティヌスを経由したマニ教）が初期のキリスト教において新たに出現した物語と実践を支配したことを指

摘している。どうやら、神秘性を取り除いたアリストテレスの著作は、何世紀にもわたって「行方不明」となっていたようだ。

　そのころの準大衆文化が教えてくれるように、いわゆる「暗黒時代」が来て、西洋の前近代以前の文明を支配した（非合理、迷信、貧困、大厄災で悪名高い 100 年にわたる時代）。13 世紀になるとすぐ、古代ギリシャ人のアリストテレスが現れ（つまり彼の著作が行ったということだが）、キリスト教を世界観として「再発見」した。それによって、近代の土台を作り、近代の形をあらかじめ示し、近代の叙事詩（政治、科学技術、心理学）を語るための舞台を設定した。ギリシャ人の、より詳しく言えば、アリストテレスの物語が前近代的な西洋思想に与えた影響は、複雑であり、不確実性に満たされている。しかしながら、アリストテレスの考えと 13 世紀のトマス・アクィナスの考えが、スコラ学という形で（また複雑な形で）どうにか結びついたことは、（前近代の）歴史の到来と同じくらいに確かだと言ってよい。

　プラトンの教え子である（そしてアレクサンダー大王の教師でもある）アリストテレス（384 B.C.–322 B.C.）は、プラトンの世界の神秘的な二元論——つまり、哲学者と王だけが哲学的探求の弁証的−対話的方法を通して知覚する形相の世界と、一般の人々が彼らの物理的な感覚（特に、視覚）を用いて誤った知覚する質料の世界——を「現実的なものに」（つまり、合理的に）した。アリストテレスは、知覚した現世の物体（個物）は質料と形相の両方を統合することを示した。例えば、椅子らしさの形相は、木材の質料に形を与え、木製の椅子を「作る」。椅子は、実在、真実、「神性」から「生み出」された、世界の中の一つのモノである。アリストテレスが言うには、モノを形作る同じ現実はモノについての私たちの意識を形作る。椅子の意識は、椅子それ自体に由来する様々な質料（心）によって作られている。椅子らしさの形相は心の質料に形を与え、椅子の意識を「作る」。アリストテレスにとっての理解は、近代の人々のような、対象物と私たちの知覚の一致ではない。むしろそれは、個人と実在及び、モノと実在の調和であり、それゆえに、個人とモノの調和である。

　個物における形相と質料の統一を行う際、アリストテレスは、男性を合理的に知覚し、思念する存在へと転換した。つまり、男性は、それ自体概念的

に形相と質料の統一された二元性である世界の対象物を（依然二元論的のままであるが）合理的に統一的に知覚し、思念する存在となったのだ。ちょうどプトレマイオス (100–170 A.D.) が物理的宇宙の中心に地球を据えたように、アリストテレスは男性（一般な男性）を概念の宇宙の中心に据えた。プラトンの神秘的な二元論からアリストテレスが神秘性を取り除いたことは、近代科学の合理性をさらに進歩させる道を準備した。その進歩は、キリスト教スコラ学派が世界を支配した数世紀の後に来る。

　アリストテレスの（まだ二元論ではあるが）人間中心主義的世界観は運動の原理を必要とした。つまり、多様で、複雑で、継続的に見える方法でモノが動いていることを説明する方法及び「合理的な男性」に捧げられた新しい世界観と一致するような方法が必要とされていた。（ここでの、他でも同じだが、男性（man）という使用は意図的なものだ。プラトン、アリストテレス、多くの彼らの後続の人々が男性のみが理性的であり、女性はそうではないと考えた点を強調する意味で使っている。この点について、例えば、ナンシー・トゥアナの『女性と哲学の歴史　Women and the History of Philosophy（未邦訳）』(1992 年) に詳しく述べられている。）アリストテレスは合理的な男性から世界の全てものを類比し説明した。アリストテレスの運動原理の基礎となっているのは、目的志向の行為に特有の、明白に意図を持つ人間である。それゆえに、アリストテレスは彼の合理的世界観を目的論の導入によって完成させた。目的論とは、目的に従うようにモノが移動することを表す哲学者の用語である。エンペドクレスは、万物が土、水、空気、火の基本的元素の様々な混合に過ぎないと考えた。アリストテレスは、エンペドクレスの原初的な物質主義的概念（紀元前 5 世紀前半に人気があったと言われている）を受け入れ、天体の宇宙論的体系を提唱した。それには、各元素の、この世界を超えた自然の静止場所が含まれる。万物（個物）は、自然の静止場所へ向かって目的をもって移動する（ある個物は、その主要な元素——土・水・空気・火——によって基本的な動きが決定される）。それ自体の自然な状態である静止へと絶えず戻ろうとしている世界の中で（それが完全には達成されないとしても）、すべての物体はこうした移動を行っている。

　アリストテレスがモノ（つまり、具体的な個物）、それと同様に、モノの論

理(両方とも今日に至るまで残っている)を「発見した」ということを主張するのは決して言い過ぎではない。個物 (人間が知覚/理解する対象の形相/質料) は、スコラ学的な前近代から近代へ移り変わる時に、徐々に研究対象となった。

　ギリシャ人とアリストテレスの思想の重要な特徴のいくつかは、前近代のスコラ学派から、政治、科学技術、心理学の近代の叙事詩への移行の中で完全に見捨てられた。静止がモノの自然状態であるというアリストテレス派とスコラ学派の理論に対して、ガリレオとそのほかの近代思想 (つまり、近代科学) の祖が根本的な異議申し立てを始めた時のように。しかしながらギリシャ人の二元論(と体系的な哲学)の具象化としての個物は、根絶することがより困難であることが証明された。私たちの見方では、個別性の概念、また個別性と家族的関係にある概念 (例えば同一性) は、(ジェインズが推測した)古代ギリシャで人類に自己意識の抽象化が生じた歴史的瞬間を観念的に表現した究極的な生産物である。実際に、西洋思想にとって個物 (と内包) という力動的な概念はとても基本的なものだ。アリストテレスの2000年後、カール・マルクスというまさしく反アリストテレス派(反哲学者)でさえ、個々の商品は資本主義の生産システムの全体を包んでいるとほのめかすほどである。その方法は、ギリシャの哲学者がドングリの実はオークの木を内包していると話すのとほとんど同じである。

　20世紀末において、アリストレスの個別性と、それを支配する同一性の法則は真剣に異議申し立てをされている。(実在論対唯名論を軸とするようなこれまでの議論は、精緻化されているが、相変わらず疑似プラトン的な普遍性の概念から構成されている。)ちょうど今始まったばかりのポスト哲学的、ポスト体系的、ポスト合理的な時代の根底には、近代と同じくらいに古代の世界観の中心概念が関わっている。2500年前に生じた、体系的な自己意識の抽象化という種の発達は、西洋ヨーロッパ文明のイデオロギー的・社会的な覇権を通じて人類史を支配してきた。人類がそれを発達的に乗り越えようとするのであれば、他ならぬ根本的な異議申し立てが必要とされているという信念に基づいて、私たちはポストモダニズムがアリストテレスの個別性に異議を唱えていることを賞賛する。

　1323 年に聖人となったイタリア生まれの哲学者トマス・アクィナス (1225–1274) は、アリストテレスの思想を基にしたカトリックの教義を確立した。1309 年、その教義は、強い影響力を持つドミニコ会の公式教義となった。アリストテレスの「自然の静止」と目的論についての理論は、その当時すでに 1500 年以上前のものであったが、少なくともさらに 350 年は、西洋の前科学的、前近代的な思想の基本理念となった。モノの自然状態は静止ではなく運動であるという主張によってアリストテレスの理論に大胆に異議を唱えた最初の人物は、異端として糾弾されただけでなく、興味深いことに（カトリックとアリストテレス的な立場から）非合理だとして非難された。モノの自然状態は運動であるというその主張は擁護できない、罰当たりなものであった。すなわち、もしそれが真実であるなら、原動者であり第 1 原因であるスコラ学派の理性的な神はすることがなくなってしまう。また、絶えず動いている、目的のない宇宙においては、神を必要とする合理的な理由はない。それゆえに、1633 年、教会の目からは背教者の長であったガリレオは太陽の周りを地球が動いているという見解を公的に取り消さざるをえなかった。(「それでも地球は動いている」と言い伝えでは、彼は反抗的にしかし慎重にもごもごした口調で独り言を言った)。もちろん、ガリレオの見解が非合理的であると指摘した教会は正しかった。スコラ学派の概念としての合理性が有利な立場であるため、ガリレオの「新しい科学」はどうしようもないほどに非合理的であった。問題となったのは、合理性の新しい意味であった。それこそがまさに近代科学である。

科学の物語

　この章の「合理的な男性」の物語には興味深い皮肉がある。表面的には、前近代的な人間中心の目的論と天動説は「人間中心主義」の極端な表れであるように見える。無生物の物体を含む全てのものが人間の特性を持つと信じることや地球が太陽系の中心であると信じること以上に、人間を中心的存在として位置付けることができるものは何だろうか？　しかしながら、無生物の物体の目的のある行動を否定し、地球が中心であることを否定することで、男

性は真に「注意の中心」となるのである──それは、男性が唯一無二の存在となることだ。近代的思考は、合理性と人間を自然と神の両方との関係性の中で再定義した。男性は近代の男性、「合理的な男性」となる。その特別に創造された大文字の神は、根本的に自然から切り離されているにもかかわらず、経験主義と数学化によって自然を理解し、（そして制御）する能力を有している。宇宙論的に言えば大文字の神の全能は完全なまま残っている。結局、彼は全てのものを立ち上げたのだ！　しかし、認識論的に言えば、彼の全能は、人間中心主義者と科学者、つまり絶え間なく無限に動き続ける世界を理解できる人間によって、疑問を投げかけられている。それは合理性の再概念化であり、その様々な随伴物と成果である。例えば、合理性の理解、運動の計算方法、観察のための改善された技術力であり、さらにいっそう重要なのは、運動の「深い」法則を数学的用語で定式化する能力である（最終的に、ゼノンのパラドクスはライプニッツ／ニュートンの微積分によって解消された）など。これらは、新たに出現した科学の物語の考え方の核心である。

　古代から近代への移行は、変化と継続の絶え間ない相互作用である。目的論は「新しい科学」において完全に捨て去られる。なぜならば自然に静止している世界とは対照的な、自然に（つまり存在論的に）動いている世界では運動の説明原理が明らかに不必要になったためだ。ここで、合理性は再定義される。「神」から切り離された男性は、自己を定義するようになる。今や人間ならではのものとなった知識は、神聖であることや実在と調和した状態を表すものというよりも、自然の管理とそれを乗り越える力と結びつくようになる。（Faulconer and Williams, 1990 も参照。）そうした重大な変化にもかかわらず、中心の要素は残っている。アリストテレスの論理学と個別性という重要な概念は維持されているということだ。ギリシャ哲学が、近代科学においても、そして今日まで事実上有効な疑問を持たれずに残っているのは、個別性、そしてそれに付随する同一性と自己についての論理学と心理学のためである。

　近代科学の誕生以来、観察者／知覚者／概念創造者としての人間（すでに述べたように、典型的に「男性」とよばれる）は、典型的には、理想的な知る人として科学者という名で体現されるようになる。世界に関する彼の知識は、離れた距離からの経験的な観察及び、より深い原理の数学的な理解（抽象的

な自然哲学的思考）という二つの活動によって可能となる。このようにして世界の数学化／経験主義化が始まる。それは、宇宙についての考え方の転換である。つまり、本来そして直接的に人間が（あらゆるモノと同じように）神の見えざる手によって支配される宇宙から、人間だけが作り、知り、したがって制御を確立することが出来る法則によって支配された宇宙への転換である。近代科学はアリストテレスの物理学を取り除いたが、アリストテレスの論理学――静的な個物についての論理であり、変化あるいは関係の論理ではない――は 20 世紀においても支配的であり続けている。関係論理あるいは関数論理（それ自体の形式的表現としての述語計算と数学的論理）の発見と受容によってはじめて、合理性はもう一度転換する。そして、概念的に言えば、それはポストモダニズムのお膳立てをする。

　私たちの見方では、数式化（自然の量的な法則－制御）は近代化の異常な発達に関して、経験主義よりもさらにいっそう根本的なものである。それは自然の支配についての、及び／または、自然を支配可能な状態にする道具についての物語である。結局のところ、私たちが何に注目すべきで、何を探すべきなのかについて教えてくれたのは数式化だったのである。近代科学は単なる新しい観察に関するものではない。それは、アリストテレス及びスコラ学派のカトリックの教義より単純に優れた現実理解の新しい方法だったというわけでもない。むしろ、その出現によって、理解という意味それ自体が変化し、理解する人の性質も変化している。認識論は存在論を超えて支配的となっている。アリストテレスを含む初期のギリシャの二元論者は、「我は（合理的な人間）である、それゆえに我は考える（能力を持っている）」と言ったかもしれない。しかし、人間中心主義及び科学の時代が始まると、デカルト（1596–1650）が認識論を一番上に置きコギト・エルゴ・スム（我思うゆえに我あり）をと主張した。これ以降、実在は本質的に存在論的な観点から見られなくなり、神が万物の中心に人間と地球を置いたとはみなされなくなった。現在では、実在は基本的に認識論的である。人間は、全知の外部者（観察者、知覚者、技術的仲介者）とみなされ、その存在とアイデンティティはその人の知識と知る能力に依存する。バトラー司教は彼の有名な発言の中で、存在論的な疑問を簡潔に解決した。「すべてはあるがままであって、他のものでは

ない。」近代的思考に残されたのは、この認識論的な問いを考えることである。
「どうやって何かを知ることができるのだろうか？」

　同時ではないが、スコラ学派の前近代的な宗教的目的論の崩壊と共に、王
権神授はいわゆる社会契約に道を譲り始める。それは新しい政治の組織原理
であり、いまだに西洋文明のもう一つの主要な物語である。個人の「自然の」
権利に基づく、国家という新しい概念の誕生である。個人はもはや（神の手
によって）土地に縛り付けられることはなく、（初期の資本主義と出現しつつ
あるブルジョワジーの需要にあわせて）ある町から別の町へあるいはある職
から別の職へと移動するようになった。「自然状態」と「社会契約」の物語（西洋
の民間伝承の全ての中で、あからさまにイデオロギー的でばかげた作り話の
二つ）はホッブズ（1588–1679）の手によって流通した。彼は、イギリスにおけ
る君主制ブルジョア民主主義の発展を「合理化」し、「正当化」する政治的な SF
作品あるいは人類学を作り出すことに成功した人物である。

　その当時のもっとも筋金入りの観察者でさえ、単に新しい事実を見つける
だけでなく、概念を発見し、数式化した。その人物はコペルニクス（1473–1543）
である。彼はポーランドの聖職者兼数学者兼天文学者（彼は生計を立てるた
めに時折医者をしていた）であり、地球とそのほかの惑星が太陽の周りを回っ
ているという概念を再導入した人物である（この考えは、ユークリッドの同
時代人であるアリスタルコスによっておよそ 1800 年前に初めて提案され
た）。彼の理論は、カトリック教会からだけでなく、カトリックに対抗する
プロテスタントの信奉者であるマルティン・ルターからも冒涜的だとみなさ
れた。しかし、いわゆるコペルニクス的転回は天界についての新しい気付き
にただ基づいていたのではない。それは数学的な単純さの概念に根差してい
る。天体の動きを説明するためには、地球中心の見方で必須の複雑な周転円
よりも、太陽中心の見方の方が単純であった。

　そのうえ、コペルニクスの立場は本質的に概念的であった。ガリレオ
やニュートンも同様である。ガリレオ（1564–1642）は運動がモノの通常状
態であると主張し、イギリス人天文学者であるアイザック・ニュートン
（1642–1727）は（リンゴが落ちる）原因を運動と力の法則に帰した。これが近
代物理学の基礎となり、それゆえに近代科学思想の基盤となった。16 世紀

と 17 世紀にわたる科学、特に数学化の進歩は洗練された軍隊と航行技術の成長につながった。そして、戦争と発見のための新しい手段や機器はさらなる科学的、技術的な進歩をもたらした。

　まとめると、キリスト教の第 2000 年紀の中盤において支配的な世界観として生じた近代科学は、急速に世界を乗っ取っていった。認識論的な男性が君臨していた。ある側面（進歩的な認識論側）では、哲学はそれ自体の近代化に成功している。また別の側面（保守的な存在論側）では、哲学は、個別性と同一性というアリストテレスの論理学によって科学に対するイデオロギー的な影響力を保っている。「実在論」と「唯名論」の間で生じた第 1000 年紀と第 2000 年紀初期の注目に値する論争（とりわけ針の上で天使は何人踊れるかについて）も、次の 2 世紀における、自然を構成する運動の物理法則の数学化を基盤とする（経験主義と技術を伴った）革新的な新しい世界観としての近代科学の進展も、個別性と合理性の根絶を試みることはなかった。それらを基礎にしているアリストテレスの論理学が残っている思考様式は、近代の後期になるまで根本的に異議を唱えられることはなく続いている。近代科学及び近代哲学の出現と共に変化したものは、自然界という見方（科学的に作られた存在論）、それの知覚者という見方（近代の認識論的な男性）、その二つがどのように相互作用するのかという見方（演繹的－因果的な方法論）──そしてそれぞれの相対的な重要性である。しかしながら、思考の根本的な様式である論理学への異議は、何世紀もあと、数学を論理学に還元しようとする努力が深刻なトラブルに陥るまで十分には行われていない。

個別性と同一性の論理学

　人間の思考方法──心理学的に言えば、認知が生じている方法の記述の努力ではなく、「思考の形式」の規範分析、つまり、「正しい思考」の本質──の発見の試みは、アリストテレスの偉大で長く継続した貢献、つまり彼の論理学を生み出した。繰り返しになるが、アリストテレスによる素晴らしいプラトンについての分かりやすい説明は、別世界にある形而上学的な概念である「包含」を、より現世の地上の三段論法と演繹的な論理学へと転換させているよ

うだ。すなわちプラトンのこの赤い椅子は赤色のイデア、つまり形相を実体化しているつまりは、赤色のイデアや形相において包含されているという考えは、アリストテレスによってあらゆる赤い椅子は赤色である。これは赤い椅子である。それゆえにこの椅子は赤色である。となる。そのため、(論理学入門の学生に)よく知られているすべての男性は死ぬ。ソクラテスは男性である。それゆえにソクラテスは死ぬ。という三段論法は、思考の規範的なパラダイムとなる。つまり、直接的な観察ではなく、思考のみ、いうなれば、「純粋な思考」あるいは論理に基づいて、特定の個物に特徴を帰属させる方法となった。確かに、私たちは観察及び／または帰納によって、すべての男性が死ぬのかどうか及び／またはソクラテスが男性であるかどうかを発見する必要があるのかもしれない。しかしながらもし私たちがそれらの二つの主張が真実であると知っていれば、私たちは直接的な観察というよりもほかの何かによって死をソクラテスに帰すことが出来る。つまり、私たちは最初の二つの前提から論理的に彼の死を推論(演繹)することが出来る。他がそうして存在する時、あるものが何でなければならないのかが論理的に決定する。そのように、それは経験的にではなく、規範的に適切な思考を定義する。

　注目すべき点は、演繹のアリストテレスの定義が基本的に分類に関することだ。つまり、もし分類 A の中のすべてのモノは分類 B の中にもあるとしたら、それゆえに A の中の a は B の中にもある。この思考の原理は形を変え、最終的には近代科学で一般的な法則と説明が備えている様式、つまり因果ー演繹的な様式を帯びるようになった。A 類型の事象と B 類型の事象の間に、数学的に表現可能な結合及び／または経験的に証明可能な結合があるとき、a が A 類型の事象であるならば(もちろん「ならば」がキーワードである)、a は B 類型の事象でもあると(いくつかの検証とは無関係に)保証することができる。そしてそのために、近代科学が物理運動(物理変化)とそれを支配する数学の法則でますます頭がいっぱいとなっていくにもかかわらず、それらについての推論様式は根本的に分類であり、演繹であり、静的である。それは個別性、同一性、演繹性の論理学である。ある個物の要素が A 群にも B 群にも包含されており、そしてその個物 a がまた A 群に包含されているとき、それは B 群の中にあることを意味する、つまりは推論することが出来る。

「包含されている」という関係的な概念を関係性として考えることは論理学ではない。むしろ包含という静的で分類的な概念によって規範的な思考 (個別性、同一性、予測) を定義する。アリストテレスがプラトンの包含概念を分かりやすくしたのは確かであるが、しかしそれは「要素であること」(「包含されていること」) の非常に直感的なイメージに訴えかけただけであった。およそ 2000 年後、集合論を用いてはじめて数学的に論理を表現しようとした時、包含のような概念は厄介な矛盾をはらんでいることがわかった。

　それゆえに、西洋男性という、最も目立ってプラグマティックに価値づけられた構成概念／物語は、近代科学の発端から、重要な矛盾を体現している。それは、ギリシャ哲学から受け継がれ、アリストテレスの個別性の論理学を通して伝えられたものである。このことは、西洋科学技術が驚くほどの成果をあげることや世界の隅々にまで広がることを阻まなかった。この点において、経済のシステムとイデオロギーである資本主義と近代科学は著しく似ている。実際には、葛藤の存在は (カール・マルクスはともかくとして) いまのところそのどちらにおいても止めることはなかった。しかし 19 世紀の後半と 20 世紀の初頭において、西洋科学が哲学にとって代わり (場合によっては、哲学自体の熱心な協力もあって) あらゆる人間理解のメタの著者、定義、基礎となったため、そのパラドクスがますます明らかになってきた。それ自体のあらゆる要素を形式化しようとする中で、において、哲学は近代科学が基礎を置く個別性／同一性のさらに深いパラドクスを発見するようになる。

　しかしながら、また私たちは物語を先走ってしまった。近代哲学と彼女が最後の物語／子どもを生み出した環境へと戻ろう。最後に生まれたのは壮大な心理学であり、理解について包括的に理解する水準にまで科学を高めることを正当化する哲学の究極的な (自殺的な) 試みである後期論理実証主義の短い物語である。

原注

1．議論の余地はあるかもしれないが、ピュタゴラスの数学的神秘主義はもう一つの

候補者であった。しかしながら、(東洋とアラビア文化の文脈で発達した)数学は、最終的には近代科学技術の進展にもっとも重要な役割を果たしたものの、(非合理主義としても知られている)神秘主義は、(合理主義としても知られている)西洋文明の前近代及び近代的な視覚優位の世界像を完全に支配することはなかった。1500年にわたってイデオロギー的に覇権を握ったのは、商品化／個別化されたアリストテレス的合理主義であり、それと同時に西洋の(全く無関係なものではない)生産様式が世界経済を制御するようになる。

（北本遼太訳）

第3章　経験をたたえること
近代の哲学、心理学、そして論理学

　近代の哲学（つまり、認識論の問題にほとんど完全に焦点化した哲学）は、急激にあらわれてきた近代科学を形成すると同時に、またそれによって形成されてきた。そこでの宗教的に定義された「俗世を越えた」人間から、「より世俗的」に自分自身によって定義された「認識者」としての人間への焦点の変化は、認識に対するより深い認識論的な分析を動機付けるとともに、またそれを必要としたのである。一般的な近代西洋哲学についての物語は、哲学の問題を大陸流の合理主義と、英国流の経験主義にあまりにもきれいに分けすぎている。合理主義の「ビッグスリー」、つまりデカルト、スピノザ（1632–1677）、ライプニッツ（1646–1716）は通常、英国の経験主義者ロック（1632–1704）、バークリー（1685–1753）、ヒューム（1711–1776）と比較される。そして、このあまりにも単純な分類は普通、合理主義は理性的、あるいは精神的な源から認識することについての学問であり、経験主義は経験にもとづく知覚的なインプットの観点から認識することについての学問であると見なしている。科学における認識は（たとえ、それが初期の科学であっても）、明らかにこれら両方の立場を取り込んできたのだから、合理主義者も経験主義者も同様にこの両方の立場に関係していたことは言うまでもないだろう。カント（1724–1804）が、科学における認識の合理的な「側面」と知覚的な「側面」を「結びつける」ずっと以前に、それらが「両立する」ことは近代の父たちによって十分に理解されていたのである。近代の人間、すなわち科学的な人間、認識論的な人間、「認識者」としての人間、そして自分自身を定義する人間は自分たちの経験に関するより深い理解を求めるのである。

　より深い理解とは、近代西洋哲学の二つの主要な学派（つまり、合理主義と経験主義）の表面的に異なる仕事をつないだ近代科学を用いて、経験の中

の確実性(つまり、この世界と生活における経験の中の確実性)を追求することである。デカルト、すなわち「最初の合理主義者」は、考える行為それ自体の中で「疑いえないもの」(つまり、疑う余地のない経験)を探し求めた。そして、考える人の確実性(つまり、存在)を保証するのは、まさにこの行為なのだと彼は断言した。この基礎的な真実(コギト・エルゴ・スム)にもとづいて、デカルトは科学的な経験と認識に必要な確実性を具体化すべく、私たちに知られているすべてのことを再構築しようとしたのである。

　その一方でヒューム、すなわち「最後の経験主義者」は知覚のもっとも基礎的な存在論的要素(つまり、バートランド・ラッセルがのちに感覚与件と呼んだもの)を発見しようとする中で、経験の真実性と確実性の両方、あるいはそのいずれか一方だけでも追求しようとした。ヒュームは、複雑な知覚経験のゲシュタルトの中において固有のもの、つまり否定され得ない単位を見つけたいと望んでいた。言い換えれば、彼は複雑な知覚や、知覚にもとづく思考(つまり、その他のすべてのもの)を構成するが、それ自体がその「知覚可能な直接性」において何らかの形で真実であるようなそれ以上還元できない要素を望んだのである。

　イマニュエル・カントは、合理主義は世界についての経験を十分に考慮に入れていないが、一方で経験主義は観察者の経験を十分に考慮に入れていないということを根拠にして、両者の考え方への最終的な異議申し立てを行った。経験は、精神やあるいは物質よりもさらにいっそう基礎的なのだとカントは言う。カント哲学の(「認識」を重視する)経験主義は、心理学の誕生に使われた近代哲学の基盤を構築することになった(ただし、それは近代科学の基盤ではなかったのだが)。

カントからマルクスへ：
哲学的近代主義の絶頂期からポストモダニズムの寂しい始まりへ

　カントの『純粋理性批判　Critique of Pure Reason』の序論は、以下の言葉から始まる。

　すべての私たちの認識は、経験とともに始まるということについては、まったく疑いの余地はない。というのも、もし対象によるのでなければ、私たちの認識能力はどのように呼びさまされ、活動するようになるのだろうか？　対象は私たちの感覚に作用し、一方においてそれ自体で自ずと表象を生み出し、他方で私たちの悟性の活動を作動させ、その活動によってこれらの表象を比較し、また結合あるいは分離して、感性的印象という生の素材を対象の認識へと加工するのである。この認識こそが、経験と呼ばれる。

　それゆえ、時間の系列に関して言えば、私たちは経験に先立つどのような認識も持ち合わせていないのであり、経験とともにいっさいの認識ははじまるのである。しかし、私たちの認識がすべて経験とともに開始されるからといって、認識がことごとく経験から生じるということにはならない。というのは、私たちの認識経験でさえも私たちが印象を通じて受けとるものと、私たち自身の認識能力が（感性的印象によって単に誘発されて）それ自体で供給するものから構成されているということも考えられるからである。もしも、私たちの認識能力がそのような付加的なものをつくり出すのであれば、私たちは長い注意の訓練を積んでそれを分離することに熟達するようになるまで、それを生の素材から区別することはできないのかもしれない（1965、1787 年に出版された第二版から、pp.41–42）^{訳注 1}。

　このようにして、カントは近代主義のパラダイムを実質的に定式化し、そして認識に関する問題と、私たちが認識を得る方法についての学問までをも考案したのである。私たちが認識するもの（それは、おそらく認識が学習の成果になってからは私達が学ぶものでもある）とは、「私たちが印象を通して受け取ったもの」と私たちの精神との複雑な組み合わせ、あるいは統合体なのである。カントは、経験はほとんど確実に認識の始点なのだと私たちに伝える。しかし、経験それ自体は（ヒュームや彼を支持する経験主義者の一部によって示唆されたように）決して純粋なものでも、あるいは生（なま）のものでもない。それらはどちらも、認識の原因としての経験には当てはまらないもの

である。むしろ、カントがさらに続けて言うように、経験についての分析は
アポステリオリに経験にもとづく（つまり、経験の「後を追う」）真実だけでな
く、経験それ自体のアプリオリな条件であるような真実についても明らかに
するのである。けれども、これらのアプリオリな真実は、単に定義によって
真実(分析的と呼ばれるもの)なのではない。それらは、世界についての特別
な真実(総合的と呼ばれるもの)なのである。この特別な真実が、私たちの「認
識能力」、つまり「精神(少なくとも、私たちの精神の認識的な側面)」を定言
的に特徴づけるのである。カントの洞察(つまり、私たちが経験の全体性か
ら経験の素材を取り出すことができるのは、まさに「長い注意の訓練」を身に
つけた場合だけなのだという洞察)は、20 世紀の心理学の大半の作り話、特
に認知についての作り話のレゾンデートルになっていくだろう。

　カント哲学のパラダイムは、「認識能力」が付け足しを行っていく単純な組
み合わせモデルなのだろうか？　あるいは、組み合わせモデルに比べるとよ
り構成主義的なモデル、つまり経験を操作する認識能力を備えたモデルな
のだろうか？　カントは、主体性の新しい理解を提示したのだろうか？　彼は、
主体の確実性を打ち立てたのだろうか？　彼は、西洋の内と外の二元性のイ
デオロギーを取り除いたのだろうか？　カント哲学の「経験する個人」は、そ
の前任者である前近代のデカルト的な「知覚し、考える個人」たちよりも質的
にいっそう能動的だと言えるのだろうか？　カントの洞察は刺激的ではある
けれども、彼もまたアリストテレス哲学の形式論理学を基本的に保持して
いると私たちは考えている。彼をヘーゲル以上に近代的な弁証法の創始者で
あったと考えるのも理解できるが、カント哲学のパラダイムは結局のところ
哲学の二元論への本格的な挑戦ではなかったのである。カント哲学の経験の
カテゴリは、二元的に分割されていた認識者と認識されるべく存在するもの
とをまとめる一つの試みではあった。しかし、カントの人間活動の概念は(「対
象は…他方で私たちの悟性の活動を作動させ」と彼が言うときのように)、そ
の論理学、受動性、心理主義、形而上学、そして疑似生気論においてアリス
トテレス哲学的なものを保持しているのである。カントは、経験のさまざま
な形態における確実性の度合いを見分けるために、分析性、総合性、アプリ
オリ、アポステリオリの四つの概念からなる構造を持った確実性の分類法を

提供した。近代哲学、科学、そして心理学はカントのこのような「批判」によって、大いに形づくられていったのである。これらはすべて正しい。しかし、カントは確実性の探求それ自体には、異議を申し立てなかった。アリストテレス哲学の個体性と同一性の論理学や、ギリシャ哲学の体系的な確実性(つまり、真実)の概念は完全な形で保持されている。いや違う。カントは、経験や個体性の論理学を決して乗り越えてはいないのだ。なるほど、確かに彼は近代主義者たちの経験への執着を具体化した。しかし、経験にもとづく思考に代わるものとして活動にもとづく思考を導入することで近代哲学と決別し、アリストテレスの論理学に対する根本的な挑戦を始めたのは、カントではなくマルクスだったのである。

　マルクスは初期の方法論的、哲学的著作において、弁証法的な史的唯物論の原理を示している。新しい方法論についてのもっとも明確で簡潔な定式化の一つにおいて、マルクスは前提であるべきものは、彼が発展させようと試みていた解釈なしの科学／哲学の中にこそあると述べた。彼は次のように言っている。「このアプローチの方法[弁証法的な史的唯物論]は、前提を欠いているのではない。それは真の前提から出発し、それらの前提を少しの間も捨て去ることはない。その前提とは人間である。それも、あらゆる空想的な孤立や固定化にさらされた人間なのではなく、明確な条件のもとでの経験的に知覚できる現実の発達プロセスにおかれた人間なのである」(Marx and Engels, 1973, pp.47–48)。

　科学と歴史の出発点は、生活から推定された解釈や抽象化なのではなく生きられた生活だというマルクスの主張、つまり前提は「明確な条件のもとでの発達プロセス」におかれた現実の人間なのだという主張によって、(アリストテレスの論理学を含む)すべての西洋哲学は、実質的にその正当性を疑われることになった。プラトンとアリストテレス以降の西洋哲学の物語は、それらに続いて起こることから切り離されたような(けれども、どことなくそこに含まれてもいるような)、歴史に無関係で二元論的な「前提」の概念を常に採用してきた。マルクスの歴史的で方法論的な一元論(これは、主に彼の初期の著作において示されている)は、ポストモダンの「活動理論」的な認識論に対する彼のもっとも重要な貢献の一つだと言える。

　マルクスによる活動の概念（つまり、「革命的な実践批判的活動」の概念；1973, p.121）は、認識者と認識されるべく存在するものとをカントの近代主義的で経験主義的な試みよりも、はるかにうまく統合する歴史上のキャラクターなのである。カント（つまり、現代アメリカにおけるプラグマティストのリチャード・ローティ[1982]によって、「最も歴史主義的でない哲学者」であると見なされた哲学者）を歴史化するプロセスを開始したのはヘーゲルであったけれども、マルクスは（議論の余地はあるかもしれないが、ヘーゲルの観念論的な一元論を使って）カントの合理主義－経験主義的な統合体をラディカルな史的唯物論者の「活動理論」的な一元論のもとに置いたのである。カントに反対して、人間は主として知覚者／思い描く者（つまり、認識者）として理解されるべきではなく、能動的な創造者として理解されるべきなのだとマルクスは主張する。労働や労働すること、つまり人間の創造的な生産力の根源性を認めない認識についての理論は、マルクスが言うように人間についての心理学であるというよりも、結局のところ美学的なものなのである。

　ヘーゲルの（歴史主義的ではあるけれど）観念論的で形而上学的なカント解釈に対して、マルクスは唯物論的であり、一元論的であり、労働にもとづき、「活動理論」的であり、そして弁証法的であるような歴史性を提案した。悟性について理解するために分析されなければならないのは、マルクスが言うように人間の知的な行為や認識的な行為（つまり、経験）なのではなく、よりありふれた毎時毎分の関係的な人間の生産の行為（まさに、絶え間ない集合的活動）なのである。マルクスが主張するように、出発点であるべきなのはあらゆる平凡な人間の実践なのであり、経験なのではない[原注1]。

　けれども、マルクスの実践に関する方法でさえ、アリストテレス哲学の論理学と個体性の観念論に対する十分徹底した拒絶にはなっていない。なるほど前提は現実の人間にあり、抽象化にはないのだけれども、それはどのように（そして、いかなる関係的な活動の中で）発見されるのだろうか？　マルクスの方法は、そのような問いをうやむやのままに（そして、おそらく問われてすらいないままに）してしまっている。間違いなく、発見されるものがそれを発見する行為（あるいは、活動）と同じなのだということはありえない。発見とは何だろうか？　マルクスの方法は、発見の対象を質的に転換したけ

れども、発見(そこには、彼自身による発見を含む)についての発見に自己言及的に取り組んではいないのである。彼は、肯定や発見の方法、つまり弁証法的な学習の方法でデカルトによる懐疑の方法を置き換えてはいない。マルクスは、出発点となる概念(つまり、彼にとっては「現実の人間」)に固執したことで、真実と確実性を完全に捨て去ることができなかった。これらの問題に応答して残された課題を達成するために、私たちはそれでもやはり近代主義的で合理主義者的であったマルクスによる「実践の方法」を乗り越えて、ポストモダンの「方法の実践」へと(ヴィゴツキーを経由して)進んでいくのである(Holzman and Newman, 1979; Newman and Holzman, 1993)。

　体系的な哲学とその子ども／物語に対するこの「活動理論」的な拒絶(つまり、持続的で絶え間ない人間発達の活動を生じさせる関係にもとづいたプロセス)は、第9章における大きな関心事になるだろう。私たちは経験があらゆる認識の原因であり、そしてそれゆえ最も基本的なタイプの認識(カントの用語では、アプリオリな総合認識)の原因なのだということに同意するかもしれないが、私たちにとっての経験は、カントにとってのように抽象化や出発点なのではない。そしてまた、経験はマルクスにとってのように人間の前提でもないのであり、それゆえにそれは自己定義的な個体性(つまり、出発点の別名)でもない。そうではなく、絶え間ない経験することの労働活動こそが、経験それ自体の歴史的な前提条件として私たちが認識しているものを継続的に見出し続けていくための「原因」なのだと私たちは考えている。経験は発達的であり、生産活動であり、そして認識と成長についての労働なのである。また、経験(特に、「経験すること」についての経験を含む人間の生活における経験)が生み出すのは、認識のカテゴリや、ましてや経験のカテゴリ(空間、時間、因果、実体であれ何であれ)のような永続的な抽象化ではない。経験は社会的な生産活動として経験をしていくための前提条件について、継続的で絶え間ない学習を生み出すのである。

　このポストモダンの(マルクス主義とヴィゴツキー主義に触発された)認識論的な反パラダイムを用いるとすべての認識、そしてそれゆえにすべての学習は(カントのことばをもう一度用いるならば)絶え間なく転換する「アプリオリな総合」になるのである。私たちは悟性について実践主義的に理解する

ために、時間それ自体の向き（つまり、その流れ）に挑戦しなければならない。私たちが認識するものは、構成的な発見に関する発達的で関係的な経験をするために私たちが認識しなければならなかった（そして、認識していなければならなかった）ものなのである。私たちが生きるポストモダンの脱構築主義的／再構築主義的な社会歴史的位置から私たちがカントとマルクスの両方について理解し、そして理解するがゆえに認めないことができるものは、あらゆる装いをした個体性の概念である。つまり、それは出発点、自己、カテゴリ、経験、起源、前提、仮定、想定などである。生活における出来事に与えられ得る説明、解釈、あるいは記述が常に存在しているのと同じように、ディスコースに与え得る起源や出発点が常に存在しているのである。しかし、それはなくてはならないものなのではない。体系的な哲学のポストモダン的な拒絶は、起源主義によるごまかしの根深さと幅広さを暴くことを必然的にともなうのである（例えば、John Morss [1992] による重要なエッセイ「波紋を起こす」を見よ）。

　すべての認識はある種の関係的な「アプリオリな総合」であるという私たちの主張——つまり、固定された「認識能力」、言い換えれば学習に（いかなる因果的な意味においても）先行するカテゴリなど存在しないのであり、むしろ認識（学習）とは「既にそこにあったもの」の発見なのだという主張——は、もちろんプラトンの『メノン　Meno』から、C. I. ルイスの『精神と世界の秩序　Mind and the World Order（未邦訳）』、そしてチョムスキーの『統辞構造論　Syntactic Structures』に至るまでの西洋哲学の考えの中に（その間にいくつもの休止をともないながら）前もって示されていたのだと言える。しかし、それら三つ（そして、私たちの考えではその他のすべて）は、絶対的であろうと相対的であろうと特定の始まりが常に存在しているのだという主張の中の「独創性の罪」に相も変わらず悩まされている。したがって、「既にそこにあったもの」は、起源の二元的な概念の観点から定義されてしまっているのだと指摘できる。私たちのラディカルに関係的な「活動理論」的観点（言うまでもなく、この観点は他のすべてのものと同じくらい関係的な活動である）からすれば、発達的で関係的な活動（つまり、発見）とは、連続的なものなのだと言える（もちろん、現状においてそれが強制的に停止させられている場合は

別であるが）。

　ポストモダンの用語を使って言うならば、西洋のイデオロギーと方法論の脱構築／再構築であるようなものがなかったために、数千年にわたって西洋哲学化された文化を支配してきたある種の学習は、認識の手段的な獲得を意味している。実際に、これは私たちの種における自然の支配と動物としてのヘゲモニー争いのためには極めて重要だったのである。このような学習には、非発達的で本質的に「宗教的」である実践と、人間の生活についての研究が法則的に付き纏うことになる。21 世紀に近づくにつれて、ますます多くの人々が当然の不安とおそらくパニックをともないながら、私たちの種が道徳的、発達的に暗黒の時代に生きているかもしれないことを理解するようになってきている。そして、この暗黒時代は、教会的なものと世俗的なもの両方の時代遅れの宗教的神話によって過剰決定されている一方で、自然を克服すると同時に破壊してきた先端技術を備えてもいるのである。私たち（著者たち）は、私たち（人間）をここまでつれてきたものは、私たち（私たちの種）をさらに先へと連れて行きはしないだろうと確信している。科学的な心理学（つまり、世俗的宗教の世界観）の至極真っ当な危機は、その学問としてのあり方それ自体と同じくらい、その研究主題（つまり、人間の生活）や、哲学と科学のあり方に関連しているのである。しかし、私たちは相変わらずこの物語を遥か先をめざして進め続けてしまっている。

形式化・一般化を目指す科学の努力

　19 世紀後期から 20 世紀初頭までに、近代科学はその信念として哲学から引き継いだ体系的な真実の概念を完全に採用し、またそれに適応してきた。アインシュタインの世界観は、科学は（哲学とは違って）最終的にあらゆる問いに対する真実の答え、あらゆることの説明、あるいはあらゆることについての予測を見つけるだろうという信念を明確化したのである。そして、それはすべての真実を演繹的な推論と帰納的な推論の両方、あるいはそのいずれかから導き出すような一つの根本原理（つまり、出発点や起源）を見つけ出しさえするのかもしれない。この信念は科学者を統治する人々、彼らの政治的

な賛助者、そして世界中の大衆からの信頼を示していると言えるが、これら
の人々は当然のことながら科学の発展による奇跡に畏敬の念を抱いている。
そのような状況において、科学は論理性や人間の主体性についての答えの出
ていない世俗的な謎へと積極的に取り組んでいくのである。しかしながら、
いったいどうして人間の精神のような非常に不確かなものから、数学のよう
な非常に正確なものを引き出すことができたのだろうか？

　もしも近代科学の確実性の明白な起源の一つである数学が論理に訴えるこ
とによってそれ自体を正当化できる（つまり、規範的な「思考形式」によって
体系化される）のならば、そしてもしも精神の謎が科学的に分析できるので
あれば、私たちは科学と近代主義を究極の普遍的なシステムとして王座につ
かせることに取り組んで行くべきなのだろう。19 世紀後期から 20 世紀初頭
の間には、これらに取り組もうとする試みも存在していた。実際、その当時
の人本主義の子どもである科学とテクノロジーの最大の改革運動は、ギリ
シャ生まれの母親である哲学と、その最初の子どもである宗教を打倒するこ
とであった。

　既に述べたように驚くべき人間の発展は、『イリアス Iliad』と『オデュッセ
イア Odyssey』の間のあるときに（ジェインズが、非常に興味深い方法で推測
するように）あらわれ、ついにはその限界に達した「種の発達」（つまり、西洋
の宗教、政治、科学とテクノロジー、そして心理学の母／創造者となったギ
リシャ哲学を生み出した発達）によって引き起こされたのである。皮肉なこ
とに科学と哲学の両方のパラドクスが完全に暴かれたのは究極の開始点、つ
まり究極の真実の体系をつくり出すという名目で、その発展の初期にあった
論理学と心理学を極端に推し進める試みの中においてなのであった。これは
近代主義を乗り越えた近代主義者、私たちの考えでは特に（論理学における）
ルートウィヒ・ウィトゲンシュタインと（心理学における）レフ・ヴィゴツキー
の仕事であり、その仕事は後に非体系的で、関係にもとづき、真実を参照し
ない発達になっていくもの（一言で言えば、ポストモダニズム）のための基盤
を準備したのである。

相対論、量子、そして不確定性原理

　心理学を「科学的にする」試みと数学を「論理的にする」試みがいっしょに前へと進んでいったとき（通常、現代にいたるまでお互いのことには気づいていないのだが）、物理学（つまり、近代科学の特に優れた功績）では、人々を驚かせるような一般に認められたパラダイムの中での進展を見出していた。新しいテクノロジーにもとづくさまざまな実証的な研究が、物理現象の客観的な分析において主観的要因がより真剣に考慮されなければならないということを訴えた。特に、すぐ手元での素粒子物理学の活動と、はるか遠方での天文学の活動がともに空間／時間によって定義された伝統的なニュートン物理学の基本的対象の再概念化を要求したのである（あるいは、少なくとも要求しているように見えたのである）。観察者（つまり、測定者）とその主観の役割が状況の外側にある限り、素粒子の動きも天体の動きもどちらも十分に理解され得ない。

　これは単に、疲労のような偶然の個人的な要因を統制することに関する問題ではない。そうではなく（非常に単純化して言えば）、観察される「対象」が光に近い速さで運動するとき、観察者が運動する速さは観察される対象が運動する速さと同じくらい「客観的」な（あるいは、主観的でもあり客観的でもある）要因なのである。同様に（そして、同じく非常に単純化して言うと）、一部の亜原子粒子（そして、亜原子運動）は非常に早く移動するようなので、観察者は個体性と同一性にもとづく単純な時空座標を使って特定の粒子を支障なく確認することができないのである。そして、そのようにすること（あるいは、しようと試みること）は、一部のものが「瞬時に」ポイント A からポイント B へと「移動した」のだという結論のような、うわべだけ論理的に見える矛盾を生み出してしまう。代替手段、つまり近代／現代物理学を一新するよりプロセスベースの理解の方法（例えば、相対論、不確定性、量子飛躍）が発見された。

　それにもかかわらず、正統派の物理学者と伝統的な方法論者は、ニュートンのパラダイムはこれらの新しいプロセスの発見によっても根本的にその正当性を疑われてはいないのだと当時も、今も（私たちの考えでは、正しく）主

張しているのである。実際、私たちをこのような未知の新しい世界へと導いたのは、ニュートンの考え方（と、言うまでもなく高倍率望遠鏡や顕微鏡のようなテクノロジーの並外れた進歩）なのである。そのうえ、こうした以前は知られていなかった事物の非常に変則的な振る舞いについても、いまだにアリストテレス論理学や近代物理学のニュートンの法則の観点から理解可能・・・だったのである。そう、違うのだ。近代物理学における発見は、それ自体でそのパラダイムを弱体化させてはいないのだ。けれども、それらの発見はたしかにポストモダン的な攻撃の全体に対して（正当な形で、あるいは正当ではない形で）貢献している。ただし、このことにもかかわらず 16 世紀の宗教の正説がガリレオに対してしたように、近代科学の正説は現代の異端者、つまりポストモダニストに対して敵意を示している。物理学の基礎的なパラダイムを（疑似ポストモダン的なやり方で）否定するために、物理学の発見を用いる人たちのほとんど（大部分は科学者ではない人たち）は、単に物理学を誤解しているだけなのだと近代科学の正説は主張している（例えば、Gross and Levitt, 1994 を見よ）。科学の正説に属するメンバーたちは、もちろん多くの意味でまったく正しい。しかし、もっとも重要なことは、教会の教父の間においてかつてそうであったように、彼らが正しいものを定義するということである。結局のところ、正しいものは彼らの科学なのである。

　当時も現在も、問題は理解それ自体に関する新しい概念（単なる物理学のための新しいパラダイムなのではなく新しいもの、つまり非パラダイム的な認識論）があらわれているのかどうかということにある。そして、それは言うまでもなく物理学、そして科学としての物理学の諸制度という範囲をはるかに越えた社会的な問題なのである。私たちは、もはや『イリアス』と『オデュッセイア』の間のどこかにいるのではない。私たちはおそらくある生活形式、言い換えれば疎外の形式（9 章を見よ）と、もう一つの生活形式との「間」にいるのだろう。

関係的あるいは関数的な論理学

　19 世紀の間にときどき（とは言え、それ以前にもそのような事例はあっ

たのだが)、数学者と同じく哲学者によって現実の数量的な特徴に対応した
「深遠な」真実の集まりとしての数学 (つまり、物理世界の非常に一般的な特
徴を述べることで真実になるものとしての数学) という古くさいカント哲学
の考え方は、より念入りな吟味を受けるようになった。例えば、リーマン
(1826–1866) による非ユークリッド幾何学という新しい発明は、ユークリッ
ド幾何学は経験的に検証可能な空間の本質をとらえることのおかげでそれ自
体の見かけ上の確実性を得ていたのか？　あるいは何か他のことが起こって
いたのか？　という問題を提起したのである。

　カント哲学の分類法(それは、数学を総合的なものと見なしている)への挑
戦は、数学はむしろ分析的なものなのではないのか？　あるいは定義によっ
て真実なのではないのか？　と多くの人々に考えさせた。そして、その挑戦
は、万が一それが事実だということになったならば、世界の存在のあり方
と世界についての数学的記述との間にある一見すると特別な関係(つまり、
正確な関係) を私たちは科学によってどのように説明すべきなのだろうか？
と問うたのである。

　ひょっとすると、数学をつくり出した定義は完全に恣意的なものではない
のかもしれない。物理的な現実の特性を根拠にしているのではなく、それら
は推論の規範的様式の特性、つまり論理を主要な根拠にしているのかもしれ
ない。定義的なものとしての数学の再評価、そして事実よりも論理により密
接に関係するものとしての数学の再評価は、論理学と数学の両方において新
しい大きな発展を生み出した。そして、それはまた論理学と数学との関係を
いっそう緊密にしたのである。

　この文脈において、ゴットロープ・フレーゲとその他の人々は悟性と認識
についてのカント哲学の考え方を関数化、あるいは数学化しようとした。彼
らにとって、カントによる経験的に検証可能な知覚(例えば、知覚的な経験
が常に因果的に並べられることなど)と経験それ自体の総合的でアプリオリ
なカテゴリ(例えば、因果的なカテゴリなど)の経験の中での混ぜ合わせは、
アリストテレス的なカテゴリを用いた論理学を乗り越えるような「混ぜ合わ
せ」についての理解を大いに必要としているように思われたのである。

　もしも「7+5=12」が、それが世界のあり方に一致しているという理由より

も定義によって真であるのならば、その分析性を理解するためには何が定義されていなければならないだろうか（つまり、定義はどのようなものであるべきだろうか）？　数字（この場合には、「7」、「5」、そして「12」）が項目（つまり、個体）として定義的に重要であることは間違いないが、とりわけ数字よりもはるかに少ない演算しか（少なくとも直感的には）存在しないので、関係的な演算（この場合には、「+」と「=」）が最低でも定義的に考慮されなければならない重要なものになる。数字それ自体の中に本質を発見することや、数字それ自体の本質を発見すること、そしてそこから数学的な真実を引き出すことは、ある種のピタゴラス的な神秘主義を呼び覚すか、あるいは少なくともそれを示唆してしまうことになる。したがって、この新しい考え方において「7+5=12」は、「7」、「5」、そして「12」の深遠な定義や本質主義的な定義によって、定義的に真であると見なされるべきではない。そうではなく、どのように「+」演算と「=」演算が計算の真実を生み出すために自然数の三つ組みにおいて働くのか（ほとんど機械的に働きかけるのか）理解することが必要なのである。「f」がいくつかの「"+"すること」と「"="すること」の適切な使用（つまり、演算）であり、「x」が n 項の（この場合には、3 項の）選ばれた自然数（例えば、〈7, 5, 12〉あるいは、〈7, 4, 12〉）の配列（つまり、第 1 の自然数 + 第 2 の自然数 = 第 3 の自然数）であるような関数 $f(x)$ がある。この関数 $f(x)$ は、x=〈7, 5, 12〉の場合には真であり、x=〈7, 4, 12〉の場合には偽である。個体性（この場合には、数字）を根本的で基礎的であると直感的に思われるようなものとしてではなく、それらを変換する演算の観点から理解することは、論理学を数学化するプロセスの中核をなしていた。そして、このことが今度はすべての数学を論理学に還元する計画が成功するだろうことを予感させたのである。

　この試みは、バートランド・ラッセルとアルフレッド・ホワイトヘッドによる記念碑的な著作である『プリンピキア・マテマティカ　Principia Mathematica』[訳注3]全3巻の1910年と1913年の登場において最高潮に達した。私たちが指摘したように、論理学それ自体は前々から数学化（つまり、関係化および関数化）されたものであった。しかし、『プリンピキア』は、アリストテレス哲学の装置だけでなく、19 世紀のその数学化から派生したいくつかのより新しい概念要素までをも包含した論理学へと、数学がどのように還元

され得るのかを示すと約束したのである^{原注 2}。

『プリンピキア』において、ラッセルとホワイトヘッドが数学を論理学に還元する計画に役立てるために導入した「新しい」論理学のもっとも重要な部分（つまり、論理装置）とは、「集合」であった。集合（あるいは、グループ分け）は、さまざまな項目（つまり、個体）のコレクションである。つまり、それはそのメンバーの観点から定義された抽象化である。しかし、いくつかの（より数学的に関連したものの）集合は無限のメンバーを含んでいる。その一つの例は、「すべての自然数の集合」である（しばしば、$\{1, 2, 3, \cdots\}$ のように表される）。そのような集合は、それゆえに数え上げや省略表現（つまり、哲学者が直示的定義と呼ぶもの）よりも、グループや集合のメンバーであるための必要条件と十分条件の観点から記述され得る。例えば、偶数の集合は、しばしば「余りなく 2 で割り切れるすべての自然数の集合」として記述されるのである（そして、$\{2, 4, 6, 8, \cdots\}$ のように表される）。

関係者の多く（そして、もちろんラッセルとホワイトヘッド）にとって、概念的な集合と項目（つまり、個体）は、それが定義された観点からして、非常に明確なものだと直感的に思われたのである――とりわけ、私たちの文化のギリシャ哲学的（特に、アリストテレス哲学的）な遺産に明らかにもとづいた直感がそうさせたのであった。しかし、集合の概念に埋め込まれていたのは、自己言及のパラドクス、つまりその発見がギリシャ哲学と論理学から受け継いだ実体／形式という個体を解体してしまうようなパラドクスであることが判明した。

集合論的形式における、いわゆる自己言及のパラドクスとは何だろうか？簡単に説明しよう。次の必要条件と十分条件によって定義される集合 R（無限集合）を考えてみよう。その条件とは、「x が R のメンバーであるのは、x が自分自身をメンバーとして欠く集合であるときに限る」というものである。集合一般、特に集合 R についての最初の直感的な読みでは、大部分の集合（ひょっとすると、すべての集合）が自分自身をメンバーとして欠いているように思えるので、（全部ではないけれど）ほとんどの集合が R に含まれるだろうと予想されるかもしれない。ここまでは順調だ。けれども、もちろんここには深刻な問題がある。その問題（つまり、パラドクス）は、私たちが一見

無害な質問をするときに気づかれるのである。その質問とは、「R は R のメンバーか？」というものである。なぜなら、R は自分自身をメンバーとして欠いたすべての集合からなる（それゆえ、おそらく R を含む）集合であり、もしも R が R に含まれるならば、そのとき R が R に含まれないことになってしまうからである。しかし、R は自分自身をメンバーとして欠くすべての集合を含む（それゆえ、R をメンバーに含むであろう）から、もしも R が R に含まれないならば、そのときそれは R に含まれることになってしまうのである。集合論的なパラドクス、つまり自己言及のパラドクス（「すべてのクレタ人はうそつきだ」、つまり彼らは常に嘘をつくと宣言するクレタ人に関する昔からあるパラドクスの一種の近代バージョン）は、近代論理学（そして、特にカントールとフレーゲ）をその根底から揺さぶり、それによってこのパラドクスは今や不安定になったその足場の上に数学を築こうとする試みと激しく衝突することになったのである。アリストテレス哲学における個体、つまり並外れて役に立つ概念であることが（とりわけ、近代科学の発展にそれが用いられてきた数世紀を含む）何千年にもわたって証明されてきた存在は、それらからなる集合やグループを定義することに失敗してしまったのである。

　その他の哲学者、中でもヘーゲルは部分と全体の関係にまつわる懸念を以前から表明していた。しかし、数学／論理学／科学の厳格な区分の中で生じたこのような新しい困難こそが、個体（そして、もちろん集合）についての問題に新たな重要性を与えたのである。ラッセルとホワイトヘッドは、このパラドクスに対するアドホックな解決法、つまり「R は R のメンバーか？」という問いを有効に否定する理論として、いわゆる論理的型理論を思いついた。だが、この理論が成し遂げたのは、個体（とその集合）／同一性にもとづく悟性のモード（つまり、「この存在とあの存在は同じだ」という考え方）のより一層の恣意性を顕在化させてしまうことであった。

　ただし、このことが持つすべての重要性は、クルト・ゲーデル（1906–1978）が「不完全性定理」、つまり私たちを含むたくさんの人たちが 20 世紀のもっとも重要な概念的なブレイクスルーのひとつだと考えている卓越した研究を発表する 20 年後まで十分に気づかれることはなかったのである。この研究

においてゲーデル（1962）は、数学の一つの分野を証明できるようにするために、その分野を論理学に還元するような（あるいは、還元すると称するような）メタ数学的体系をつくり出すあらゆる試みは、自己言及のパラドクスをそれ自身が（この時に限って数学的な形式で）具体化する数学化されたメタ数学的体系（彼は、以後「ゲーデル数化」として知られるようになる卓越した手続きによってこの体系をつくり出す方法を示した）を生み出してしまうことを証明した。言い換えれば、そのような試みは数学的に真である命題を、本質的には証明できない数学的な言語で自分自身について述べるものである適切な数学的形式（例えば、「7+5=12」のような）において、生み出すのである。ゲーデルはさらに、例えばラッセルとホワイトヘッドなどによるそれらの難題を解決するためのあらゆるアドホックな型理論的な試みは、論理的にさらにもう一つのパラドキシカルで、数学化した、メタ数学的体系を生み出してしまうだけであることも例証した。ゲーデルが示したように、非常に単純な場合を除いて、数学的な体系が完全で妥当であるということを一貫した形で（つまり、矛盾なく）証明するいかなる体系的な方法も存在しない。つまり、数学の一つの領域におけるすべての真実も、唯一の真実（そして／あるいは、それらを生み出す能力）も、メタ数学的な論理体系に還元され得るのである。

　興味深いことに、ゲーデルの研究は数学か論理学かのいずれか一方に閉じられたものではなかった。それどころか彼の研究は、例えば再帰的関数論（つまり、サイバネティクスやコンピューターテクノロジーの数学的な基盤）などを包含した、それら両方における新しい分野に刺激を与えたのである。しかし、それは間接的にとは言え、論理学、数学、そして哲学における根本的な問いに関心を持っていた少数の人たちを一時停止させてしまったのである（議論の余地はあるが、ルートウィヒ・ウィトゲンシュタインの場合は特にそうだった）。

前期ウィトゲンシュタインと言語哲学

　ルートウィヒ・ウィトゲンシュタイン（1889–1951）、つまりウィーンの莫大な富と文化を有する社会的に有名な一家に生まれた天才は、若い頃の航空

工学の分野における研究を経て、根本的な問いに興味を持つようになった。フレーゲは、若いウィトゲンシュタインにケンブリッジでラッセルに師事するように勧めた（そして、ラッセルには彼のメンターになるように勧めた）。ウィトゲンシュタインの前期の仕事、つまり 1921 年に出版された『論理哲学論考　Tractatus Logico-Philosophicus』は、彼が生きている間に出版された唯一の本である。『論考』、つまり（まだ『プリンキピア』の影響のもとにあった）ラッセルに触発されて書かれた著書は、『プリンキピア』が数学に対して、（善かれ悪しかれ）おおむねうまく行ったことを言語学に対して行う試みとして理解することができる。その中で、ウィトゲンシュタインは言語学を論理形式に還元しようとした（ゲーデルの「不完全性定理」が、まだあらわれていなかったことを思い出そう）。

　言語学についての哲学的な研究は、そのときまだ初期の段階にあった。けれども、ウィトゲンシュタインはそのとき既に、彼の知的生活全体を特徴づけることになる洞察を持っていた。つまり、哲学（大文字の哲学）と呼ばれる「煩わしさ」は、一般の人たちやとりわけ哲学者が言語について考えるときの混乱したやり方に根差したものなのだという洞察を彼は既に持っていたのである。ウィトゲンシュタインは『論考』において、言語の論理形式を示すことで哲学におけるすべての未解決の問題を解消することを暗黙のうちに試みていた。つまり、彼の関心は単に哲学的な言語や特定の自然言語（あるいは、数学のような特定の非自然言語）にあったのではなく、一般言語（すなわち、抽象的な言語、あるいは言うなれば「思考形式」としての言語）にあったのである。それゆえに『論考』は事実上、新しいもの、つまり非アリストテレス哲学的な論理学をつくり出す試み（または、少なくともそのための基盤を確立する試み）だったと言える。そして、そのような計画は私たちがすでに示唆してきたように、当時の論理学者と数学者の多くが行おうとていたこととまったく一致していたのである。

　皮肉にもウィトゲンシュタインの著作は、後に彼の追随者たち（つまり、ウィトゲンシュタインが決して持つことを望まなかった人たち）によって、哲学の中にさらにもう一つの分野、つまり言語哲学として知られるようになるものをつくり出すために使われていった。数学をその最高の論理形式（つ

まり、ラッセルが「論理的原子」と呼んだもの)に還元し、それによって哲学から形而上学を消去しようとするラッセルとホワイトヘッドの試み(つまり、哲学からギリシャ哲学を取り除く試み)は、論理実証主義として知られる新しい哲学の学派の成立を(ウィトゲンシュタインを経由して)うながした。論理実証主義者たち(例えば、カルナップ、ヘンペル、シュリック、ヴァイスマン、そしてノイラートなど)は、ヒトラーに追い出されるまでウィーンで研究をしていたことからウィーン学団と呼ばれるようになり、彼らはウィトゲンシュタインの『論考』を、哲学を科学の召使いへと変えてしまうための指導書として解釈した(今や形而上学はなくなったが、個体がなくなったわけではない。それは論理的原子!　になったのである)。

　しかし、ウィトゲンシュタイン自身は、究極の哲学的「義務」に専念するために既に『論考』を完全に捨て去ってしまっていた。その義務とは、哲学を破壊すること(ポストモダンの用語では脱構築)と、哲学者の言語への執着を治療することである。彼は後期の著作においてこれを追求したのであるが、それはまたもや言語哲学の成長をうながしてしまった。ただし今回、彼の自称追随者たちは、「日常言語」と呼ばれるものの方向に進んで行った。

論理実証主義の短く不幸な生涯

　ウィーン学団がナチズムによって衰退したのだとしても、論理実証主義は結局のところ自分自身のその改革的なあり方によって崩壊したのだと言える。というのも、それは実際には、哲学を惨めな科学賛美に変えることによって救い出す、あるいは修正するための試みでしかなかったからである。この試みにおいて、論理実証主義はただ単に自分自身の終焉に大きく貢献しただけでなく、実のところポストモダン的な科学批判への扉を開いたのである。ゲーデル(彼はウィーン学団には参加していなかった)が、数学化した科学の確実性についてその厳密な限界を実質的に定めたとき、ウィトゲンシュタインの『論考』に何も疑わず追随した(少なくともそのときには、「自己言及」の問題には気づいていないように見えた)ウィーン学団は、すべての近代科学のための論理学的な基盤を構築する方向に進んでいた。

　学団のメンバーは、特に科学的還元主義の問題に関心を持っていた。それゆえ、彼らはカント哲学の分析性と総合性の区別を詳細につくり直そうとした。その上、彼らは感覚経験それ自体に論理学的（つまり、根本的）な特性を与える試みによって、還元主義の概念を洗練することも行った。個体性と同一性は、今や論理学的な原子を装ったうえで無傷のまま保たれていた。これらの分析やその他の哲学的分析は、実証主義という太陽（つまり、いわゆる検証可能性の理論）の周りを回る惑星のごとく、科学に奉仕してグルグル回転していたと言えるだろう。ここで中心に位置する原理は、有意味性は「定義によって」（つまり、分析的なのものとして）同定されるか、あるいは検証を通して同定されるのだと主張した。この見解に従えば、何かが命題の真偽を判定するためのエビデンス（結局のところ、それは経験的なエビデンスに帰着する）として見なされる場合に、ある命題は検証可能だと言える。

　膨大な創造のエネルギーが、検証の原理に関する重要な概念を解明することへとささげられていった。自己言及的で批判的な感性の時代において、検証可能性の原理それ自体の論理学的な地位が、そのうち問われだしたことは驚くにあたらないだろう。検証可能性の原理は、定義によって真であったのだろうか？　もしそうならば、それは現実の科学との関連性を弱めてしまうだろう。あるいは、経験的なエビデンスへの訴えによって検証可能なものだったのだろうか？　もちろん、これは循環性と逆行の問題を引き起こしてしまう。

　この論争は 1930 年代から 1950 年代まで盛んであった。実証主義者たちはいっそう扱いの難しい証明の概念（例えば、ポパーの「反証可能性の理論」）を生み出し、そして彼らの分析的な批判者たちはそのあら探しをした。この問題（そして、論理実証主義）を静めたのは、アメリカの論理学者 W. V. O. クワインであった。クワイン（1963）は、その卓越したエッセイ「経験主義の二つのドグマ」（彼は、その初期バージョンを 1950 年に提出した）において、還元主義と分析的ー総合的の区別――これらは、ポストカント哲学的な経験主義の基礎であり、それゆえに論理実証主義（別名、論理経験主義）の基礎でもあった――が本質的に維持できないことを分析的、論理的に例証し、それによって論理実証主義を体系的に脱構築したのである。

　このように、近代科学の絶対的基盤をともに構成した（ゲーデルを経由した）論理学と数学、そして（クワインを経由した）経験主義は、内側からの徹底的な挑戦を受けたのである。ゲーデルとクワインは、哲学それ自体への挑戦をさらに掘り下げていった。しかし、彼らはまだそれを捨て去ろうとはしなかった。ゲーデルにとっての哲学は、論理学的ー数学的な分析についての継続的な評価であった。一方で、クワインにとっての哲学の概念、つまり「ドグマなき経験主義」は、初期のアメリカのプラグマティストたち（例えば、ウィリアム・ジェームズ、チャールズ・パース、ジョン・デューイ、ジョージ・ハーバート・ミード、C. I. ルイスなど）の仕事へと（今日における論理形式として）つながっていく、ある種のプラグマティックで哲学的ー社会学的ー文化的な分析のモードであった。結局のところ、クワインの仕事は「経験主義の最後のあがき」であったのだと（クワインを大いに尊敬したドナルド・デイヴィッドソンにしたがって）上手く言い表せるのだろう。哲学を葬り去ることが、才気あふれるウィトゲンシュタインにゆだねられた。彼は義務感にもとづいてそれを行い、哲学の完全なオルタナティブをつくり出すだろう。つまり、哲学なしで哲学すること、言い換えれば言語ゲームで遊ぶ絶え間ない活動をつくり出していくのである。

後期ウィトゲンシュタイン

　1951 年の癌によるウィトゲンシュタインの死は、彼の前期の仕事がウィーン学団流の論理実証主義の創設に（ウィトゲンシュタインの観点からすると）誤用されたのと同じように、後期の仕事がジョン・オースティンや、ウィトゲンシュタインの追随者だと自称するその他の人たちによっていわゆる日常言語学派へと歪められ、変形されるのを目の当たりにする苦悩から彼を救ったと言える。しかし、ウィトゲンシュタインは、彼の探求が科学と心理学に対する新たなポストモダン的批判の重要な構成要素になっていく（そして、今やそうなった）様子を目にする機会もまた、不幸にも逃してしまったのである。なぜ彼が不幸なのかというと、ウィトゲンシュタインの後期の著作は心理学にとって関心のある問題に取り組んでいたのだが、それらは明らかに

反心理学的なものだったからである。

　ウィトゲンシュタインの哲学、言語学、そして哲学的で科学的な方法論に対する考え方は、みな同様にはっきりと批判的なものである。しかし、ウィトゲンシュタインは単に「批評家」として書いたのではない。私たち（そして、Baker, 1992 や Peterman, 1992 を含むその他の人たち）は、彼の声をまたセラピストの声としても聞くのである。彼の批判は非体系的な形を、つまり哲学者と普通の人たち双方のための「患者固有」の治療計画という形を取るのである。ウィトゲンシュタインにとって哲学は病気であり、言語は保菌者であり、哲学的で科学的な方法論は科学が望んでも必要ともしてもいない病院であった。そして、心理学は疑似科学的なもの、つまり偽物の治療だったのである。心理学がどれほど疑似科学的で偽物の治療であるのかについては、まさにのちの章のテーマであり、そこでは哲学と科学の子どもとして生まれた「悪しき（商品化された）種子」のあさましい生涯と、近い将来におけるそれらの不名誉な死が探求されるだろう。

　レフ・ヴィゴツキーとともに、ウィトゲンシュタインはポストモダニズムのもっとも際立った祖先となった。彼は、いわゆる哲学的心理学（つまり、ウィトゲンシュタインの死のすぐ直後から心理学的な問題について書き始め、それを続けたウィトゲンシュタイン派の哲学者たちの仕事）に大きな影響を与えた存在である。さらに時が経って、「心理学的哲学」の登場が目の当たりにされてきたのであるが、私たちはこの語をますます増えつつある、ウィトゲンシュタインの思考に大いに感化された私たちのような現代の心理学者の仕事（例えば、Gergen, 1994; Jost, 1995; Shotter, 1991, 1993a, and b; van der Merwe and Voestermans, 1995）を言い表すために用いる。最近では、（判断や真実にもとづくのとは対照的に）関係にもとづく悟性についての新しい非体系的な理解を生み出す取り組みにおいて、哲学的心理学者たちと心理学的哲学者たちが次第に力を合わせ始めている。ウィトゲンシュタインの言語ゲーム、そして彼の「生活形式」の概念はこの企てにおいて非常に役に立つのである。

　ヨーロッパの学術界におけるさまざまな分野の極めて重要な研究者たち（ほんの数例を挙げると、ジャック・デリダ、ミシェル・フーコー、ユルゲン・

ハーバーマス、そしてマルティン・ハイデガーなど)は、哲学、科学、そし
て心理学に関する問題をそれぞれの方法で同じように提起してきた。彼らや
彼らの追随者たちはまた、近代科学(そして、350 年続いた科学的パラダイ
ムの絶対的権力)に対するポストモダンの抵抗を引き起こすこともできた。
しかし、アメリカはその時までに、近代科学と心理学の第二の故郷になって
いた。ウィトゲンシュタイン派の革命(21 世紀が近づくにつれて、マルクス
派の革命やフロイト派の革命よりも、こちらの方が重要であったことが分か
りつつある)は、1950 年代後半から 1970 年代までにアメリカの大学システ
ムの中で静かに成長してきた。もしも私たちが悟性について理解しようとす
るならば、大学システムの外側と(少なくとも同じくらい重要なこととして)
内側における革命の歴史は、絶対に理解しなければならないものの一つだと
言える。

　ウィトゲンシュタインの死から数年後までに、彼の著作(加えて、彼の死
後にあらわれた第一波の追随者たちの著作)が一般に入手可能になることは
なかった。その時点で、(多くのアメリカの大学で)「発生していた」哲学的な
トピックは、心の哲学(哲学的心理学)、言語哲学、論理学、そして科学哲学
だった。激しく議論されていたもっとも重要なサブトピックの一つに「説明」
があった。人間の行動を説明することと人間以外の出来事を説明することの
あいだに違いはあるのだろうか?　もしもあるならば、それは一体何だろう
か?^{原注3}

　名高い実証主義的な科学哲学者であったカール・ヘンペルによって「歴史
における一般法則の機能」(1965; 最初に発表されたのは 1942 年)と名づけら
れた重要なエッセイが、さまざまなアンソロジーに掲載され始めた。その中
においてヘンペルは、通常「一般法則」および「経験的観察」は、科学一般と比
べて歴史「科学」の中ではほとんど発展しないと言われているが、そこでの歴
史に関する特徴的な暗黙の説明モデル(つまり、書くことと調査すること)は、
大雑把に言えば物理学、生物学、あるいは化学におけるモデルと同じなのだ
と主張した。説明の構造についてのこの影響力の大きなエッセイは、21 世
紀における歴史哲学の出現の転換点を印づけている(この時点よりも前では、
分析哲学者たちは既に提出されていた歴史哲学をまだ高く評価していなかっ

たのである）。

　ドナルド・デイヴィッドソン（つまり、かつてのヘンペルの同僚であり、現在の世界においてもっとも著名な熟練の哲学者の一人）は、ヘンペルの道を引き継いだ。デイヴィッドソン（1980）によれば、理由の観点から人間行動を説明あるいは記述することは、いわゆるハードサイエンスや自然科学における事象（特に、人間以外に関する事象）の説明と因果的にも構造的にも変わらないものか、あるいはとても似ていることなのである。つまり、ハードサイエンスにおいて働いている（少なくとも、科学方法論者と科学哲学者から働いているといわれている）説明のモデル（時として、「因果」モデルや、「演繹的－法則的」モデルと呼ばれるモデル）は、歴史科学や比較的ソフトな科学、さらに／あるいは人間行動についての普通の説明（つまり、会話的な説明）のための理由の形式としても十分なものなのである。言い換えれば、理由は原因と同じではないかもしれないけれど、それらは人間行動の説明において、原因が物理的事象の説明において果たすのと同じ役割を果たすのである。

　論理実証主義が、この時点で既に哲学的な「学派」としてほとんど消え去っていたことが思い出されるだろう。デイヴィッドソンは、ヒューム哲学的な経験主義を超えてある種の分析主義へと飛躍した存在（つまり、経験主義者との一致を超えつつも、その形而上学を完全に捨て去ってはいない存在）として、自分自身を理解していたようである。私たちは、彼がその分析的な飛躍に成功したと確信している。しかしながら、（クワインの「最後のあがき主義」について語った）デイヴィッドソン自身が、結局のところ哲学のもっとも大きな「最後のあがき」の一つになってしまったのである。

　新しい実証主義的なもの、つまりヘンペルとデイヴィッドソンの演繹的－法則的テーゼは、ウィトゲンシュタイン（とりわけ、彼の後期の著作）に強く影響された人たちを含む心の哲学者／哲学的心理学者からの攻撃の的になり始めた。非常に重要な何かが明らかに起こっていたのだが、それが何であるのかはまったくはっきりしていなかった。人々がその何かを把握するためにそのとき知らなければならなかったこととは、ウィトゲンシュタインの新たな影響のもとで、哲学の転覆のための準備が整えられていたということである。そして同時に、社会的で、心理学的で、批評的で、そして理論的なポス

トモダンの脱構築主義の哲学的な基盤が、根を下ろし始めていたのである。
30 年後の 1990 年代に、それらは心理学に対するラディカルな挑戦の基礎に
なり、そして今度は科学それ自体に対するラディカルな挑戦の基礎になって
いくだろう。

　ウィトゲンシュタインに感化された「歴史における説明」についてのたく
さんの本があらわれ始めた。もっとも重要なものの一つに、カナダの哲学
者であるウィリアム・ドレイによる『歴史における法則と説明　Laws and
Explanation in History（未邦訳）』(1957) があった。明らかに日常言語と日常言
語学派（既に指摘したように、通常これらはウィトゲンシュタインの後期の
仕事に由来すると考えられている）に影響を受けて、ドレイはすべての説明
（特に、すべての歴史的な説明）が「なぜ？」という形の問いへの因果的な答え
であるなどということはまったくないのだと主張した。それどころか、歴史
において何かを説明することは大抵の場合、「起こったこと」や「それがどの
ように起こったのか」を詳しく話すこと、あるいは実際のところ単に「それが起
こることがどのように可能だったのか」を詳しく話すことに関わるに過ぎな
い。ドレイは、すべての説明が因果的－演繹的な基盤を必要としていないの
だと言う。そして、あらゆる歴史的な説明もまたこのような基盤を必要とし
ていないのである。

　インディアナ大学の科学哲学者マイケル・スクリヴン (1959) は、ヘンペル
が歴史的な説明を説明それ自体、あるいは説明を与えることを正当化する根
拠と混同していたのだと主張することで、ドレイの議論を支持した（そして、
また逆にドレイの議論によって自分自身の議論を補強した）。その他にもさ
まざまな議論があらわれた。たくさんの哲学者たちが、歴史一般や特定の歴
史的説明についての哲学を書くことによって、この動きに加わり始めた。と
りわけ、ヘンペルに反論した人々は、説明がなされる文脈は説明それ自体の
分析における重要な要因なのだと主張した。一部の人々にとって、ヘンペル
の議論は「説明であるもの」と「説明の活動であるもの」との間にある重要な区
別を混同してしまっている点で問題があるように思えたのである。しかし、
また一部の人々が問い始めたように、もしもそんな区別がなかったらどうな
るだろう？　もしも哲学的－説明的活動（例えば、説明についての説明）が結

局のところ、抽象的な被説明項を導き出すことができないのだとしたら？
つまり、それがある種の哲学的定義をもたらすことができないのだとしたら
どうなるだろう？　そして、もしも哲学的−説明的活動が、自分自身を活動
としてもたらすこと(ひょっとすると、さらなる活動をもたらすこと)しかで
きないのだとしたら？　もしも哲学的な活動全体が、(後期ウィトゲンシュタ
インにしたがって)哲学的な真実をもたらすことができず、より一層の活動
を生み出していくことしかできないのだとしたらどうなるだろうか？

　ドレイとスクリヴンは、文脈は何らかの形で哲学的に説明され得るのだと
(少なくとも暗に)主張していた。しかし、一部の人々には、彼らの言う文脈
がヘンペルの説明とまったく同じくらい問題のあるものであることが理解さ
れた。というのも、文脈の分析は、文脈それ自身が分析される文脈を考慮に
入れることができなかったからである。ひょっとすると、「活動」でさえもこ
の「文脈」と同じような言葉や概念に過ぎないのだろうか？

　ここで、レフ・ヴィゴツキーと活動理論に立ち入っていこう。

　一般に知られている限り、ヴィゴツキー(1896–1934)はウィトゲンシュタ
インのことを聞いたことがなかったようである(そして、ウィトゲンシュタ
インの方も一般に知られている限りでは、多くの共通点を持つことが明らか
になるこのロシア人のことは聞いたことがなかったようである)。スターリ
ンのもとで検閲が行われたため、ヴィゴツキーの心理学と文化についての基
礎的な仕事は、1970年代の後半まで英語やその他の言語ではほとんどアク
セスすることができなかった。しかし今日では、ウィトゲンシュタインとヴィ
ゴツキーは協力して心理学を葬り去ろうとしている(つまり、心理学は生き
るか死ぬかの状況にある)と私たちは考えている。

　「哲学の死」の場合と同じように(また、それと密接に関連して)、心理学の
(今なお進行中の)終焉は、心理学がかつて引き受けたいまだに重要性を持つ
問い、つまり人間生活一般(特に、精神の面での生活)に関する問いへと答え
るための新しい非体系的な方法を要求している。というのも、ウィトゲンシュ
タインと彼に追随した多くの人たちが教えてくれるように、心理学の死は体
系化の試みそれ自体の全面的な失敗から切り離すことができないものだから
である。私たちは、数学と論理学の基盤を数学的に体系化する試みに対する

ゲーデルの妨害から、ソヴィエトースターリン主義的な国際的共産主義の破壊まで、あらゆるところにそのような体系化の試みの失敗が明らかであることを見ることができる。したがって、科学（つまり、近代主義的な文化における体系化の化身）はそれ自身として、ウィトゲンシュタイン、ヴィゴツキー、そして彼らの批判理論の末裔（ここには、本書の著者たちも含まれる）からの壊滅的な攻撃を受けることになるのである。もしもポストモダニストの物語のようなものがあるのだとしたら、私たちの考えではここに述べたものがそれに当たる。

　しかしながら、さしあたって私たちは心理学の今まで知られてこなかった物語の方に進んで行く。心理学は、既に指摘したように哲学の子孫であるだけでなく、科学の子孫でもある。それらは、まったく注目に値する家族である。つまり、それらは古代ギリシャの古典的な悲劇に象徴されるような、血なまぐさい勢力争い、近親交接、陰謀、そして裏切りに悩まされ、敵対していく家族なのである。確かに、この例えはふさわしい。というのも、既に見たように人間がおよそ2500年前にはじめて「（西洋）哲学すること」に取り組んだのは、現在ではギリシャと呼ばれる場所においてだったからである（その活動は、プラトンとともに、哲学の形式へと体系化される）。

　私たちが既に指摘したように、抽象的で西洋的な思考のための人間の能力がなぜその時、その場所に初めて姿を現わさなければならなかったのかについてのいかなる説明も存在しないのかもしれない。私たちの目的のためには、単にそれが現れたということに注目するだけで十分である。また、私たちの考えでは、一体なぜ二元的で個別主義的な思考形式（つまり、哲学）が、他のすべての思考形式をそこから追い払って、理由を定義するようにならなければならなかったのかについて確信をもって言うことも不可能である。この場合も、やはり確実なのはそれが起きたということである。

　私たちはまた、約350年前に近代科学が哲学から生まれたことも確認した。哲学の二元的な構えを前提に、言い換えれば個体の論理学に導かれつつその方法の物質的な表現（少なくとも、そのガイド）であるテクノロジーをともなって、科学は自然界を観察／記述／制御することを約束する。この結果として、近代人（それは、科学者によって体現される）は、認識的に自然を征

服していく。今世紀初頭における科学のおどろくべき成果は、深刻な「家族」の危機を引き起こした。というのも、そのときまでに(哲学の子どもである)科学は、数千年にわたった哲学によるイデオロギー的／方法論的な世界支配へと挑戦するのに十分なだけの名声と権力を獲得していたからである。

　20 世紀の初頭にこれら 2 つの巨人(つまり、哲学と科学)が、数十年にわたって続く勢力争いに参入することになった。原理主義と戦っていた宗教(学校化されたキリスト教)、そして共産主義と戦っていた政治(ブルジョア民主主義) は、それぞれ独自のやり方で素っ気ない態度をとり続けた。伝統的な宗教は、争いを超えたところに自分自身を据えた。つまり、近代の非宗教的国家の正式な(そして、管理の行き届いた)「同僚」であることに甘んじていたのである。政治は中立状態を維持した。つまり、その利益(イデオロギー的な利益や、その他の利益)のために一番よく働いてくれるあらゆる形のコーポラティズムに対して、パトロンになるための準備をしたのである。

　守勢に立たされる中で、哲学は科学の方法を使用することで自分自身を完全なものにすることを試み、そうすることでうっかり自分自身の深刻な欠点を見つけてしまった。つまり、科学も同じように苦しめられていたのだが、そこでは桁外れの実用的成果によって覆い隠されていた「遺伝的」な欠陥を見つけてしまったのである。その一方で、科学は成功へと次から次に見事に踏み出していった。そして、核エネルギーの発見および利用とともに、1930 年代後半から 1940 年における、実践的－理論的な頂点へと達して行ったのである。

　最終的に、科学は哲学を王座から追放することに成功したのだろう。哲学は、徐々に資金を割り当てられないアカデミアの周辺へと追放されるようになった。つまり、神聖な記念碑であると同時にジョークとして見なされるようになったのである。しかし、徹底的にプラグマティズム化され、商品化されてしまった私たちの文化においては、ジョークでさえも金銭的な価値を持つ。目下のアメリカ哲学のスポークスパーソンであり、スーパースターでもあるリチャード・ローティがその知的に洗練されたカモフラージュを捨て去ったとき、彼はアメリカプラグマティズムとして知られる哲学の学派の思想が、あらゆる点で普通のアメリカ人の労働者階級的な態度と同じくらい粗

野である（けれども、誠実ではない）ことを暴露してしまった。つまり、「金を稼がないならばそれは何も意味しない」のである。『プラグマティズムの帰結　Consequences of Pragmatism』(1982)［訳注5］においてローティは、ジェームズからクワインまでのアメリカでの哲学的プラグマティズムの伝統、つまり真実のような重要な哲学的概念を本気で（たとえ不正確だとしても）定義しようとする伝統を価格、あるいは価格のことばにもとづいて訂正したのである。ローティはそこで、真実についての問いにはまったく無関心だが、金についての問いには全面的に関心を抱く実用主義的なニヒリズムを代わりに用いた。ローティによれば、分析哲学は「今となっては文体論的な実用性と社会学的な実用性しか持っていない」(p.217) のである。哲学者をその他の人々から区別するのは、それらが対象とする領域でも態度でもなく、「私たちは誰・も・が・それぞれ約15分間ずつならばスーパースターになれるだろうというアンディ・ウォーホールの約束」(p.216) を最大の希望とする「才能」なのである（哲学者は「共有された問題や重要な成果のリストよりもむしろ才能によってむすばれたエリート集団—言わばアカデミーの管財人」pp.219–220 だと言える）。彼は、小文字の哲学の方を好んで大文字の哲学の排除を要求し、さらに小文字の専門家の方を好んで大文字の専門家の排除を要求した（ただし、これは金銭的な価値が一定のままに保たれる場合に限ってのことだが）。哲学とは、「まさに私たち哲学教授がすること」(1982, p.220)［訳注6］なのだと判明したのである。しかし、私たちは、アメリカプラグマティズムと哲学はこれよりもましな結末をむかえるに値するのではないかと考えている。

　これらとは対称的に、神童であるところの科学はけた外れにポピュラーになった。何千万という人々が、さまざまな万国博覧会で科学についての展示を見たことであろう。また、彼らは映画の中で理想化された科学を見たであろうし、1950年代にはそれを家にいながらテレビで見ることができた。無害な存在としての哲学者のイメージとは対照的に、わずかに感傷的でさえある夢見がちな科学者が、運命の成り行きを変える活動家（ヒーローであれ、邪悪な天才であれ）として大衆文化にあらわれた。

　哲学を転覆した科学は、計り知れない敬意を享受し、またとてつもなく大きな権力を行使しつづけた。それにもかかわらず、世界を乗っ取ることになっ

たのは心理学であった。それは、瀕死の哲学と、その見事な成果にもかかわらず哲学の致命的な欠陥を遺伝的に引き継いだ科学の「パッとしない子ども」であった。哲学と科学の戦いが最高潮にあったとき、一見したところ取るに足りないキャラクターであった心理学が、ほとんど気づかれないうちに歴史の舞台に足を踏み入れた。彼らはお互いに激しく争っていたので、その場に参加した影の薄い存在を気にも留めなかった。このとき、心理学が双方から恐れられるライバルであるということを想像するのは、不合理でばかげたことのように思われた。

　その理由は、けた外れの才能があって独創的なパートナー同士の子どもである心理学自身には、これといった取り柄がまったくなかったからである。心理学は、最盛期における哲学と科学を特徴づけた才気、高潔さ、寛大さのいかなる兆候をも決して示さなかった。心理学はどんな種類の気高さも有していないために、ある種の怪物なのだと言っているのではない。それはまったく平凡なものなのである。言い換えれば、愚かで、些末で、浅薄なものなのである。それゆえ、もしも哲学的な言い回しにこだわらないのであれば、過去 2500 年にわたって支配的な思考形式であり続けてきた「理由」という考え方が限界に達しているように見える世界、そして「支出に見合うだけの最大価値」としてのプラグマティズムだけが唯一の選択肢になってしまった世界において、心理学はまさにふさわしいものだと言える。取り立てて理知的であるわけでもなく、必要以上に原理によって苦しめられているわけでもなく、そして日和見主義が蔓延した（後の章で示すように、心理学の近代国家との関係はこの代表例の一つである）心理学、言い換えれば社会的に構成された（そして、商品化された）神話は、科学に成り済まして 20 世紀後半の世界を支配するようになった。たとえ「理由」という考え方が、(18 世紀の啓蒙主義以降に普及した科学的「理由」とともに）二千年以上にわたって支配的な思考形式であり続けてきたのだとしても、直近の 50 年間を支配してきたのは心理学化された「理由」であった。そしてこれは、心理学は科学とは違って、実質的に何の価値も生み出さなかったという事実にもかかわらず起きたことなのである。私たちがこれから主張していくように、心理学は人間に関する問題を何も解決してこなかったのである。

　心理学の規範において重要な道具は、科学的に疑わしい個体についての同一性の論理学以外には何もない。心理学は、哲学と科学から相続したその論理学を個人についての疑似科学へと転換して、それを一番高く買ってくれる人に売りつけたのである。例えば、アイデンティティのような商品や、個体に関する論理学／神話が生み出したその他の生産物が首尾よく売られていないような場所は、今日では地球上にほとんどなくなってしまった。

　以下では、心理学を歴史上もっとも売れた神話にした経済活動について説明していくことにする。

原注

1．マルクスの「フォイエルバッハに関するテーゼ　Theses on Feuerbach」を見よ。例えば、第 3 テーゼにおいて、マルクスは「環境の変化と人間の活動、あるいは自己の変化の同時発生は、革命的な実践としてのみ想像され、合理的に理解され得るのである」(Marx, 1973, p.121) と述べている。第 1 テーゼと第 4 テーゼも見よ[訳注2]。

2．(意図的、あるいは意図的でないにかかわらず) 論理学の観点から数学を定義するための準備として、論理学を数学化していくプロセスは、ほとんど不適切である (つまり、循環論である) とはみなされなかった。実際、それは近代の数学化した科学 (そして、近代科学的なものや、メタ数学、つまり主としてそれ自身の基盤に関心を持つ数学) に特徴的な実践なのである。例えば、最近たくさんの証明が報告されているフェルマーの最終定理は、いわゆる証明論 (比較的新しく、基本的な数学の一分野) の研究にもとづいているのだが、それはフェルマーとその他の研究者がこれまで解決できなかった難問の証明を裏付ける (まさに、可能にする) ように、数学的な証明の概念を拡張するものなのである。道具を適用する場所で望み通りの結果を得るために必要な概念的で技術的な道具をつくり出すこのテクニックは、近代の数学的／テクノロジー的な科学の特色をよく示している。さらに、これは数学の近代化の特徴でもあり、そこでは論理学 (つまり、数学的論理学) が数学それ自体の一分野として包含されるようになったのである。

3．アメリカの大学システムの内部におけるこの「ウィトゲンシュタイン革命」の大まかな歴史の中で提起されたアイデアの多くは、ニューマン (1996)『パフォーマンス・オブ・ア・ライフタイム　Performance of a Lifetime (未邦訳)』で最初に述べられた[訳注4]。

訳注

1. カント，I. 熊野純彦訳 (2012)『純粋理性批判』作品社、p.34 を参考に、本書の文脈に合わせながら翻訳を行った。

2. マルクス，K. & エンゲルス，F. 廣松渉編訳・小林昌人補訳 (2002)『ドイツ・イデオロギー』岩波文庫を参考に、本書の文脈に合わせながら翻訳を行った。

3. 全3巻の邦訳は出版されていないが、ホワイトヘッド，A.N. & ラッセル，B. 岡本賢吾・加地大介・戸田山和久訳 (1988)『プリンキピア・マティマティカ序論』哲学書房としてその一部の邦訳が出版されている。

4. 原文では、この注を挿入する箇所が記されていなかったため、著者の一人であるロイス・ホルツマンに確認を行った。

5. ローティ，R. 室井尚他訳 (2014)『プラグマティズムの帰結』ちくま学芸文庫を参考に、本書の文脈に合わせながら翻訳を行った。

6. 原文では p.320 となっているが、引用元の書籍に p.320 は存在しない。引用元を確認したうえで、該当するページ番号に置き換えた。また、引用に際して、引用元から表現を一部変更しているようである。

（広瀬拓海訳）

第2部　心理学のとんでもない物語
国家と心

　教養も見識もある大半の心理学者（とくに臨床家や心理療法家）は、診断を
おちょくることを非番時のお気に入りの娯楽にしている。彼（女）らの中に
は、カクテルパーティーや家族でのバーベキューの際だけでなく、仕事のと
きにも、会話の口火として『DSM-IV』（『精神疾患の診断・統計のマニュアル
第4版　the fourth revision of the Diagnostic and Statistical Manual of Mental
Disorders：American Psychiatric Association』1994）のばかげた文に触れる人が
いる。『DSM-IV』とは、臨床心理学、精神医学、精神医学的な社会福祉事業
のバイブルで、数百もの精神障害の分類を900ページにわたって要約して
いる。下記の病気は、たいてい笑いのネタである。

　　性的欲求低下障害…性的活動の欲求と性的空想の持続的または反復的な
　　欠如または不足　　　　　　　　　　　　　　（302.71, p.496）[訳注1]

　　特定不能の解離性障害…6. ガンザー症候群：質問に対して大ざっぱな
　　応答（例：「2たす2は5」）をすることで、解離性健忘または解離性とん
　　走に伴うものではないもの　　　　　　　　　（300.15, p.491）[訳注2]

　　書字表出障害…一般的に、文書作成能力における困難さは、文章中の文
　　法的または句読法の誤り、段落の構成がまずいこと、多数の綴りの誤り、
　　および極端に下手な書字などの組み合わせで明らかになる
　　　　　　　　　　　　　　　　　　　　　　（315.2, pp.51–52）[訳注3]

　しかし、茶化し終わると、このような診断は、どれだけばかげていようとも、
必要な商売道具であるという悲惨な認識が現れる。心理学者の中には、診断
なんて信じていないと（ときに独善的に）述べる人もいる。ちなみに、彼（女）

らが下した診断は、クライアントとの関わりにほとんど、あるいは、まったく影響しない。しかし、彼（女）ら曰く、『DSM-IV』を利用しないと、いずれ失業してしまうらしい。というのも、医療保険会社や自治体によって支払われるセラピーごとの報酬を臨床家が受け取るためには、『DSM-IV』に基づく診断を下さなければならないからである。診断のない診療報酬はないのである。さらに、ガーゲン（Gergen, 1994）などが指摘するように、大概クライアントたち自身が、自分の「どこが悪いのか」を知りたがる。すなわち、クライアントたち自身が診断を求める。同上の心理学者が言うには、もちろん、大うつ病性障害のような、「使い勝手が良く」、あわよくば無害な診断を下すことで、ばかばかしい事態になることを避けている。

> もし躁病、混合性、または軽躁病エピソードが大うつ病性障害の経過中に現れた場合は、診断は双極性障害に変更される。しかし、躁病、または軽躁病の症状が、抗うつ薬治療、他の投薬の使用、物質使用、または薬物への暴露の直接的作用として生じた場合は、大うつ病性障害の診断はやはり適切であり、「物質誘発性気分障害、躁病性の特徴を伴うもの（または混合性の特徴を伴うもの）」の追加診断が記載されるべきである。
>
> （『DSM-IV』, p.339）[訳注4]

　あまり偏見なく『DSM-IV』を見る一般の人でさえ、それが疑似科学であると認識するであろう。というのも、一つの理由として、科学と呼ばれるには数学的に不十分であることが挙げられる。『DSM-IV』には、一貫性のない内容や矛盾した内容、恣意的な区別があり、いくら厳密性や客観性を主張しているとしても、本質的には主観的で規範的である。では、それは、どのようにして、臨床心理学、精神医学、社会福祉における公式見解になったのか？多くの点で明らかに非科学的なものが、どのようにして、アメリカの精神的健康の診断の科学的手引きになったのか？

　私たちはここで、個々の実践家の素直さ、無知、あるいは、疑わしい倫理観を指摘しているわけではない。私たちの関心は、心理学がどのように心理学の主題を作り上げたのか、どのようにこの主題の専売特許を政府、教育的・

社会的サービス提供機関、軍隊、大衆に巧みに売り込んだのか、どのように人間の社会的領域における科学的営みの模範となったのかという事柄に関する大部分はとんでもない物語を語ることである。

　この歴史は、ポストモダンな自然科学を超えた心理学を作り上げようとする現在の努力の成果を理解するうえで、非常に重要であると私たちは考えている。心理学に対する数々の価値あるポストモダンの分析や批判をまとめるという作業は、心理学は科学であるという見せかけへの抗議である。さらに、ポストモダニストは、心理学は単に実利的な理由で社会的に構築されていることを指摘しており、この事実は、変わらず存在し続けるディシプリンと制度にとって危機的な意味を有することも指摘している。

　重要なことは、心理学が社会的に構築されていることではない。心理学は社会的かつ実利的に構築された神話でありながら、神話であること自体をうまく隠蔽して、社会の科学的なディシプリンとして受け入れられているという点が重要である。このかなり驚かされる偉業(社会的な構築物でしかなかった小文字の心理学が超歴史的・超文化的な普遍的な真実としての大文字の心理学になる)^{訳注5}は、1世紀以内に成し遂げられた。その間に、心理学は、伝統的な存在論と縁を切り、特殊性の論理、特に自己という論理を行使することによって、心理学的客体という神のようなまったく新しい存在論を作り上げ、正統な科学者が奇術と称する何かを通じてしか確証されえない新しい研究実践を作り上げた。そして、心理学は、科学的枠組みよりも自己成就的予言の枠組みの中において理解しやすい事実主張を行い続けている。それから、最も重要なのは、心理学が、連邦、州、地方の立法機関を通じた国家との共生関係を強固にすることによって、以上のようなことを行っていることである。医学や教育を含む心理学以外のいかなる社会制度やヒューマンサービスにおいては、このようなことは行われていない。この後の四つの章で、その展開をたどる。それによって、これらそれぞれがどうやって達成されたか(単なる物語あるいは無害な神話というよりも金儲けの詐欺)を目の当たりにするであろう。

訳注

1．American Psychiatric Association. (2000). Diagnostic and statistical manual of mental disorders, 4th ed, text revision. Washington: American Psychiatric Association Publishing.（高橋三郎・大野裕・染矢俊幸訳 (2004)『DSM-IV-TR 精神疾患の診断・統計マニュアル　新訂版』医学書院）、p.516 から引用。

2．『DSM-IV-TR 精神疾患の診断・統計マニュアル　新訂版』p.512 から引用。

3．『DSM-IV-TR 精神疾患の診断・統計マニュアル　新訂版』p.69 から引用。

4．『DSM-IV-TR 精神疾患の診断・統計マニュアル　新訂版』p.358 から引用。

5．これ以降の、小文字の〇〇と大文字の〇〇には、次のような対比関係がある。すなわち、ある歴史、ある文化、ある文脈に依存する状況的な真実でしかなかった小文字の〇〇が、産学官の共犯を通して侵すことのできない権威とパワーを持つ超歴史的、超文化的な普遍的な真実としての大文字の〇〇になるという対比関係である。

（仲嶺真訳）

第4章　新しい存在論と心理学による神話学

現在の状況

　第103回アメリカ心理学会年次大会の公式プログラム(5日間におよぶ学術発表に関する500ページ超の案内)を見てみよう。同大会は、直近のこれまでの大会とほとんど代わり映えしない。同大会は、1995年8月中旬のニューヨーク(うだるほど暑い中)で開催された。8千人以上の発表者が約2万人の参加者に向けて発表するという大規模なものであった。アメリカ心理学会(APA：American Psychological Association)の様々な部門や委員会が主催する、シンポジウム、招待公演、ワークショップ、口頭発表が、初学者にもわかりやすいように、心理学の研究や実践を細分化した見出しをつけて、主題の索引で一覧になっていた(例：コミュニティー都市／田舎；発達ー段階／幼児；障害ーリハビリテーション；教育ー学習；民族研究ー文化比較；産業／組織ー人事；動機づけ；神経心理学；社会ー帰属；社会ー集団過程；性行動／機能；心理学の教授法)。

　しかし、この蒸し暑い5日間は、代わり映えしないプログラムとは裏腹に、例年通りではなかった。というのも、アメリカ心理学会にはポストモダニストが潜入していたからである。前例のない数の心理学者による発表が、心理学は科学であるという心理学の主張に抗議の意を唱え、100年の歴史のあるディシプリンが経験している危機は心理学そのものに責任があると批判し、心理学の現在まで続く在り方に疑問を呈した。

　因習を打破しようとするこのような発表は、過去のAPAの大会でも、常に一定数は存在していた。しかし、これまでは、学会の中でも小規模で難解な部門(理論的・哲学的心理学、人間性心理学、心理学と人文科学)がそのよ

うな発表を主催しており、発表を聴きに来る人も少なかった。1995年の大会で重要だったのは、一般心理学、実験心理学、パーソナリティ・社会心理学、カウンセリング心理学、心理療法、独立実践心理学者、女性の心理学などの主要部門が、次のようなテーマで小会議やシンポジウムを共催したことであった（「精神的健康の専門技術：我々の科学は我々の行いを続けることを正当化するのか？」、「心理学の危機はあるのか？」、「臨床的アセスメントの科学という幻想―診断とDSM」、「パラダイムチェンジに向けたカウンセリング―医療モデルへの過剰な信用」、「相対主義および政治との格闘―構築主義的、解釈学的、フェミニスト的アプローチ」、「心理学の中の言語―存在論的および認識論的境界の設定」）。しかし、興味深いことに、「批判」、「心理学の危機」、「ポストモダニズム」のような見出しで主題の索引が掲載されることはなかった。また、多くの批判を行ってきた心理学的な伝統やアプローチ（社会構成主義、脱構築主義、フェミニスト心理学、解釈学、ディスコース分析、ナラティブ・セラピー）も、主題の索引に掲載されなかった。このように情報が欠落したことで、ポストモダニストによるセッションがどこで行われているかはわかりにくかった。それにもかかわらず、何百名もの人々が労を惜しまず、それらのセッションに参加した。

　発表への反応は千差万別であった。批判には同意しても、科学の権威がなければ心理学者はもはや専門家にはなれず、給料ももらえないであろうと、実利的であることを臆面もなく指摘する者もいた。現状の擁護者（ハードコア・モダニスト）は、概して防衛的であった。彼（女）らは、経験主義への回帰を様々に主張したり、ニュートン物理学を見習うことを推奨したり、科学が社会的に構築されることを激しく否定したりした（ちなみに、否定することによる帰結は、ブルックリンでも、バンコクでも、バングラディシュでも科学は"同じ"であるということになる）。しかし、多数の出席者は、そのような議論が行われている事実やその批判の中身を強く支持した。

　私たちから見ると、心理学は深刻な問題を抱えている。何年か前からそうであった。しかし、1995年という年は、何が起きているのかについてアメリカ心理学会が否定できなくなった年であった。年次大会へのポストモダニストの潜入という一つの兆候は、おそらく意図したものではなかった。しか

し、APA は、機関誌の中で、心理学(とくに臨床心理学)のすべてがうまくいっているわけではないことを正式に認め、その状況を改善するために何をしようとしているのかについて発表した。

　最近、学会の月刊誌『APA Monitor』の 7 月号(1995 年)に、現在の心理学の危機に関係する三つの記事が掲載された(「心理学の価値を強調する APA のキャンペーン」、「心理科学の厳密さをメディアに伝える APA の取り組み」、「ラジオを通じて科学を振興するための APA の助成金」)。これらの記事では、心理学のイメージを向上させるために、学会が約 2 百万ドルを計上するというニュースに触れている(「心理学の価値や心理学の科学性への公共の意識を高める」(p.14)ための公教育キャンペーンに 1.5 百万ドル、「科学的心理学に対するジャーナリストの理解を改善し、分野の広がりをさらに評価してもらうこと」(p.33)を目的とする特別な科学的取り組みに 17 万ドル、「番組作成の際に科学的心理学をより含める」(p.33)ことができるように公共ラジオに 10 万ドル)。同年に刊行された『APA Monitor』のその他の記事も含めて、これらには、心理学の危機と、その危機の本質を心理学会が理解できない(あるいは、する気のない)ことが表れている。

　様々な広報活動のきっかけになったのは、連邦・州・政府、企業、メディア、そして一般市民の心理学に対する信頼が、最近の政策変更に象徴されるように、突然、経済的な動機に基づいて喪失したように見えたことである。まず、精神医療供給システムを、個人の開業者からマネージドケア(管理型医療システム)の会社へと、全国的に移行したことが挙げられる。次に挙げられるのは、行動科学研究への連邦資金の配分を廃止し、教育省と労働省を統合する(これは事実上、教育心理学の研究の終わりとなる)という法制に関する立案である。

　マネージドケアの出現により、連邦政府、保険会社、健康維持機構(HMOs: Health Maintenance Organizations)は、精神衛生サービスに対する報酬を心理学者、心療内科医、精神科医、社会福祉士に直接支払う必要がなくなる。代わりに、その報酬は、マネージドケアの会社に回される。それにより、マネージドケアの会社がサービス単位の費用を精神医療従事者に支払う。それだけでなく、治療にどれくらいの時間が必要とされるかをもマネージドケア

の会社が決定することになる。たとえば、銀行監督官のブラウンさんが心理的援助を求めているとする。これまでであれば、彼女は、友人に薦められた専門家に連絡をとったり、電話帳から探したり、かかりつけ医に紹介を求めたりすることができた。彼女が会うセラピーの専門家が、認可済あるいは公認である限り、診療費用は彼女の保険会社が(少なくとも部分的には)負担した。しかし、新しい体制のもとでは、ブラウンさんの保険会社は、1 社以上のマネージドケアの会社と提携を結んでいる。ブラウンさんは、マネージドケアの会社が提示する医療提供者リストの中から誰にするかを選ぶことになる。マネージドケアの会社は、効果的な治療に必要である時間を見積もる。彼女が選んだ専門的サービスの提供者は、見積もられた時間に応じた報酬(固定額)を受け取る。

　臨床家は、専門家としての自律性の喪失(と彼(女)らが思うもの)と、消費者に対するケアの質の低下(と彼(女)らが思うもの)を懸念している。彼(女)らは、アメリカの医療保険制度の急激な変化に不意を突かれたようである。おそらく、彼(女)らは、世論の反発を期待したのであろう。しかし、マネージドケアへの移行は、精神衛生サービス一般の有効性、とりわけ心理学の有効性への信頼が低下していることをはっきりとさせた。たとえば、アルコール、薬物、その他の「強迫行動」の問題に対して、アメリカで最も急速に拡大している治療法は、主に非専門的な(しかし、精神衛生の専門家によって正当化されている)アルコホーリクス・アノニマス(「匿名のアルコール依存症者」の意味)や、多数の派生団体(ナルコティックス・アノニマス(薬物依存者)、オーバーイーター・アノニマス(過食症)など)を通じたセルフヘルプ(自助)である。専門的な治療を受けようとするときにアメリカ人が選択するのは、多くの場合、心理療法ではなく薬物療法であり、APA には何もできないという事実がある。『APA Monitor』の 6 月号(1995 年)の記事では、臨床心理学等の専門家が戦わなければならない現存する問題として、「その場しのぎの解決」に対する人々の欲望が挙げられると(いくぶん利己的に)指摘していた。

　心理学会の公式見解は、現在の心理学の危機は心理学とほとんど関係がなく、心理学のイメージに大きく関係しているというものである。一般市民は、心理学について誤解させられているか、あるいは、その理解は一面的な

ものであり、「心理学者が受ける特殊な訓練や、心理学者が有する技能、心理学という実践の科学性や、心理学的アセスメント・介入・サービスの価値」についての教育を受ける必要があるとされる（『APA Monitor』1995 年 6 月号、p.8）。この意見には心理学者たちも共鳴している。たとえば、APA が主催した「会談」に参加した心理学者の 49% が、一般市民は心理学について「誤解させられて」いると述べている（『APA Monitor』1995 年 11 月号）。

　心理学を科学として擁護するための学会の錚々たる活動では、その重大な失敗についての言及はない。心理学者と精神科医との間では、心理療法と向精神薬のどちらがより効果的かに関して現在も辛辣な論争が続いているけれども、どちらの治療も、感情的な痛みの治療や精神病理学において悲劇的なほど効果がなかったことはまったく考慮されていない。心理学者やその他の精神衛生の専門家の数を拡充し、心理学の研究や実践にかなりのお金や時間を費やしているにもかかわらず、個々人や集団の暴力行動を理解あるいは阻止したり、学校での失敗を減らしたり、あらゆる感情的苦痛の量や質を減らしたりするには至っていない。批判理論家、フェミニスト、新マルクス派、社会－文化的心理学者、活動理論家、社会構成主義者、ポストモダン陣営あるいはそれに近い立場の数千名の心理学者（なお、その多くは APA の会員）にとっての問題は、心理学が科学的ではないと理解されていることではなく、心理学が(疑似)科学であることにあるという事実にも言及されない。ポストモダニストの観点からすれば、心理学の失敗（と、それらに対する社会の反応）は、自然科学を見習おうとする見当違いの努力に根ざしている。このことが、心理学が生態学的および歴史的に無効であることの端緒である。

新しい存在論

　20 世紀初頭に生きていた人々とは異なり、今や我々は、かなり独特な種類の精神的対象物（心理学的対象物）でいっぱいの世界で生きている。ガンザー症候群のようなほとんど知られていないものがある一方で、普通の人々が日常的に話し、順応している、よりありふれたもの（パーソナリティ、神経症、抑うつ、パニック障害、知能、練習効果、評価尺度、テスト得点、エ

ゴ、イド、発達段階、学習障害、中年の危機、もちろん依存症も）が何百と
ある。実験室や診療所によるこれらの発明品は、日常言語や大衆文化に入り
込んだことで、木や星のように実在的であると考えられている。この驚くべ
き「創作行為」はどのように成し遂げられたのか？

　ヒントは木や星にある。人間科学のとある方法論者によると、「人間や
社会現象の科学的研究は、自然の科学的研究が成功した後に始まった」
（Polkinghorne, 1983, ix–x）。商業主義や産業資本主義が台頭する中で近代科学
技術が出現し、驚異的な成果を上げたことは、人間の行動や行為に自然科学
的なモデルを応用する上で最も重要な要因であったであろう。このような科
学的パラダイムの二次使用に反対し、人間の現象に対する独自のアプローチ
の必要性を唱えた人々が、18 世紀、19 世紀、そして 20 世紀になってから
も存在していた。しかし、結局は、「科学的なモデル」を止めることはできな
かった[原注1]。自然科学的パラダイムが人間の研究に無差別に持ち込まれた。
これは、20 世紀晩年現在、我々を袋小路に追い込んでいる、全人類にとっ
て悲惨なほど間違った曲がり角であったと考えられる。このように確信して
いるのは私たち（著者）だけではない。科学に対するポストモダンによる批判
が現在続出していることは、事態が非常に恐ろしいほど悪いという事実を表
している。

　1920 年代から 1930 年代に、より人間に相応しい心理科学を創ろうとした
人物として、ヴィゴツキーがいる。ヴィゴツキーは、「科学がどのように構築
されなければならないかを見出したかった」（1978, p.8）という。しかし、ヴィ
ゴツキーは、二つの知的伝統の間の争いに巻き込まれた。一つは、急速に心
理学の方向性を決めつつあった自然科学的なモデルである。もう一つは、自
分たちの階級の敵、すなわちブルジョアジーのためのものとして正式に拒否
されていた自然科学と同様に、硬直化し、改訂し、パラダイム化しつつあっ
たより若い科学、すなわちマルクス主義（革命の科学）である。ヴィゴツキー
は自身が受け継いできた伝統を完全には抜けだせなかったものの、もう一歩
のところまでは来ていたと私たちは考えている。第 9 章では、自然科学を超
えた心理学という革命の重要な橋渡しとして、ヴィゴツキーのポストモダニ
スト的な意義に（ウィトゲンシュタインの意義とともに）着目する。本章では、

ここでの課題に関係するヴィゴツキーの印象的な見解にのみ着目したい。

　その見解は、科学についての議論や、科学と革命および歴史との関係についての議論の中に登場する。それは、1990 年代の心理学者には、異様、風変わり、あるいは、見当違いであると感じられるような話である。しかし、それは、ヴィゴツキーが自然科学的パラダイムから方法論的に脱却するためには中核的なことであった。ヴィゴツキーによると、「革命は歴史が提起した課題のみを解決する。この主張は、革命一般にとっても、社会的・文化的な生活の諸相にとっても、等しく真実である」(Levitin, 1982 より引用)[訳注1]。

　このように、社会的・文化的に革命を位置づけることは、モダン的ではなく、ポストモダン的である。ヴィゴツキーが教えてくれるように、革命とは、政治に関するものであれ、文化に関するものであれ、科学に関するものであれ、衝動的でも、道徳的でもない。単により良いシステムを作るだけでもない。人々が物事を進める上で対処しなければならない社会歴史的問題に、ある社会や文化の慣例がもはやうまく対処できなくなったとき、革命は起こる。

　歴史は、人間、あるいは、ある社会や文化の中で少なくとも影響力のある集団が、経済的、科学的、哲学的、文化的に進み続けるための答えを必要とする (新しい) 課題をしばしば投げかける。「世界はどのように始まった？」「東洋にはどのようにたどり着ける？」「病気とは何？」「この病気をどのように治せる？」「夢の意味をどのように理解できる？」「どうすれば儲けを増やせる？」「プロセスを表現したり、描いたりできる？」「月に生命は存在する？　あるいは存在できる？」「人間はなぜ話せる？」「赤ちゃんは何を知っている？」「子どもに読書をどのように教える？」などなど。ときに、現存の社会的アレンジメント (の自動応答機能) が適切な回答のように思える何かを提示できないとき、長期に渡る停滞や衰退が始まることがある。そして、人々は、答えを見つけるために、同じ場所を同じように探し続けてしまう。

　ある種の突破口、すなわち、現存の社会的アレンジメントでは何も生み出すことができないという認識があるとき、革命が起こるかもしれない。しかし、これは必然ではない。すなわち、現存の自動応答機能が歴史によって提起された課題に対処できないことは、革命の必要条件であって、十分条件ではない。少なくとも建設的な何かとしての別の選択肢 (新しいパラダイム、

新しいアプローチ、新しい視点)へのヒントの雰囲気が漂っており、それは、今後の見込みある回答として十分に受け入れられていなければならない。

　一連のパラダイムシフト(ある世界観が崩壊し、別の世界観に置き換わる革命的な過程)を通じて科学の歴史がどのように進展するかを説明したトーマス・クーンの古典『科学革命の構造　The Structure of Scientific Revolutions』(1962)は、17–20 世紀の間に近代科学が作り上げられていく中で、既存の哲学的・科学的装置が重大な課題にいかに答えられなかったのかを理解する上で非常に貴重なものである。科学史や科学哲学のその他の数多くの文献も有益である(たとえば、Butterfield, 1962；Feyerabend, 1978；Lovejoy, 1960)。多くの研究者が、医学、芸術、文学などの分野におけるパラダイムシフトについて幅広く論じている[原注2]。

　ポストモダンによる心理学への批判は、現在、革命的な変化に対する必要条件が存在していることを示唆している。というのも、技術的に高性能になった医学モデルが現状の臨床心理学の在り方を脅かし、異常心理学が社会的なパラダイムから没社会的なパラダイムに戻り(Prilleltensky, 1994)、モダニストの遺伝か環境かの二分法が(行動主義の残滓を一掃している認知科学や遺伝生物学とともに)盛んになっていると同時に、批判心理学(反心理学あるいはもはや非心理学)の動きが明らかに飛躍的に展開しているからである。(心理学を批判する書籍を収納するために設けられた書店のスペースの大きさから判断すると、それ自体が一つの分野になっている。)多くの理論家や実践家は、心理学や心理学の基礎的な概念や方法(たとえば、発達、個人、自己、段階、独立および従属変数、合理性、予測性、客観性、証明、測定可能性、普遍性、パターン、経験的証拠)をもはやまったく信じていない。

　歴史が提起した課題(社会性、反社交性、感情的痛み、暴力、アイデンティティ、学習と教育の失敗、先入観と偏見、セクシュアリティ、創造性、抑うつ、偽のあるいは真の記憶、その他諸々についての課題)に回答する心理学の能力に対して信頼がなくなってきていることは、現存のパラダイムの崩壊の重要な節目を示している(ここには、それが崩壊しつつあると人々が認識することも含まれる)。現代の批判は、その焦点がイデオロギーから方法論へ変化したと私たちは考えている。1960 年代から 1970 年代に生まれた心

理学への有益な批判は、心理学のイデオロギー的な偏り（ヨーロッパ中心主義、人種差別、性差別、階級主義、同性愛嫌悪）をあばき、（以下は、正確に言えば私たちの見解であるけれども）そのような心理学が世界の人々の大半にとって無意味であると同時に有害でもあったと指摘した。

　近年、心理学に対するポストモダン的な脱構築によって、その方法論的な偏りがますますあばかれ、心理科学はいくらよく見たとしても時代錯誤であると結論づけられそうである。ポストモダニストの議論によると、人間の行動や活動は、心理学のどこまでもモダニスト的な疑似パラダイムにとってはあまりにも複雑であるため、特定の哲学的仮定に貫かれた実証主義、経験主義、構造主義の方法では、（かつては実際にできていたとしても）今日の人間について提起されている課題の類に答えられるようにはならない。もし人間が、（我々自身や科学を含む）我々の世界を構成する社会的ー文化的ー歴史的存在であるなら、人間や社会を無視した自然科学的パラダイムを用いて人間を研究することはできない。

　心理学の革命にとって条件は整っているのか？　必要不可欠な崩壊はすでに始まっている。その最も適した時期に現れたのがポストモダニズムであり、ポストモダニズムとは、個体的（個別的）ではなく関係的であることが本質的な現象に科学的モデルを応用する誤った試みに基づく人間の生の心理学化への厳格な批判である。あるパラダイムが別のものに置き換わっていったこれまでの科学／知的革命とは異なり、パラダイム主義自体への批判がポストモダニズムの核である。最も挑発的なものは、モダニストのパラダイムが応用できないことや誤謬であることを指摘するに留まらない。むしろ、概念的／方法論的道具としてのパラダイム自体が応用できないことや誤謬であることを指摘する。そのため、それらは、心理学の哲学的基盤や、科学的な装いにも異議を唱える[原注3]。心理学に代わる、パラダイムにとらわれない建設的な（しかし実証主義的ではない）実践的ー批判的活動が、科学革命を継続的に完成させるための触媒として十分に発展するかどうかは、まだわからない。

　人間の社会的な現象の研究に近代科学を応用することは生態的および歴史的に不適切である。これは近代科学のどのような特徴によるものなのか。母（哲学）のどのような特徴を子（科学）は受け継ぎ、それらは年少の子（心理学）

にどのように引き継がれたのか。どのような歴史的条件が、人間の社会的な現象、とくに「心」を理解する必要性を生み出したのか？　心理学はどのようにして自然科学的モデルを取り入れ、そして、およそ認識できないほどにそれを歪めたのか？　これほどまでに過剰に心理学化された文化の中で、体制側の心理学は、その(科学的)生命を懸けてまで戦っているのはどうしてなのか？　これらは、心理学という神話／でっち上げの社会－文化－歴史的分析を行おうとする際に、私たちが検討する疑問の一部である。

　私たちから見れば、心理学の神話的性質は、自然科学のパラダイムを人間の社会的領域に間違いながらも巧みに応用したから生じたのではない。そのような性質は、パラダイム自体を応用することができないことから生じていると考えている。様々な文献を引用しながら、現在の心理学的実践は、近代科学の標準的基準を満たすことが不可能であるという単純な理由から近代科学の標準的基準を満たしていないことを私たちは示そうと思う。この意味において、心理学者は、心理学の歴史を通じて、その基準を放棄していた。しかし、心理学者はレトリックを維持した。そして、その矛盾を解決しようとして、(物理学がしたように)新しい技術を作り上げ、データ生成装置を発明し、数学と経験の両方に基づく科学の法則から逸脱する人々についての事実主張を行った。

　興味深いことに、哲学と心理学との関係は、科学と心理学との関係の鏡像であった。すなわち、心理学は哲学的レトリックを放棄する一方、哲学のアプリオリな非科学的基準を維持した。心理学は、人間の行為と行動の研究に取り組む科学的な(そして、それによって唯一正しい)方法を自称することで、哲学的抽象作品に根強く取り組み、心身二元論、体系化、証明、因果関係、第一原因、説明などの何世紀にもわたる哲学的前提を心理学の実践に体系的に取り込みながら、哲学とのつながりを正式に断ち切った。

　現代の神話学の構築は、心理学者にとって、専門的／知的な生態的地位を作り上げるという現在進行中の課題と密接に関係していた。心理学は、政治的・産業的・社会政策的指導者、学界、そして大衆をうまく説得して「心理学にとって良いことは、アメリカにとって良いことである」と信じ込ませた。目的に関するAPAの公式見解によれば、その他のどのような専門職あるい

はディシプリンの実践者よりも、心理学者こそが、心理学の振興を通じて公共の福祉を促進する「専門技術」を有しているとされた。心理学の失敗がますます明らかとなり、そのいんちきな性質がますますあばかれている現在の心理学の危機の中でさえ、心理学という制度は、ポスト産業化の世界で最も影響力のあるイデオロギーの生産者かつ宣教師であり続けている。

知るの覇権

　知識（知識とは何か、どうやって獲得されるのか、知るべきこととどのように関係するのか、なぜ大切なのか）は、近代の欧米の心理学の発展と、それに対する批判の双方を理解するうえで重要である。（先立って検討したように）古代から現代の間に、西洋の科学や哲学において知識とみなされていたことは、知るに関連する概念も含めて、ずいぶんと変化している。

　しかしながら、過去 2500 年にわたってまったく変化していないことは、西洋文化における知るの覇権である。すなわち、知識は、世界を理解し、有意味にする（それによって生きていく）うえで必要であるというこだわりである。（過去の経験の想起、知覚、説明、分類、解釈、記述などを通じた）知識の獲得は、このような一つあるいは複数の精神活動で成り立つと考えられている。理解に対する支配的な理解は認知的である。すなわち、理解は個人の心で起こり、知るを通じて生じるか、知ると同じことであると考えられている。理解は社会的な相互作用や関係性を通じて共同的に生成されるという点に同意する人々でさえも、知識／理解と呼ばれる頭の中の何かがあるという信念をしばしば抱いている。このような認知偏重は、心理学に浸透しているモダニズムの最も反発達的（反人間的）な特徴であると私たちは考えている。そのため、心理学に対するポストモダン批判において特に挑発的で有意義なことは、理解についての認知的なパラダイムに異議を唱えることであると私たちは考えた。

　『ナラティヴ・セラピー：社会構成主義の実践　Therapy as Social Construction』の序章で、マクナミーとガーゲン（McNamee and Gergen, 1993）は、現代の心理学の認知偏重によって、治療過程がどのように（過剰に）方向づけられ、ク

ライアントと科学者－治療者との間の関係がどのように(間違って)形成され
るかについて論じている。

> 科学者こそ、物事をもっとも鋭く体系的に観察し、厳密で合理的な方法
> で情報を評価し総合することができる人とされる。科学者は、自分の
> 感情や価値観や不純な動機に左右されることなく、観察対象にも影響さ
> れずに客観的立場に立つとされる。この〈専門性と客観性を備えた認識
> 者〉というのが、20 世紀の臨床家たちが自ら描いた自己イメージである。
> このような治療者が、慎重な観察と考慮の末に正常と異常についての判
> 断を下す。一方、機能不全に悩むのは一般の人々であり、彼らは専門家
> の指示に従うことによって満足ゆく生活が営めるようになるとされる。
>
> (pp.1–2)^{訳注 2}

　もちろん、専門家としての治療者像には、A について知識がある、A に関
して熟練しているという何か(A)が必要であった。心理学は、科学的領域と
公共的領域の双方に生態的地位を作りあげるために、新しい存在論を考案し
なければならなかった。(尊敬と正統性の必要条件である)知識を作り出すた
めに、心理学は、心理学自体の主題と研究実践を考案しなければならなかっ
た。
　ダンジガー(Danziger, 1994)は、心理学の知識生成装置の発展と、その発展
と同時に起こっていた社会－文化－経済的な諸力を、19 世紀から 20 世紀半
ばの心理学研究に関する貴重な歴史書の中で詳述している。その際、ダンジ
ガーは、植物学や物理学とは異なり、たとえば、科学的心理学が戦わなけれ
ばならなかった矛盾に注意を促している(正統な事業における数学化が果た
す役割を指摘している)。

> 何かを判断するとき、一般の人々の誰もが、世界を生き抜くにあたり心
> 理的な知識に頼らなければならなかった。専門家による提案は、生涯に
> わたる日常経験にどのように太刀打ちできるのか?　このような常に潜
> 在する本質的課題は、心理学者の研究実践に過小評価すべきではない影

響を与えた。…これらの研究実践は、…日常で心理的な知識を習得する
ありふれた状況とはまったく異なる状況をつくりあげた。このことは、
主に、近代心理学が誕生する以前に十分に確立されていた、実験室と数
の神秘的雰囲気を利用することで達成された。実験室状況というまさに
人工的なものが、実験室という情報源から発信される知識に関する主張
の信憑性を確立するうえで有利に働き、また、本来は些細なものでしか
ない知識に数値表現を付すことで、日常的知識では太刀打ちできないと
思わせる見せかけの重要性が付与された。　　　　　　　　(pp.184–185)

　しかし、これらの方法で生み出された知識が日常生活とあまりにもかけ離
れているがゆえに価値がないと判断されてしまうほど、その距離や人工性が
大きくなることはなかった。ダンジガーはこう続ける。「心理学的実験室外で
の人間についてそれなりに確かな予言をするディシプリンの能力は、研究の
文脈と応用の文脈との近さに大きく左右された。心理学的知識がある程度の
技術的有用性を有するのは、ほとんどの場合、その研究実践が研究実践と関
連する研究状況外の社会的慣習と連続性があるときに限られた」(p.189)。
　このように、心理学の新しい存在論は、新しい研究実践の創作と密接に結
びついており、同様に、新しい研究実践は、以前から存在した社会的慣習と
ある程度の関連があった。精神測定検査(心理学の中で最も金になる研究実
践の一つであり、おびただしい数の心理学的対象を構築する背景)は、わか
りやすい実例である。精神測定検査が 20 世紀初期に知識生成装置へと発展
したのは、分類や選別の手段としての学力検査や、アセスメントの手段とし
ての医療検査が、以前から社会的慣習として存在していたこととある程度は
関係している (Danziger, 1994；Burman, 1994；Morss, 1990；Rose, 1990 も参照)。
　さらに、ガーゲン (Gergen, 1994) によると、既存の社会的慣習の通俗的な
要素は、心理学に接収された。抑うつのようないわゆる科学的用語の出現に
よって、普通の人々が使っていた生き生きとした、意味合いが微妙に異なる
言葉(「気が滅入る」と「落ち込んでいる」)の価値が失われた。

　例えば、「理性」のような概念は、日常的文脈を取り去られ、「認知」や「情

報処理」のような術語に置き換えられ、人工知能の理論の中に押し込まれ、両耳分離聴装置が使用されるような実験的研究に委ねられる。こうして専門化された言語は、専門家に独占されるようになる。例えば、認知や情報処理といった言語は、専門家集団の財産となり、かつては大衆のものであった知識が専門家のものとなる。こうして、専門家は、合理／非合理、知性／無知、自然／不自然などの裁定者となる。　(p.152)^{訳注3}

　私たちは様々な情報源を用いて、どのようにして心理学がこのような専有を成し遂げ、人間の社会的領域についての専門知識の所有者や生産者であると自称したのかについての歴史をたどる。その際、最近の三つの文献がとくに重要である。すでに引用したダンジガー(Danziger, 1994)の心理学史は、最初期50年において科学的心理学が社会－文化－歴史的に作り上げられる様相を正確に教えてくれる。先に参照したガーゲン(Gergen, 1994)の社会構成主義的分析は、心理学のパラダイムシフトの言説的な側面を強調している。バーマン(Burman, 1994)による発達心理学の脱構築は、イデオロギー的な批判であり、子どもの発達と養育に関する研究の文化的・ジェンダー的なバイアスを論じている。心理学は科学であるという体制側の心理学の主張に、各自異なる観点から、強力な反論を呈している。

方法狂

　20世紀最初の四半世紀で自律的な学問分野になった心理学は、当時すでに存在していた分野、とくに哲学や生理学から引き継いだ既存の科学的・知的慣習に縛られてしまった。心理学は、これらの慣習を心理学の名のもとで拡張し、心理学の特殊な位置取りにふさわしい新しい慣習を生み出した。たとえば、ダンジガー(Danziger, 1994)によると、心理学は、優れた理論を提示・流布することによってではなく、大半は方法の客観性を確立することによって、事実主張の正統性を獲得した。「心理学の主張は、その方法論の合理的な点にほとんど依存している。研究実践の論理的－技術的な特徴のおかげで、心理学が科学的な地位を主張することにある程度のもっともらしさを与える

ことができた」(p.5)。ダンジガーは、理論的論考が方法に関する論考と同じくらい一般的で、かつ、高度である自然科学の状況と、このような心理学の「方法崇拝」を対比している。

　ダンジガーは、(心理学の科学的正統性を含む) 心理学を生み出す手段としての方法に心理学が強迫的になっていることを分析する中で、心理学的実験室の歴史的な創出や心理学的実験法として知られる独特の社会的なアレンジメントの発展を辿っている。もともとは純粋に実用的な観点から、(今日では「被験者」や「実験者」と呼ばれる役割を交互に引き受けるような) 様々な課題に取り組む科学者同士の協同的な取り組みであった心理学的実験室は、急速に制度化されるようになった。今日我々が慣れ親しんでいる仕組み(「データの源」として仕える素朴な実験被験者と実験条件を操作する実験者という厳密な役割、規則によって厳密に運営される両者の相互作用)は、心理学がウィルヘルム・ヴントのライプツィヒの実験室で 1879 年に誕生したときには存在しなかった(Danziger, 1994)。

　「心理学の父」と心理学で伝承されているヴントは、確かに心理学内に自然科学的パラダイムを定着させるうえで重要な役割を果たした。しかし、心理学的研究の拠り所となったのは、ヴントの問いでもヴントの方法でもなく、むしろ、まるで反対のものであった。ダンジガーによると、「事実上、近代の心理学に起こったすべての事柄は、ありとあらゆる手を使った、ヴントの拒絶であった」(1994, p.34)。心理学が始まった時期に重要な役割を果たした探究は、むしろすぐに、まったく別の事業に形を変え、科学的研究というよりも人間工学により近いものになった。

　ヴントの構想は、人間の主観的な経験を研究し理解したいという願望に基づいていた。この探究において、ヴントは、内的な個人的意識を研究する方法を考案しようと試み、内観が科学的な観察のようなものに変ずる状況を作り上げようとした。ヴントの関心は、実際の知覚経験自体であり、経験の自己内省的報告ではなかった。ヴントは、精神世界の科学を構築するために、内観の状況を操作し外観の状況に近づける手段として心理学的実験室を設立した。

　この種の人間の主観性についての知的好奇心は、(ヴントが慣れ親しんだ)

哲学内の展開から生じている。2 世紀前に、ロックは、知識の二つの源として、感覚(外界についての知識を我々に与えるもの)と反省(我々自身の精神がどのように働いているかについての知識を我々に与えるもの)とを区別していた。反省からの証拠に基づく心の哲学は、感覚からの証拠に基づく自然の哲学に対応すると考えられた。しかし、カントに至るまでは、両者の間に厳密な区別はなかった。

　カントは、経験主義と合理主義を統合しようとする自身の試みの中で、哲学と心理学の区別、心理学と(自然)科学の区別を作った(Danziger, 1994)。私的経験の世界やその世界を明らかにする「内感」があることを認めたうえで、カントは、外感の経験が物理科学の基礎として機能する方法と同じように、内感によって伝えられる経験が精神科学の基礎として機能しうるかと問うた。カントの結論は否であった。なぜなら、精神世界では、科学に必要な数学的用語で表現できる情報の体系的規則化が不可能であると考えられたためである。カントによれば、精神世界の経験的根拠は、科学的であるには十・分・ではないが、ただし、我々の経験がどのようなものであるのかについての起源、源泉、あるいは、原因を説明できることは必要であるとされた。

　ヴントはこの問題に取り組み、経験の心理的な決定要因を解明しようとした。ヴントは物理科学を探究のお手本にし、既存の生理実験の技術を用いて、生理学、物理学、その他の自然科学が疎かにしていた精神的な因果関係の法則を明らかにしようとした。ヴントは、哲学とのつながりを決して放棄することはなかった。新しいディシプリンを作るというよりも、「新しい方法による哲学的探究の活性化」(Danziger, 1994, p.39)を成し遂げたかった。ヴントの目指していたことは実験に基づくことであり、必ずしも量的ではなかった。主観的な経験に関する社会的および文化的な要因を完全に切り捨てることも望んでいなかった。

　最終的に、ヴントは成功しなかった。構想の成功に必要であったドイツの社会的状況が続かなかった。すなわち、心理学を志向する研究者を大学の哲学部に受け入れることが一時的なことに終わってしまい、「ドイツの実験心理学は、制度的基盤を提供してくれるはずであった有力者から拒否された。心理学は独立したディシプリンとしてますます独自の道を歩まざるを得なく

なった」(Danziger, 1994, p.40)。

　このように、社会−歴史−文化的な環境(とくに、学界の構造と組織化)と心理学がやがて進む方向との間には深い関係があったとダンジガーは論じている。初期のアメリカの心理学者のほぼ全員がライプツィヒでヴントの指導を受けており、留学から戻って彼(女)らが参入することになるアメリカの制度は、何を彼(女)らが持ち帰るかだけではなく、それをどのように解釈するかにも影響した。

　哲学は、アメリカの大学においては、ドイツの制度のようにしっかりと定着していなかった。サンタヤーナ(Santayana, 1911)がアメリカの「お上品な伝統」[原注4]と呼んだものが、プラグマティズムと入れ替わったように、アメリカで宗教と入れ替わったのは、哲学的探究ではなく、科学(への賛美)であった。そのうえ、アメリカの大学は、実業家や政治家の言いなりであった。彼(女)ら、あるいは、彼(女)らの代理人が、人事や学部編成、研究課題を決めていた。そのため、このような「企業家階級」にとって価値があると認識される何かを生み出すことができる新しいディシプリンとして科学的心理学を売り込む必要があった(Buss, 1979 ; Danziger, 1979, 1994 ; Napoli, 1981 ; Sarason, 1981)。

　アメリカの心理学者は、自分たちの市場戦略をどうしなければならないかについて自覚していた。19世紀の自然科学の偉大なる成果は、「科学主義」(自然科学の方法があらゆることについて有用で信頼できる知識を得るための唯一無二の方法であるという信念のもとでの科学賛美)を培ってきた。それと同時に、哲学、歴史学、言語学、人類学などの人文社会科学の価値の低下が起こった。言い換えると、心理学が生き残るためには心理学が(権力者にとって)実践的に有用であることを要求する社会的状況が存在した。ただし、実践的に有用であることと科学的であることは同じであった。というのも、哲学と科学の両方において、真実(科学が探究するもの)と有用性との同一視(プラグマティズム)がすでに広く受け入れられていたからである。このことが心理学に及ぼした影響は甚大であった。この影響は、心理学の勃興当初から多くの心理学者が実践的な応用に関心があったことだけに留まらない。知的探究を望んだ心理学者でさえ、心理学の指針と方向性を自然科学に求めるという影響も及ぼした。

　大学の科目としての心理学はあっという間に発展した。ジョン・ホプキンス大学は、心理学におけるアメリカ初の博士課程を1882年に開始し、1886年には初めての心理学博士の学位を授与した。20年も経たないうちに、100名以上の博士学位が心理学で授与され（諸科学の中で、化学、動物学、物理学のみが授与者数を上回っていた）、47の新しい心理学実験室が設立された（Napoli,1981, p.14）。アメリカ心理学会は1892年に創設された。同世紀の末には、心理学者は定期的に学術雑誌を刊行するようになっていた。新しいディシプリンは、学界で認知されると同時に、その潜在的な実用性に学界外からも関心が寄せられるようになった。

　心理学者が自分たちへの圧力を常に意識していたかどうかは別にして、短期間のうちに心理学の知識目標は変質した。人間の経験に関心のある個々人が自分たちを注意深く研究することを通じて人間の経験を調べることから、大規模なテスト実践やデータ集約に関する技術を通して普遍的な人間の特徴や属性を推測することへと心理学者の関心は急速に変わった。ダンジガーによると、経験の主体としての個々人の研究から介入の客体としての個々人の研究への転換は、「社会統制の行為者が、その仕事をより効率的に、より合理的に弁護できるように、手早く利用できる知識」を提供するために必要であった。「行動予測へとつながる知識はこの目的に適していたけれども、参加者同士が共同で自分たちの経験の構造を探究する状況で得られる知識はそうではなかった」（1994, p.66）。

　このような「社会統制の行為者」とは誰であったのか？　彼（女）らは彼（女）らの仕事を正当化するために、どのような事実主張を必要としたのか？　そして、心理学者は、企業家的熱意に応じるために、どのようなデータ生成メカニズムを構築したのか？　これらの疑問を検討するには、心理学で最も普及し、かつ、有害である、いくつかの神話がどのように構築されたのかについて調べる必要がある。また、このことは、心理学そのものの性質をもよりはっきりとさせる。私たちがこれから示すように、心理学による神話と心理学という神話との関係は、同じものの別の表現でもないし、単純に前者を足し合わせたものが後者になるというわけでもない。私たちの分析は、（心理学が生み出した神話を強調する傾向にある）心理学に対するいくつかの重要な

批判と、(心理学が実用主義に煽られた詐欺あるいはでっち上げとしてのみ理解できることを明らかにする)歴史的な記録や分析的検討とを織り交ぜながら行われる。次の三つの章では、心理学という神話／でっち上げと、心理学にとって最も有力な三つの架空の概念(個人、心の病、発達という神話)との関係を順に探っていく。

原注

1．人間の社会的領域を研究する際に自然科学的パラダイムを利用することへの異議は、近代科学が覇権を握るのとほぼ同時期に現れた。18 世紀の学者ヴィーコは、初期の反実証主義・反経験主義運動の最も重要な先駆者として必ず言及される。1725 年の著書『新しい学の諸原理』(上村忠男訳、中公文庫)において、ヴィーコは、我々の意味づけ能力の優位性を強調しながら、人間の現象についての歴史－文化的観点を示した。ヴィーコの着想は、ポストモダニストの間でますます評判になっている(たとえば、Shotter、1993a)。20 世紀に現れた実証主義的心理学に対する哲学的異議をおおよそ先取りした仕事をしているその他の反実証主義者としては、ブレンターノやディルタイがいる。

2．その中でも、モダニズムへの移行に関するパラダイムシフトを論じた文献としては、以下を薦める。医学では、Brown、Rockefeller Medicine Men (1979)、Cassell、The Nature of Suffering and the Goals of Medicine (1991)、Golub、The Limits of Medicine (1994)、Foucault、Madness and Civilization (1965：フーコー『狂気の歴史』1975 年、新装版 2020 年)と The Birth of the Clinic (1975：フーコー『臨床医学の誕生』1969 年、新装版 2020 年)。絵画では、Berger、The Success and Failure of Picasso (1966：バージャー『ピカソ：その成功と失敗』1966 年)、Cooper、The Cubist Epoch (1970)、Golding、Cubism: A history and an Analysis (1968)、Schwartz、The Cubists (1971)。演劇では、Brecht、Brecht on Theatre (1994)、Suvin、"The Mirror and the Dynamo" (1972)。文学では、Benjamin、Illuminations (1969)。

3．クーンは、ポストモダニストとは考えられていないけれども、哲学共同体と科学共同体との橋渡しを担った。クーンの古典的著作は、ウィーン学団に(多くの場合、否定的に)影響を受けたクワインに強く影響されており、学団の主要メンバーによって編集されたシカゴ大学の Encyclopedia of Science の一つとして刊行された。

4．「アメリカは、先ほど申し上げたように、単に古い精神をもつ若い国ではありません。二つの精神性をもつ国です。一つは建国者たちの信念と基準が存続してお

り、もう一つは若い世代の本能、実践、発見の表現です。精神の高次のもの(宗教、文学、道徳感情)すべてにおいて、受け継がれてきた精神がいまだに普及しており、バーナード・ショウ氏によるとアメリカは時代から 100 年遅れているそうです。実際のところ、それは、現実の問題をまったく気にかけない、これまで受け継がれてきたアメリカの精神の一側面を指しており、私から見たら時代に遅れているのではなく、安定しているのです。それは淀みに静かに漂っていた一方で、その隣にある発明や産業や社会組織において、精神のもう一側面がナイアガラの激流のようなところを飛び降りているのです。この分裂はアメリカの建築にも象徴されているかもしれません。植民地時代の大邸宅を(現代的な快適さをこっそり取り入れて)見事に再現した建物が超高層ビルの横に建っています。アメリカの意志は超高層ビルに宿っています。アメリカの知性は植民地時代の大邸宅に宿っています。一方はアメリカ人の男性の領域です。もう一方は、少なくとも主として、アメリカ人の女性の領域です。一方はすべて意欲的な企てです。もう一方はすべてお上品な伝統です」(Santayana, 1911, pp.39–40)。

訳注

1．原文では Levitan と記載されているが、正しくは Levitin である。
2．野口裕二・野村直樹訳 (1997)『ナラティヴ・セラピー：社会構成主義の実践』遠見書房、p.10 から引用。
3．永田素彦・深尾誠訳 (2004)『社会構成主義の理論と実践：関係性が現実をつくる』ナカニシヤ出版、p.202 から引用。

（仲嶺真訳）

第5章　心理学と個人

　心理学の研究分野では、研究対象を個人とするという考え方は、正当であるという賛同を得ているが、同時に、心理学に対する多くの批判がされた点でもある。心理学は一般的に（例えば、入門書、辞書、百科事典などで）、個人あるいは個々のグループに関心があり、彼らがどのように行動し、どのように成長し、特に彼らが互いにどのように異なるのかに関心があると説明されている。心理学は非歴史的、非社会的、孤立した個人に執着しているように見える。これに対して、多くのポストモダンの批評家（彼らの前身であるモダニストの一部も同様）は、そのような個人が存在するのか疑問視している。

　心理学の領域のほぼすべてで、認識者としての個人を前提とした理論と実践が浸透しており、それが問題視されている。心理療法や臨床心理学、異常心理学に関しては、すでに社会構築主義的(social constructionist)な批判がなされている (Gergen, 1994; McNamee and Gergen, 1993 など)。さらに、家族・システム療法(Poster,1978 など)、批判心理学・批判精神医学(Ingleby, 1980a; Parker, 1989; Parker and Shotter, 1990 など)、「予防」・コミュニティ心理学 (Albee, 1981; Sarason, 1981 など)などの分野では、個人を治療するという伝統的な実践が批判されているだけでなく、家族やコミュニティといったさまざまな構成の社会的単位も研究や治療の適切な単位であるとみなされる。発達心理学や教育心理学の分野では、特にヴィゴツキーや文化歴史的心理学者による、社会的に構築された活動やプロセスとしての発達や学習に関する報告がされている（例えば、Lave and Wenger, 1991; Moll, 1990; D.Newman, Griffin and Cole, 1989; Newman and Holzman, 1993; Rogoff, 1990; Tharp and Gallimore, 1988; Wertsch, 1991）。また、フェミニストやネオ・マルクス主義

の心理学者（例えば、Burman, 1990, 1994; M.Gergen, 1988, 1995; Ussher and Nicholson, 1992; Venn, 1984; Walkerdine, 1984）とフェミニスト認識論者（例えば、Harding,1986, 1987; Harding and Hintikka, 1983; Keller, 1985）は、個人としての知る人／学習者という概念を明確に批判している。さらに一般的に、知識社会学における研究でも、同様の批判が取り入れられている（例えば、Buss, 1979, Gergen, 1982 によるいくつかの章）。

　私たちも、心理学が個人に執着し、個人を重視して研究することを批判している（Holzman and Newman, 1979; Newman,1991a; Newman and Holzman 1993）。アメリカやグローバル資本主義の拡大に伴って心理学は「強固な個人主義」のイデオロギーと共に発達し、中心的な役割を果たしてきたと私たちは考えている。 そうはいうものの、心理学を全面的に個人主体の神話の中に位置づけるのは間違いであろう。そうしてしまうと、私たちは、心理学の大きな歪みを見逃し、心理学によって私たちの文化が大きく破壊された現実をしっかり理解できなくなってしまう。

　心理学の個人に対する執着と賛美は、特殊な論理から直接導き出された構成概念であり、それはデマである。心理学は、「アイデンティティ」の感覚を私たちに吹き込み、私たち自身を「他者」から切り離された個人として経験させることに成功してきたが、心理学自体は、個人を個人として特に関心を持ってきたわけではない。彼らの関心は、研究方法論であった。集団についてわかったことを主張したり、行動の一般的な法則を定式化したりするのに個人は、役立つ構成概念だったのである。心理学が、個人を徹底して、かつ広範に研究したのは、実証的に裏付けされた人間の多様性や独自性を調査するためではない。心理学は、特定の個人を研究対象としてこなかったし、人々の実践やその違いを明らかにしたことはなかった。心理学は、個性を支持したり、個性的な表現を育てたりする文化づくりではなく、人々を社会に適応させる文化づくりに貢献してきたのである。

孤立した個人

　上述した点を明確にするためには、心理学のサブジェクトの概念を詳しく

見ていく必要がある。心理学はごく初期に、経験者としての個人から、実験
対象としての個人へと関心が移っていったというダンジガー (Danziger) の記
述を思い出して欲しい。産業界、軍隊、教育界における「社会的統制の主体
(エージェント)」が必要とする情報は、個人の経験ではなく、人々の属性に
ついてであった。誰が優秀な軍人になれるか？　優秀な保険セールスマンの
特徴は何か？　義務教育でどのような方法で子供を選別して教育できるか？
心理学は、ほとんど躊躇することなく、自分たちの利益を追求するために、
心理学の知見を商品化して提供するという研究課題に取り組んできた。その
ために、心理学は個々の被験者との関係を大きく変える必要があった。

　ダンジガー (Danziger, 1994) は、この取り組みにおいて、二つの社会的実践、
すなわち、定量的な社会調査と質問紙調査が非常に有用であったと述べてい
る。19 世紀半ばの北米やヨーロッパでは、社会に対する意識の高い人たちが、
犯罪、自殺、貧困などの社会問題や公衆衛生に関する統計データを収集して
いた。彼らは公的統計データだけに頼るのではなく、自分たちでデータを収
集するために質問紙調査を始めた。

　ダンジガーによれば、統計表の科学的な魅力は、多人数の行動を集約した
ときに現れる数字の規則性にあり、それは人間行動の本質的な法則性を反映
していると解釈された。やがて、人間の行動の根底にあるとされる科学的法
則を明らかにするためには、多数の数字の集積が必要であると主張された。

　ダンジガーによると、社会統計から心理統計への移行には、単にやりかた
だけではなく、新しい概念が必要であった。犯罪などの統計が取られるよう
になっても、差があっても安定した比率をどのように説明するかという問題
は残っていた。社会科学における統計の先駆者であるケトレー (Quetelet) は、
部分的な解決策となる新しい概念を打ち出した。それは、「平均的な人」が起
こす、ある特定行動に向かう「傾向性」である。犯罪率の差は、平均的な「犯
罪傾向」の変化によるもので、この「犯罪傾向」は、年齢や性別などの要因に
影響されている可能性がある、と捉えるのである。この発明は、心理学にとっ
て非常に大きな方法論的意義を持つことになる。ダンジガーは次のように書
いている。「ケトレーが行ったのは、個人の個別具体的な行為を連続的な大き
さに置き換えたことである。自殺、犯罪、殺人、その他の社会的行為は、個々

の行為者のローカルな状況からではなく、特定の集団における人数と関連する行為の数を数え、一方を他方で割ることによって得られる統計的な大きさの観点から理解することであった」(1994, p.76)。

　集団に見られる統計的な規則性から個人を推論するためには、全体（集合）と個別（集合の構成員）がどのように関係しているのかの視点が必要であった。すなわち、個別なものが全体を形成し、集団の特徴は個人の属性の総和であるという視点が必要だったのである。この視点を採用することで、心理学はヴント（Wundt）の言う実験的ではない「科学的」な方法を開発することができた。

　心理学の知見の主張を正当化するための新しい方法が可能になった。個人について役に立つ意見を述べるのに、個人をじっくり調査したり臨床をおこなったりする必要はなかった。必要なことは、個人のパフォーマンスを他の人のパフォーマンスと比較したり、個人のパフォーマンスを集合体の中で位置づけたりするだけである。個人は今や、集計された母集団に対して、確立された統計的基準からの偏差によって特徴づけられるようになったのである(Danziger, 1994, p.77)。

　しかし、ダンジガーが指摘するように、この方法論は自然科学の基準を満たしておらず、科学界に広く受け入れられるにはあまりにも雑なものであった。しかし、明らかに社会で適用可能であり、実用性を持っていた。このようにして、実験と統計という 2 つの矛盾する調査方法と、専門家による科学コミュニティと一般の人々からの心理学に対する競争的圧力（自然科学を模倣することで生まれた科学的心理学の歴史的な矛盾）が収束したのである。実験群の発明は心理学の矛盾を一時的にでも解消した。

　さまざまな年齢の子供や男性と女性のように、自然に（つまり社会的に）「発生する」集団を研究し、データの集計からそれらを主張をするのがその一つである。このような心理学研究の対象となる集団は、その文化の中である程度有用性と意味を持つ社会的カテゴリーである。しかし、それは、カテゴリーを作り出すことは全く別のことである。その集団は、その文化の中に以前から存在していたわけでも、意味を持っていたわけでもない。それは心理学者の介入によって、文化的に生産された集団なのである。ここでもまた、集合

論が(見えないところで)働いている。たとえば…

　　集団の意味は、明らかにそれを構成する実際の人々の属性ではなく、集
　　団の属性である。しかし、これは、どのような集団なのだろうか？　そ
　　れは、特定の心理学的調査にたまたまデータ源として参加した個人の集
　　団である。実験的状況で彼らの共通の活動が、彼らを集団として定義す
　　る…。つまり集団は、心理学の実験室の外での社会的実践によるのでは
　　なく、実験室での実践によって定義されているのである。

(Danziger, 1994, p.85)

　概念的にも大きな変化を含むこのような研究の実践は、心理学の方向性に
多大な影響を与えたというダンジガーの主張に納得がいく。

　　そのような実践は、日常生活の熟慮されていないカテゴリーに依存する
　　ことのない、人々を分類するためのカテゴリーを提供するという、科学
　　への道を指し示したのである。……心理学的に構成された集団が、社会
　　集団のより伝統的なカテゴリーのいくつかと競合し、さらにはそれらに
　　取って代わる可能性がある。子供や新兵を知能指数で分類することは、
　　それが行われた初期の例である。この学問の内部的な発展という観点で
　　いうと、研究の過程で集団を人為的に構成すること自体が、実際の個人
　　のパーソナリティや社会集団の文脈で考察する必要のない、心理学的抽
　　象に関する科学の基礎となった。

(p.85)

　それから数十年の間に、心理学は人を分類するための何千ものカテゴリー
をつくり出し(『DSM-IV』に含まれるものは比較的小さなサンプルである)、
あらゆるものに取って代わるようになった。様々なタイプの人工的な集団(実
験群、介入群、対照群、心理測定)を作ることで、心理学が作り出した人工
物と哲学的抽象という砂の上に構築された知の主張を生み出した。このよう
な調査が生み出した知の主張は、それを生み出す実践によって完全に決定さ
れる。例えば、実験群と対照群を対象とした研究の結果は、研究者が作成し

た両群の差異の観点から解釈される。心理測定群（心理学的課題の能力に基づいて研究者が選んだ個人から構成される集団）を含む研究の結果は、研究者が作りだした集団の特性の観点から解釈される。「適合」しないデータは常に誤差やノイズとして処理される（エスノメソドロジストのガーフィンケル（1967）は、これを操作的定義の「エトセトラ問題」と呼んだ）。このパラドックスを解決しようとする試みは、数学や論理学におけるラッセルの「タイプ理論」と同じで場当たり的な解決策でしかない。

　心理学は、抽象的な母集団についての、同じように抽象的な属性に関連するデータを生成するために必要なツールを用いた．これらのデータを知見としてパッケージ化し、知識として販売した。しかし、そんなことができるわけがない。心理学は、その初期の段階から、個人としての人に関心を持っていない。　アメリカの心理学は、社会的に意味があるとされた科学（社会科学ではなく）を目指していた（Danziger, 1994, p.88）。したがって、心理学者は個人を、人間の行動に関する抽象的な法則を明らかにする媒体として利用した（心理学実験のために集められたのは、生きていて、息をしていて、社会的状況におかれる人間にもかかわらず）。個々の人ではなく、「法則」が心理学の主題となり、現在もその傾向が続いている。

批判的見解：社会に状況づけられた個人

　さて、多くの心理学者が共有している観点から心理学を検討していこう。心理学は人間の経験や個人の違いを調査する代わりに、人間の行動や振る舞いの根底にある抽象的な法則を発見しようとしてきた。仮に、これが筋の通った知的な活動で、社会的に役に立つものだとして、心理学は正しい道にあるのだろうか？

　重大な問題が残されているように思う。社会現象として人間を研究することは、物理現象の研究とは質的に異なる。（そうでなければ、心理学が独立した科学である理由がない。）人間を研究するのは人間である。つまり、研究する側と研究される側という関係性が、主体と客体という独特の存在を生み出したことを、他の多くの研究者と同様に私たちも指摘してきた。仮に発見す

べき法則がある（私たちはそんなものはないと考えている）としても、それら
の法則は、物理的対象を支配する法則とは質的に性質が異なるだろう。ジュ
リアン・ジェインズ（Julian Jaynes）は自意識と抽象が人間の経験を変化させる
と推測したように、人を研究するには、私たち自身がそのような独特の立場
にいることに対して敏感でなければならないだろう。

　科学者が取り組むあらゆる調査は社会的実践である。自己再帰性がある心
理学の場合（植物学、天文学、物理学などには存在しない）、調査の社会性が
より顕著になる。にもかかわらず、心理学はこの社会性をわざわざ否定し、
生態学的に説得力のない方法を作り出してきた。この社会性の否定がポスト
モダンの主要な批判の論点となっている。

　批判する人たちの中には、社会性の問題をマクロレベルからアプローチし、
心理学も心理学者自身もどちらも社会的なものであると指摘したりする。例
えば、心理学が非歴史的で非社会的であると指摘するサラソン（Sarason,1981）
は、心理学者の社会での立場が、彼らの行動に大きな影響を与えていること
を教えてくれる（その立場は、社会の狭い範囲での特権的な部分に由来し関
係している）。彼の一連のエッセイ『なぜ心理学は間違った方向にすすんでし
まったのか　Psychology Misdirected（未邦訳）』では、心理学者が、心理学の
概念や理論がどのように彼らの経験や社会的立場によって形成されたかに気
づかなかったため、間違った道に進んでしまったと論じている。他にも、心
理学者がいかがわしい事業に関与したり、疑わしい理論的立場を堅持したり
するのは、単なる利己主義であるなど、かなり厳しい非難もある[原注1]。

　明らかに心理学はこの現状を維持しようとしている。心理学者が自分の利
益のために行動していることも明らかである。科学として制度化した心理学
（自然科学的心理学）の専門家が、人間の福祉を促進するという名目で、多く
の心理的・身体的な暴力行為を行ってきたことも同様に明らかである。（たと
えば、「精神薄弱」の不妊手術、前頭葉切断術や電気ショック療法、スティグ
マ（烙印）、教育機会の剥奪、人種差別的な移民政策の実施などがある）。私
たちが理解しがたいのは（そして私たちが示そうとしているのは）、グローバ
ルに広がり、イデオロギー的かつ政治的な社会的実践としての心理学と、そ
れが生み出したローカルな社会的実践の関係である。心理学が生み出した

物語(神話)がどのように進化したのかについて歴史から読み取ることができる。

　心理学の社会性は存在している。無菌状態の実験室でさえ社会的なものである。心理学の研究主題を詳しく見ていく上で、心理学の実験に関する最近のいくつかの研究が参考になる。例えば、バーマン (Burman, 1994) は、『発達心理学の脱構築 Deconstructing Developmental Psychology 』の中で、古典的な乳幼児研究の一つを徹底的に分析し、乳幼児を生物学的有機体であるとする見解と、実験調査は社会的実践であるという見解の影響を受けた二つの研究テーマがあることを示した。取り上げられた研究は、1960 年にギブソン (Gibson, E. J.) とウォーク (Walk, R. D) によって発表された「視覚的断崖」実験と呼ばれるもので、これらの著者によると一連の研究を生み、長年にわたって心理学の教科書の定番になっている。

　ギブソンとウォークの研究の目的は、人間がどのように奥行きを知覚するのかを調べることであった。奥行きに関する視覚的な手がかりを処理して解釈する能力は、生まれつきのものなのか、それとも学習したものなのか、また種の違いによるものなのだろうか？　ギブソンとウォークは、透明なガラスの床の下にチェッカーボードを置き、(大人には) 崖のように見える装置を作った。乳児は「浅い方」または「深い方」の端に置かれ、反対側の端にいる母親は、乳児を呼ぶように指示された。最初の実験では、27 人の乳児のうち 3 人だけが崖の上を這ったが、残りの乳児は泣いたり、崖から離れたりした。ギブソンとウォークは、ほとんどの乳児がハイハイする頃には視覚的な手がかりで奥行きを識別できる実証ができたと主張したが、この能力が生まれつきのものであるとは述べていない。

　バーマンによると、最初の実験は、修正されたり再現されたりする一方で、ギブソンとウォークの主張に対する批判的な議論がその後 15 年にわたって行われた。しかし、それらはすべて「社会的状況として課題を分析すること」を隠す枠組みの中で行われた (1994, p.31)。また、顔認識という変数を視覚的断崖の研究に取り入れた最近の研究では、乳児が崖を渡るかどうかと母親の顔の表情(笑顔、恐怖、怒りなど)との間に直接的な関係があることが発見された。

バーマンによると、

> 認識論の探求として課題を扱うと、動機となる要因を無視してしまい、
> 人間関係の特定の側面に応じて変わる複雑なコミュニケーション上での
> 出会いを、個人の知覚能力に関する問題に還元してしまう。…さらにこ
> の実験は、幼児だけを分析することが、いかに誤った結論に導びくかを
> 示している。私たちは、幼児がおかれた物質的条件とコミュニケーショ
> ンにかかわるシステムの全体を検討すべきなのだ。
>
> （Burman1994, p.31）[訳注 1]

　バーマンの主張は正しいが見落としているところもある。バーマンの分析
で最も興味深いのは、実験室のパラダイム（生物レベルで物事を見る）を、知
らず知らずのうちに、社会的、コミュニケーション的なレベルで再現してい
ることである。しかし、社会的実践としての実験に不可欠なのは、この実験
が生み出した存在論である。バーマンは、心理学的な主題も心理学的な対象
も捨てていない。前者について、彼女はギブソンとウォークの研究のよう
に乳幼児にのみ焦点を当てるのではなく、「乳児が行動する物質的・コミュニ
ケーションのシステム全体」に焦点を当てた。また、後者の心理学的な対象
については、深さを識別するというギブソンらの課題よりも「社会的状況と
しての課題」を提起した。ただ、バーマンは、心理学の神話／作り話の重要
な特徴を見落としているようで、それは、私たちにとっては、子ども時代を
生物学的に扱うのと同じくらい重要なものである。それは、実験という社会
実践は、心理学的課題を作り出すことを重要成分としているということであ
る。
　心理学的な課題設定は人間を人間として研究することを不可能していると
私たちは考える（心理学的な課題設定もまた社会的ではあるが）。人間である
ことは、単に社会的であるだけでなく歴史的でもある。私たちが意味する人
間の歴史性とは、変化する人間が自分を規定する環境全体を変化させていく
革命的な活動のことである（Newman and Holzman, 1993）。そのため、ある特
定のものだけの変化を前提とする心理学の調査パラダイムでは、人間の活動

を研究することはできない。

　バーマンの洞察に満ちた脱構築の別の問題を、活動理論的な観点から取り上げていこう。これと同様に私たちは、1970 年代に比較人間認知研究所で行われた「生態学的妥当性」の研究プロジェクトにおける社会歴史的な方法論を批判してきた (Cole, Hood and McDermott, 1978; Hood, McDermott and Cole, 1980)。著者のホルツマン（旧姓：フッド）はその一人で、心理学研究の単位を「人間ー環境のインターフェース」または「シーン」（バーマンの「物質的・コミュニケーションシステム」と同様）とし、実験ではなく、エスノグラフィックな手法を用いることを主張した。そして、その手法の限界を指摘しつつ、人間の社会性を捉えるためには、社会的な分析単位を作り、エスノグラフィックに記述することで、既存の科学のバイアスを解消する可能性を示した。とはいうが、実際にはどちらの方法も「客観的な記述」に埋めこまれた科学的バイアスを排除することはできない。なぜなら、「記述そのものが解釈」であり (Newman and Holzman, 1993, p.188)、実験もまた社会的状況だからである。分析的かつ道具的に行う科学的調査の特徴と、研究の参加者の行動、活動、経験との間には、依然として不一致がある。

　対立するものではないが、やや異なる見解を示しているのが、ドイツの心理学者クラウス・ホルツカンプ (Klaus Holzkamp) である。「批判心理学」と呼ばれる彼の研究は 1960 年代半ばに行われたが、主にブラント (Brandt, 1979) やトールマンとマイヤー (Tolman and Maiers, 1991) の著作を通して、最近になって英語圏の読者にも知られるようになった。ホルツカンプは、応用心理学の政治的意味合いに関心を持っていた。また、実験心理学の「外的妥当性」——心理学は実験室の外の人にも関係があるのか——についても検討した（これは、生態学的妥当性の問題と似ている）。ホルツカンプのこの二つの問題意識は、理論は代表性に基づいて評価されるべきであるというホルツカンプの考えによって一つになった。

　これについてホルツカンプは契約的な観点から心理学的実験を説明している。本質的には、実験者と被験者との間には合意がある。「S（被験者）は E（実験者）によって『実験手順』として作られた生活状況に身を置くことを了解し、実験は、S が作り出したのではない環境条件に身を置いた「想像上の個人」と

しての主体を作り出す」ことに合意する。そして、「その反応は、…実験条件
によって決定される」のである (Brandt, 1979, p.82, 原文を強調して引用)。

　ホルツカンプは、被験者がこの合意に基づいて「人間としてではなく、生
物のように行動することになる」と指摘する。実験者は、被験者の制限さ
れた行動が、彼らが交わした合意に由来するという事実を無視する (Brandt,
1979, p.82)。このようにして、動物心理学と人間心理学の境界が取り払われ、
心理学者は動物でも人間でも同じような結果を得ることができると考えたの
だ。ホルツカンプは「ねずみは生物だが、人間は実験の合意に従って生物の
ように行動する」(Brandt, 1979, p.82, 原文を強調して引用) と述べ、人間と動物
の実験結果が類似しているというが、実際には決定的に違うことを説明して
いる。

　ホルツカンプの議論は実験の中で人間は「生物のように」振る舞わないと主
張する研究を、否定するものではないと私たちは考える。実験パラダイムを
内側から見ると、人間は生物のような行動をとるが、外側から見るとそうで
はない。実験室で人が X や Y をしたと主張することは、実験室を客観的な「物
理空間」であると見なす間違いをしている。実験室は方法論である。つまり、
その方法論は日常生活でも実験室でも同じように実践される。ただし、その
方法論は生態学的には無効である (Cole, Hood and McDermott, 1978)。関係論
的に、または、ウィトゲンシュタイン的な視点 (第 9 章で詳述) からすると、
実験室での実験は生活形式 (form of life) であり、より正確にいうと、疎外の
一形態なのである。人間が「生物のように」振る舞うことは、生活形式／疎外
の一形態であり通常は、非発達的なものである。このように考えると、心理
学の事実の主張は明らかに無意味である。心理学の事実主張は、自らの探求
の規則に違反しているのだ。

個人差の販売

　私たちは心理学の歴史を教養の一つとして学んでいない。また、心理学の
学部や大学院のコースでも、心理学の歴史を真剣に学ぶことはない。(このよ
うな学問の歴史的視点の欠如は、心理学に限ったことではなく、アメリカの

教育文化に広く見られることであるが）。しかし、心理学がどのように発展
してきたのかについての魅力的な文献は多くある。これらの文献は、心理学
を経済的・政治的な出来事との関係で捉え、心理学とその文化全体との複雑
な相互作用などを探求している。

　この50年の間、歴史家、記者、そして心理学者自身も、心理学を肯定
的または否定的な観点から書き、心理学の歴史やそれに関する記事をた
くさん出してきた（例えば、Baritz,1960; Cushman,1995; Danziger,1979,1994;
Dawes,1994; Freedheim,1992; Herman,1995; Hilgard,1978; Hunt,1993; Kamin,1974;
Koch,1959; Koch and Leary, 1992; Morawski,1988; Napoli,1981; Prilleltensky,1994;
Sarason,1981）。これらの多くは、学術雑誌、一般雑誌、新聞、心理学の正当
性を確かなものにしようとするアメリカ心理学会（APA）などの組織、そして
心理学者やそれ以外の個人的な記録など、アーカイブ資料を元に論じている。
心理学の先駆者や専門家は、その進歩を記録することに細心の注意を払って
いたため、公式な場で行われた講義や講演、APA委員会、心理学者が政府
や軍関係者、産業界の大物、弁護士、慈善家、記者らとの間で交わされた書
簡やメモなどの資料も入手可能であった。

　心理学が脚光を浴びるきっかけとなったのは、いわゆる「個人差」の研究と
第一次世界大戦であった。1890年には、早くも、心理学の応用に関心をもっ
たアメリカの心理学者が、企業経営者、広告会社の幹部、公立学校の管理者、
訓練校や「精神薄弱」のための施設の責任者に対して、知能テストや職業選択
のコンサルティングを（比較的小規模に）始めていた。1917年に米国議会が
第一次大戦の宣戦布告した直後、APA会長のロバート・ヤーキーズ（Robert
Yerkes）（彼自身は応用研究をしていない）は、APA執行評議会を招集し、心理
学者を軍隊の活動に参加させるための計画を立てるように関係者に命じた。

　彼らは、新兵の選抜や特殊な戦闘における将校の任命や人員配置に、心理
学のノウハウが役立つと考えた。ところが、既存のビネー知能テストでは、
一人ひとりをテストすることを前提にしていたため、このような大規模に行
うには時間と手間がかかりすぎた。そこで委員会は、集団で実施できるよう
に標準化された知能テストを考案し、陸軍用に作成した。陸軍はテストの実
施を承認し、少佐に任命されたヤーキーズは陸軍の知能テストプログラムを

監督した。

　精神科医は、知能テストを自分たちの領域だと主張し、心理学とぶつかった。また、軍部はこうしたテストの価値に対して疑念を持っていたし、なぜ知能テストが医療(精神科)ではなく人事を目的として導入されたのか混乱していた。にもかかわらず、陸軍の知能テストプログラムは継続して実施された。このプロジェクトには 350 人以上の心理学者と大学院生が雇われ、終戦までに 200 万人近くの兵士がテストをうけた。終戦直後も、知能テストに関わった心理学者の多くは、43 の陸軍病院で患者を治療するためにテストを実施し、問題を抱える人々を助け、士気を高めようとした(Napoli, 1981, pp.26–27)。

　この知能テストプロジェクトは実際、軍の役に立ったのだろうか。このテストで 8,000 人ちかい兵士がテストの点数が低かったことから任務に適さないと判断された。それ以外の兵士のデータを陸軍がどのように利用したかは不明である。サメルソン(Samelson, 1979)は、「イデオロギーと知能テスト Ideology and Intelligence Testing(未邦訳)」の中で、人事担当者が新兵を配属する際に知能指数をどのように利用したかを知る方法はないと述べている。陸軍の文書によると、テスト結果の報告は不安定で、しばしば誤りがあり(実際ある収容所では採点に 20%の誤りがあった)、陸軍関係者への指示も曖昧であった。現場では、優秀な兵士になるためには知能以上のものが必要だと広く信じられていた。一部の将校は、「教育をほとんど受けていないおっとりした精神の持ち主の方が、知能テストでおそらく高い評価を受けた目立った精神の持ち主よりも、最終的に良い兵士になることが多い」と考えられていた。(Samelson, 1979, pp.143–145)

　テストの妥当性についても疑問があった。将校の判断やキャンプ中の新兵の能力評価と、知能テストの結果を比較したところ、テストの結果が優秀な兵士と判断する決定的な証拠にはならなかった。休戦協定後に帰還した兵士を対象とした調査も試みられたが中止されたため、その結果、戦闘中の兵士の仕事ぶりと関連づけるテストの予測値のデータもない。これに加えて驚くべき事実もある。テストの点数と教育を受けた期間との間には非常に高い相関関係があったのだ。そこで、サメルソンは、知能テストの実施に労力やコ

ストをかけなくても、新兵の教育レベルを単に記録するだけで済んだだろう
と結論づけている。

　しかし、心理学にとっては、陸軍の知能テストプロジェクトは非常に大き
な価値があった。ある歴史家は「心理学が実際には戦争に大きく貢献して
いなかったとしても、戦争は心理学に大きく貢献していた」と述べている
（Samelson, 1979, p.154 の Camfield, 1970 を引用）。この事業により、心理学は名
声を獲得し、軍、政府、産業界の強力な人脈とのつながりを大幅に拡大し
た。また、優生学にも弾みがつき、当時の代表的な心理学者は熱狂的な支持
者になったものもいた。例えば、ヤーキーズは優生学研究協会のメンバーで
あったし、宣戦布告前には国家監獄委員会の優生学委員会に任命されていた
（Kamin, 1974）。第一次世界大戦中の心理学と軍隊のつながりが、「個人差」を
最も正確に測定する心理テストという新製品を構築し、その市場を拡大する
のに役立ったことは間違いない。

　この新製品の熱心な買い手は産業界と教育界の経営者であった。世紀の変
わり目に起こった産業の驚異的な成長と義務教育の確立は、それに関わる仕
事をする人々に、かなり広い範囲の解決すべき課題をもたらした。たとえば、
労働力から利益を得ること、貧困の移民の子どもたちを読み書きができ、従
順な大人にすることである。産業界や教育界の管理職は、最初は自分たちの
領域外の人に助けを求めようとしなかったが、第一次世界大戦後には、応用
心理学者に対してかなり受容的になっていた。

　応用心理学を社会文化的な観点から分析してみると、テストの導入を促し
た他の要因として、社会全体に広がった進歩主義の風潮、政府の成長、アメ
リカのフロンティアの消失、科学への賛美（科学の進歩と関連して）、「混沌と
した世界に秩序を生み出す」必要性などが挙げられる。この時期の心理学は
資本主義と密接な関係を作ろうとしていたと示す報告が多くある（例えば、
ローレン・バーリッツ（Baritz, 1960）の『権力につかえる人々　The Servants Of
Power』とドナルド・S・ナポリ（Napoli, 1981）の『適応の設計者　Architects of
Adjustment（未邦訳）』など）。これらの歴史家やイデオロギーとしての心理
学に対峙する研究者たち（例えば、Billig, 1982; Bulhan, 1985; Cushman, 1995;
Sampson, 1993）は、心理学を、複雑な社会的－文化的－経済的－政治的プロ

セスの一部と捉えて理解しようとしている。私たちもこれに同意する。実際、私たちの著作の多くは、その分析に多くを費やしてきた（例えば、Holzman and Newman, 1979; Holzman and Polk, 1988; Newman, 1978; Newman, 1991a; Newman and Holzman, 1993）。ここで、経済発展の時期に、心理学が政治・社会的にも自由主義の手下になってしまったいくつかの特定の出来事に焦点を当てて見ていこう。これらの事例は、商品としての心理学が、経済・社会・政治的に危機に瀕していた人々にどのようなサービスを提供してきたかを理解するのに役立つだろう。

　20 世紀の最初の 20 年間、産業界のリーダーたちには、主に二つの悩み事があった。一つは、生産量を増やすことと、もう一つは、労働組合活動をやめさせることである。彼らは「機械や作業工程を管理するのと同じように、男性や女性の管理も始めなければならない」と考えていた（Baritz, 1960, p.15）。例えば、デトロイトでは産業の拡大に伴って、自動車工場労働者の離職率が高くなった。これに対処するため、1914 年、ヘンリー・フォード（Henry Ford）は従業員の賃金を 1 日 2.30 ドルから 5 ドルに引き上げた。しかし、その賃金を支払うには、規則正しい生活をしていることを条件とし、フォードは従業員の家に調査員を派遣して、性生活や飲酒の習慣などを調べた。生産性の向上と会社への忠誠心の高まりを期待した彼の願いは実現した。しかし結局は、生活費の高騰により、1919 年には 1 日 6 ドルを認めざるを得なくなった。

　しかし、このような方針がいつまでも続くわけではない。フォードに追随する企業もあったが、結局はコストがかかりすぎた。バーリッツによると、そこでフォードがやったことは、人事問題を前面に押し出したことであった。従業員の管理や教育に力を入れるのではなく、採用に力を入れるべきだと考える製造業の経営者が出てきた。「機械の半分の能力を持つ労働者を選ぶ」ことが、良いビジネスになると考えたのである（Baritz, 1960, p.35）。

　伝統的な産業心理学を生み出したとされているのは、ヒューゴ・ミュンスターバーグ（Hugo Munsterberg）とウォルター・ディル・スコット（Walter Dill Scott）の 2 人の心理学者である。ミュンスターバーグはハーバード大学、スコットはノースウェスタン大学で学び、ライプツィヒでヴントのもとで訓練

を受けた。彼らが講義で何を話し、出版物で何を書いたかも重要であるが、同様に、彼らがどのように「産業界のトップ」とつながり、心理学の需要を生み出したのかを見ていくことも重要である。

　ミュンスターバーグはまず、数百人の経営者を対象に、社員に必要とする心理学的特性が何かについて調査した。ミュンスターバーグは、その問いに対する彼らの答えにそれほどインパクトはなかったが、経営者らがこの研究にかなり興味を示したことに驚いた。そこで、この調査をもっと先に進めるべきだと考えた（Baritz, 1960）。その後、ミュンスターバーグは、『心理学と産業能率　Psychology and Industrial Efficiency（未邦訳）』で産業心理学の考えを発表し、同時に実業家のために動きはじめた。アメリカ・タバコ・カンパニー（the American Tobacco Company）（の巡回セールスマン）やボストン高架鉄道（の車掌）など、さまざまな企業での選考テストを知能テストの手法を取り入れて開発していった。

　スコットは広告を通して産業界に入り込んだ。シカゴの広告業者からの依頼で、心理学が広告にどのように役立つか講演をした後、大手広告会社の招待で雑誌に連載記事を出すことになった。すでにノースウェスタン大学で心理学の教授を務めていたスコットは、1909年に広告学の教授を兼務することになった。その後数年間、スコットはウエスタン・エレクトリック社、ナショナル・リード社、ジョージ・バターン広告代理店などの一流企業のために、選考手法や人事評価尺度を開発した（Baritz, 1960; Napoli, 1981）。そうして大学と産業界の連携は全国に広がっていき、互恵的に成長する機会となった。

　戦時下の知能テストプロジェクトは、テストや選考手法だけでなく、心理学者に対しても好意的な評判をもたらした（スコットは戦時中の仕事で殊勲章を授与された）。また、全米研究評議会をはじめとする政府機関や準政府機関とのつながりを築くきっかけにもなった。1916年に設立された全米研究評議会は、米国科学アカデミーと工学財団の支援を受けて「国家の科学的資源を動員する」ために数十年にわたり、心理学を産業界や軍と結びつける上で主導的な役割を果たし続けている（Baritz, 1960, p.45）。

　70年の間に、産業・組織心理学は、アメリカの企業にとって非常に有用なものとなった。第6章で説明するように、アメリカのビジネスリーダー

たちは、広告によって消費者を作ることに成功した取り組みの中で、フロイトの心理学を非常に有益だと考えた。心理学と産業界の連携は、心理学の知識の正当性を高めることにつながった。初期の心理学者たちは、権力の座にある特定人たちのために歴史が提起した、特定の課題を解決することができる応答装置を作った。応答装置の要素の一つは、現在私たちが認知的、人格的、社会的スキルと呼ぶものに関する熟達的な知識と呼ぶもの、並びにそのような知識を所有する人によるサービスが社会的経済的な問題の解決のために（一時的にせよ）売買され組織化可能だという考え方である。解決されるべき問題の一つは、大衆教育であった。

　心理学と教育の提携は、今日では当然のことのように思われている。学習は、すべてではなくても、少なくとも部分的に心理学的な現象であると理解されている。教授法、学習スタイル、カリキュラム開発、評価、査定は、教育過程と制度に不可欠なものであり、教育理論は心理学と交差する実践とされている。

　20 世紀初頭には心理学と教育は提携していたが、何の問題もなかった。しかし、イデオロギー的・政治レベルで、精神病院の改善から始まった精神衛生運動が、教育や保育にも波及していった。この社会の動きから、社会や対人関係の問題は、子どもの頃の個人的な不適応の結果であり、社会管理機関（agencies of social control）が介入することで改善できると理解されるようになった。そして、私設財団は、精神衛生プログラム、特に教育プログラムに多額の資金を提供しはじめた（Danziger, 1994; Rivlin and Wolfe, 1985）。

　精神衛生運動の目的を達成するため、心理学者は（産業界と同様に）知能テストを人間の「特徴」や「性格」の領域にまで拡大していった。人事選考や不適応の評価を目的とした人格の評価と測定の手段としてテスト、インベントリー（調査目録表）や評定尺度が作られた。この新しい技術によって、心理学者はある種の知を主張することができるようになった。

　ダンジガーによれば、心理学者は、ある性格特性を具体的な数値で測定できると主張し、「一般的な社会的要求（特定の人々が特定の方法で行動すること）」を心理学の用語に変換し、再定義したカテゴリーをつくり出した。「有能」や「その逆の用語」など、抽象的な資質を作り出すために数多くの事例が集計

された。その資質は、人間の関係性にあるのではなく、自律した個人の中にあると考えられていた」(Danziger, I994, p.163)。

20 世紀前半の 20 年間で、学校は工場をモデルにした官僚的な機関へと変化した。1918 年には 48 州すべてで義務教育法が制定された。都市の工業化と移民の増加により、若者 (特に外国生まれの貧しい人々) をアメリカ文化 (特に工場の文化) に迅速に同化させる必要が生じた (Greer, 1972; Rothstein, 1994)。当時の文献では、学校の管理者を工場の経営者に、教師を産業労働者に、そして子どもたちを「生活のさまざまな要求を満たす製品を具体化し形作る」「原材料」に例えている (Rothstein, 1994, p.49)。学校管理者は、全体の「仕事の効率化」を達成しようと努めた (Danziger, 1994; Napoli, 1981)。そのためには、「無駄な時間」を減らし、物理的な空間を合理的に使用できるようにし、生徒を分類した。そして、異なる教育プログラムを受けたグループを比較し、自分たちの介入が正当であると証明する方法を必要とした (Danziger, 1994; Rivlin and Wolfe, 1985)。

心理学者はその社会のニーズに応えるために準備をしていた。陸軍の知能テストプロジェクト (結果は不十分だったが) や性格検査の期待からすでに正統性を得ていた心理学はすでに小規模ながら学校と関わっていた。1890 年代には、心理学者は教師と協力して大規模な国勢調査のような子どもの調査を行った。これらの試みでは、科学的に認められるような結果を得ることができなかったものの、心理学と教育のつながりがあることが世に広がった (Danziger, 1994)。

心理学者は、学校管理職のマネージメントのニーズを満たすために、新しい調査方法を開発する必要があった。実験室での実験も、知能テストや性格テストも、彼らの難しい課題に対応することができなかった。そこで、子どもたちのグループを作り、異なる指導条件の下に置き、介入の前後で子どもたちの能力を測定することにした。このアイデアは、イギリスの学校監察官ウィンチ (W.Winch) によるものとされている (Danziger, 1994)。学校という環境は、このようなグループ化と測定を行うのに適しており (すでに大勢の子どもたちが管理された状況でグループ化されていた)、心理学者たちはシステマティックに操作できるので都合がいいと考えた。さらに、心理学の進化

にとって重要なことは、学校の環境が実験室での実験と共通の特徴を持っていたことである。グループに分けて行う調査が研究に持ち込まれるまでにそれほど時間はかからなかった。これが、今日の心理学研究の柱となっている実験群や奇抜な統計処理の起源である。

　学校でも実験室でも、人間の行為は能力（出力）に変換され、人間のある能力として測定された。その能力はすぐに「学習されている」や「忘却されている」といった抽象的なものとして一般化された。このように（実験室で生まれた）実験方法と（知能テストで生まれた）データの集計が融合したのは、能力を測定するのに役立ち、実践的だったからである。確かに、工場化された教育システムは、管理上のニーズを満たすために設計され、成功した。しかし、学校の中での研究は、それぞれの学校独自の課題、規則、権限といった学校システムの制限の中で行うことになる。明らかに、いろんな制限が伴う。心理学実験室で行う研究とは状況が違うのだ。

　　　安全な大学の研究室で比較的ありふれた実用的な問題から始まった一種
　　　の実験が、人間をコントロールする全能の科学という空想を維持するた
　　　めの手段へと発展していった。野心的なアメリカの心理学者にとっては、
　　　さまざまな条件の下で学校の課題をこなす子どもたちのパフォーマンス
　　　は、人間の行動全体に現れる一般化された「学習の法則」の一例にすぎな
　　　かった。このような信念があったため、彼らはその実用性と有用性を証
　　　明できたとする実験スタイルを使い、実験の結果を再解釈し続けた。だ
　　　から、彼らは今もなお、行動の基本的な法則の性質に関する証拠を提供
　　　しつづけているのである。　　　　　　　　　　　　（Danziger, 1994, p.115）

　教育の効率化と科学に基づく自然科学的な心理学で最も成功した研究者の一人がエドワード・リー・ソーンダイク（Edward Lee Thorndike）である。ソーンダイクは、同時代の研究者の多くと同じように、陸軍のテストプロジェクトで信頼を得た。1915 年に現在の保険会社のメットライフの人事テストを開発するなど、産業界にも関与した（Baritz, 1960）。（彼は、適正検査委員会（the Committee on Classification of Personnel.）の議長も務めていた）。ソーンダイク

は、1920 年代から 1930 年代にかけてコロンビア大学の教職大学院の教授を務めており、学校関係者とのつながりが強かった。またダンジガーが「数量化の形而上学」と呼ぶところの宣伝を、学術誌だけでなく大衆紙でも行っていた。ソーンダイクは、測定は事物の本質的な性質である、つまり、「存在するすべてものものは、何らかの量で存在する（Danziger, 1994, pp.146–147 を引用）」と考えた。ソーンダイクの研究は、心理学の中で学習における定量的心理学という新しい学問分野の確立に大きく貢献した。

心理学的パラダイムの確立

　知能テストがどんどん生産され、洗練され、精巧になったことで、心理学にとって不可欠となる概念や方法論が作りかえられていったと指摘する心理学の歴史家がいる。彼らによると、そのことが、心理学のパラダイム（それは心理学の神話／作り話）を確固たるものにしていった。まず、個人差の概念が、個人を定義するのとは違った方法で再概念化された（Burman, 1994; Danziger,1994; Soldz,1988）。個人はもはや、独自の資質（独特の能力や一般的な意味での資質）によって特徴づけられなくなった。今では、個人の能力は、グループの平均値との相対的な関係で定義される。つまり、個人の特性は、その人が何をしたかではなく、他の人がどのようなパフォーマンスをしたかで決まり、他の人と共通する資質が個人の特性を決定する基礎となった。科学的にある個人についての知見を出すためには、その個人を他の人と比較するのである。

　20 世紀前半の 20 年間に心理テストは実施され、普及していった。それは、人間の一側面を、知能という概念によって客観的で測定できるものとして定着させた。現実を測定することができるという考えは、新しいものではなかったが、このプロジェクトによって科学的な評価を得ることができた。心理学で、行動主義が主流になっても、知能を固定的に捉え、測定可能であるという考え方の影響は、それを応用する「専門家」の間でも、一般の人々の間でも、決して弱まることはなかった。1994 年に出版されたハーンスタイン（Herrnstein）とマレー（Murray）の『ベルカーブ：アメリカ生活における知能と階級構造　The Bell Curve : Intelligence and Class Structure in American Life（未

邦訳)』をめぐる論争は、その影響力の大きさを示している。

　生まれか育ちかという論争を引き起こしてきた、知能と知能テストの実践
は、社会的な構築物である。テスト推進派と行動主義者は、一般的に政治的・
道徳的意図から、人間の本質を構成するものについての概念的な見解、調査
方法に至るまで、すべてにおいて対立する存在として登場する。確かに大き
な違いが類似点もある。それは、心理学的な研究主題の構築、すなわち、「研
究対象の構築」において、ある実践で見られた知見が他の実践でも変化なく
見られること(それは、人間を研究するとは正反対のこと)を必要とする点で
ある。

　知能テストは、個人差を研究する新しい方法となり、さらに、人間をどの
ように評価するのかという新しい概念も生み出した。これらの考えは、性格
テストにも適用され、さらには、行動主義の「より科学的な」実践にも継承さ
れた(後述するように、精神病理学の研究にも適用されたのだ)。制限のある
環境で見られた人間のパフォーマンスを個人資質として評価することも、行
動主義や機能主義といった考えも、すべて新しかった。知能テスト担当者も
行動主義者も、コントロールされた条件下で、人間に刺激を与え、それに対
して見られた反応から、人間を理解することができると仮定して研究活動を
行った。

　当時行われていた人間の研究に、脳の大きさを測ったり、体型で分類した
り、筆跡や表情を読み取ったりするものがあった。その根底には、心と体が
つながっており、さらに神経や体の構造が人間の性格や能力に現れるという
考え方があった。一方で、知能テストやオペラント条件付け実験では、その
ような心と体の関連性(一体性)を前提としない。さらに、ある状況下で人が
どのように作用するかを見ることで、人間の能力(一般法則)を明らかにでき
るとしている。この発想の転換が、現在の社会における能力評価に与えた影
響は計り知れない。

　この能力評価はどのようにして普及したのだろうか。サメルソン(Samelson,
1979)は、知能テストが現代の心理学的パラダイムの形成に寄与したもう一
つの道筋を示した(実際に彼は私たちがするような関連性を示してはいない
が)。サメルソンは、1920年代に行われた2人の心理学者——ボーリング

(Boring) とブリガム (Brigham) の論争について述べている。ボーリングは、心理学者が知能をどのように定義しているかを調査するためブリガムの研究をレビューした。そこでわかったことは、ブリガムは知能について二つの意味を混同していると考えた。一つは、テストの成績のみで測れる能力、もう一つはテストには関係なく生まれつきの知能とする広い定義であった。そこで、ボーリングは、ブリガムに対して、「知性の本質」については一般的に知られているため、心理学者がテスト結果から推論しているのだと批判されないように狭い定義を捨てるように促した。ところが、サメルソンによれば、そのわずか 1 年後、ボーリングは、ブリガムの優生学に基づいた報告に対する世間一般からの批判を受けて、立場を変え、知能とは知能テストが測定するものだと主張するようになった (Samelson, 1979, p.157)。

　ボーリングの心変わりは、単なる日和見主義だったかもしれない。しかし、サメルソンによれば、この出来事はのちに、心理学の最も効果的な手法の一つとなる操作的定義をいち早く取り入れたことを意味する。「心理学者は現実世界の重要な現象（知能、攻撃性、学習などその他多くの現象）について主張することができるようになるだろう。ただし、データによる実証性を厳しく追及されたなら、操作的定義によって、その追及を避けることができる。なぜなら、その概念は実験室で生成されたものだからと主張できるからである (p.158)」。

　1950 年代に科学哲学者たちは、このような場当たり的な論法である操作的定義を激しく批判した。なぜなら、心理学者たちは、哲学者や物理学者たちが長年にわたって否定してきた哲学的概念を保持していたからである。(Polkinghorne, 1983)。

　本章では、心理学の物語を取り上げ、それを分解して、心理学における調査方法や知の主張が、その時代背景の中でどのように実践されてきたかを見てきた。（構築され、商品化された）個人を分析対象とする心理学に対する既存のポストモダンの批判をまとめ、その考えに前に進めることがその目的である。今の心理学は、個人に目を向けるといいながらも、個人から目をそらしてきた、と私たちは見ている。心理学は、人間（心理学者自身を含む）の本質的な社会性や歴史性を無視し、それらを調査から排除し、自らが構築した孤立した個人に焦点を当ててきた。抽象化された個人は、操作され、規格化

され、比較されて、心理学によって構築された。心理学が作ってきた抽象化した個人というものは、これまた心理学が生産に与った、ひどく孤立し、過度に個人化され、「当たり前のように」疎外されたポストモダン文化の住人とは、かけ離れた存在である。心理学における個人という概念は、古代ギリシャの神々や現代科学の特殊性と同じように神話的なもので、それは偽りであり、完全に非発達的な話である。

　私たちは、この章を始める時、心理学はその母体である哲学からの脱却を宣言し、兄弟となる科学と同じ道を歩み始めたと述べた。ところが、心理学の個人に対する概念と個人差のパラダイムの進化を見ていくと、逆の真実が明らかになった。心理学が模倣しようとした自然科学には哲学的な前提があり、心理学はそれを採用したのである。さらにいうと、初期の心理学者は、具体化した研究対象や手品のようなテクニック（現在も使用されているが、より洗練されたバージョンの場合もあれば、そうでない場合もある）を開発したが、化学者、物理学者、生物学者たちが使う方法とは関係がない。つまり、これらの対象やテクニックは、実際、自然科学をモデルとして人間社会の現象の調査に適用したものではないのだ。だから、私たちは心理学を、見せかけの哲学であり、心理学的な形をした形而上学であると考える。

　次の第 6 章と第 7 章では、心理学が精神疾患や人間の発達をどのように構築してきたかを見ていこう。そこでも実験対象、個人差、実験群、統計的有意性、操作的定義といった形而上学的な構築物と、それらの根拠となる哲学的な前提条件を何度も見ていくことになる。

原注

1．たとえば、次のものを参照できる。イングルビー（Ingleby）の『批判的精神医学 Critical Psychiatry』1980 年代、プリレルテンスキー（Prilleltensky）の 1994 年の応用心理学の七つの分野の倫理と政治に関する実験、一次予防と社会変容におけるアルビー（Albee）の研究（1986 年）、アルビー・ジョフ・ダセンバリー（Albee, Joffe and Dusenbury, 1988）、多くのフェミニスト、アフリカ系アメリカ人、第三世界、マルクス主義の心理学者のイデオロギー的批評（例えば、Burman, 1990; Cushman,

1990; Fulani, 1988; M.Gergen, 1988, 1995; Henriques, Holloway, Urwin, Venn and Walkerdin, 1984; Paker, 1989, 1992; Parker and Shotter, 1990; Rose, 1990; Sampson, 1991; Sinha, 1986; Ussher and Nicholson, 1992; and Wilkinson and Kitzinger, 1993)。フランツ・ファノン (Frantz Fanon, 1963, 1967) とブルハム (Bulhan, 1985) による議論、特にファノンの議論は価値がある。

訳注

1．バーマン，E. 青野篤子・村本邦子監訳(2012)『発達心理学の脱構築』ミネルヴァ書房、p.54 を参考に本書の文脈に合わせながら翻訳を行った。

（岸磨貴子訳）

第6章　心理学のベストセラー

精神疾患とメンタルヘルス

　精神疾患(情動障害、精神病理学)の研究と治療、そしてメンタルヘルスの管理は、心理学者が関わってきた人間の社会的機能のどの分野よりも、個人主義の構築、疎外の正常化、古代哲学の抽象化と二元論の隆盛、そして近代哲学の合理性(体系化と説明による知識の特定)の支配に貢献してきたのではないだろうか。

　ウィトゲンシュタインは心理学の言語と哲学に特別な関心を示しており、「われわれの言語においては、その基底にひとつの完全な神話がある」[訳注1]と言及していた(1971, GB 35)[原注1]。彼は言語全般について語っていたが、直接的には、臨床心理学、クリニカル・ソーシャルワーク、精神医学、およびその他の現代のメンタルヘルス職(彼の死後にあらわれた)について語っていたのかもしれない。今や、二元論的言説——正常と異常、原因と症状、心と脳、合理的と非合理的、内的と外的、自己と他者、抑圧と表出、現実と空想——は、「私」と「他者」の日常的な経験から切り離せないものになった。ここ数十年で自己の断片化が起こり、ますます脱構築されていく文化の中で私たちが果たす社会的役割が多様化している。にもかかわらず、個体としての私たちの経験(アイデンティティ)は、他者の精神に対する「私たちの精神」という身分に依然として縛られている。そして、私たちは自分自身について考える方法をいまだに心の専門家に頼っている。

　メンタルヘルス職の言説がどれほど強力であるかは、専門用語が大衆文化の一部になっていく速さからも明らかである。単なる特定の専門用語だけでなくフレームワーク全体が様変わりし、最近では、病気の比喩は欠陥障害の用語に取って代わっている。統合失調症とうつ病(現在、神経精神医学と遺伝生物学の管理下にある)を除くと、近頃は日常会話の中でも感情や精神状

態は、苦痛や病気と同様に、欠陥（例えば「注意欠陥障害」）や損傷（例えば「多動性」や「共依存」）という言葉で表現されることが多くなっている。

　しかし話を先取りすると、病気、健康、障害、欠陥など、この種の精神状態をもたらす数十億ドル規模の産業——アメリカで最も多くの専門家を雇用している——の始まりは、非常に卑しいものであった。

　精神衛生運動とフロイトは、さまざまな方法で、それまでに存在していた正気と狂気の厳密な二分法に異議を唱えた。情動性、パーソナリティの発達、行動の性質に関して批判的に疑問を投げかけたのである。その運動とフロイトはともに、約 100 年前までヨーロッパや北米で「狂人」が扱われた非人道的な方法に代わるものを生み出す企てに貢献した。私たちの多くは、狂人が大衆から隔離され、閉じ込められ、しばしば鎖につながれた精神病院の恐ろしさをよく知っている。だからといって、誰も深刻な情動的苦痛の改善について考えたり、取り組んだりしていなかったということではない—— 19 世紀末までは運動に匹敵するものがなかったのである。

　狂人に分類される人が増え、彼らを隔離する（後に治療する）ために建てられた精神病院の規模が大きくなるにつれて、狂人の治療法への関心も深まっていった（Magaro, Gripp and McDowell, 1978）。例えば米国では、1860 年に約 2 万 4 千人と推定された狂人の人口は、わずか 20 年後には約 10 万人にまで増加した（ヨーロッパのように狂人とともに貧困者も収容することが一般的になりつつあった）。1850 年代に精神病院長協会（施設の管理者）がどの精神病院も 250 人以上収容してはならないという申し入れを出したにもかかわらず、ニューヨーク州のウィラード精神病院は 1865 年に 1,500 床で開業した。この申し入れはおそらく、20 年の間に 1 万人もの患者を収容するために建てられた全国の州立病院によって影を潜めた（Magaro, Gripp and McDowell, 1978, pp.26–41）。

　精神病院は、原則的に患者が道徳性や精神性を回復するための静かで穏やかな空間とされていたが、実際には束縛、剥奪、処罰の場所であった。狂気に対して理論的には二つの異なる視点が共存していた。一つは、悪化した脳は修復できないというもの。もう一つは、環境の圧力によって一時的に損傷された心理的プロセスは、その人を環境から隔離し、正気を回復するように

条件を操作することができる場所に置くことで好転できるかもしれないというもの。しかし、二つ目の視点に関する次の引用が示すように、[精神病院が]穏やかなものではなかったことは明らかである。「不適切なつながりを断ち、適切なつながりを回復する。人道的な監視のシステムが採用され…医師と看守の権力は絶対的であるということを狂人に納得させ(なければならなく)…他の狂人の前で有無を言わさず不服従を罰し…(回復期には)自由を制限でき…農業の仕事を始める」(Magaro, Gripp and McDowell, 1978, p.27)。

　クリフォード・ビアーズ(Clifford Beers)の『わが魂にあうまで　A Mind That Found Itself』が1908年に出版されたのを機に、精神衛生が注目されるようになったと言われている。ビアーズはイエール大学の大学院生で、躁うつ病の症状のため精神病院で3年間を過ごした。コーヴェル(Kovel, 1980)などによると、ビアーズが病院内での虐待を暴露したことによって(マンハッタン州立病院の精神科医アドルフ・マイヤーの助けを借りて公表された)、精神衛生運動が起こり、米国公衆衛生局を通じて精神科医と国家権力が関係を持ち始めた。ときを同じくして、不全麻痺の原因は梅毒であり、ペニシリンによって治療可能であることが発見されたことをきっかけに、医学的アプローチも台頭した。当初、医学は深刻な精神障害の原因と治療法について何の疑問も持っていなかった。その後40年の間、精神疾患に苦しむ人に対して施設管理者と医師は共同で治療し続けた。患者は「保護型ケア」を受けるとともに、ますます侵襲的な実験的治療(氷浴、インスリン、電気けいれん療法、ロボトミーなど)のモルモットとして扱われた。

　できて間もない心理専門職は(この)狂気とほとんど関係がなかった。一つには、精神科医が狂気の市場を独占していたのである。さらに、狂気の初期において心理学は提供するものが何もなかった。心理学は、社会的に迷惑とみなされるもの(後に巨大で非常に収益性の高い産業になるのだが)を改善する仕事を奪い合う前に、科学的正当性を確立して、アメリカの経済や社会の拡大を担っている人々へ有用性を証明しなければならなかった。これまで述べてきたように、心理学はこのことを教育や産業の分野で何とか成し遂げたことで、学術界で地位を高め続けた。

　しかし、20世紀前半のほとんどの期間、臨床心理学はまさに「醜いアヒ

ルの子」であった。心理学の三つの応用分野（産業、教育、臨床）のうち、臨床は最も規模が小さく、最も地位が低かった（Baritz, 1960; Furumoto, 1987; Napoli,1981）。臨床業務は専門職としての名声を得ず、産業心理学や教育心理学のように官僚への直接的な利益も生まなかった。臨床家は州立病院や留置所、少年鑑別所で働く傾向にあり、そこで精神科医の言いなりになって、主に心理検査を行った。臨床家の業務は同僚の心理学者から単純労働と思われていた。

　1890 年から 1940 年までの間における女性と心理学の職業化に関してフルモト（Furumoto, 1987）が行った分析では、この時期の心理学者の職業において強いジェンダーバイアスがあったことが示されている。フルモトのデータによると、この時期、心理学は他の科学よりも女性に開かれていた。すなわち、物理学や化学よりも心理学のほうが博士号を持つ女性が多く、アメリカ心理学会における女性の割合は増加していた（1917 年には 13% で、1938 年には約 22%）。女性は学問的に訓練を受けていても、女子大を除いて大学での職を得ることができなかったため、女性があらゆる分野で大多数を占めていた応用心理学の職——「男性の仕事ではない」（p.106）——に就く傾向があった。しかし、男性は教育や臨床の分野よりも産業の分野で働く（そして大学の職を続ける）人が多かった。第一次世界大戦の検査プロジェクトに参加した女性はほとんどいなかったが、男性心理学者は、政府、軍、産業界のリーダーと重要で継続的な関係を構築した。

　当初からアカデミックな心理学者と臨床家はやや緊張関係にあった。緊張を表す指標の一つは、心理学の代表的な専門組織である APA（アメリカ心理学会）内における臨床心理学者の地位である。第一次世界大戦直後、臨床部門が設けられ、検査に関心がある博士号取得者のみを受け入れた。1930 年代、臨床心理学者は APA を離れて独自の組織を結成し、その後 1954 年に再び合流した。異常心理学と心理療法の関連分野は、1946 年になって初めて APA 内に部門を立ち上げた。その部門はすぐに解体され、戻ってきた臨床心理学部門と合併した。

　精神医学の優位性、精神施設に浸透した絶望感、精神病への具体的な心理学的アプローチの欠如を考えると、心理学が精神疾患自体とほとんど関係が

なかったことはそれほど驚くべきことではない。心理学は科学的であると認められ、その功利主義的価値が認識されることを必要としただけでなく、心理学者は異常という新たな概念も必要としていた。そうでなければ、すでに精神病の専門家であると主張する人々と張り合う根拠はほとんどなかった。神経症を発明、発見したことと、それを精神疾患―メンタルヘルスのフレームワークへ組み込むことによって、心理学は専門技術を発展させる「精神状態」を手に入れた。人間の性格に関するフロイトの革命的なアイディアと、彼が開発した根治療法である精神分析によって、心の専門家の新たな市場(一般の神経症患者)が生まれた。

　フロイトと精神分析の理論が、アメリカの文化、アメリカの「精神」、そして心理学、精神医学、ソーシャルワーク、教育、文学研究のさまざまな分野に与えた影響は広く書かれている。文化アナリストの中には、フロイトの影響をいくら誇張しても誇張しすぎることはないと考える人もいるだろう。例えば、クッシュマン(Cushman, 1995)は、『自我の構築、アメリカの構築：心理療法の文化的歴史　Constructing the Self, Constructing America: A Cultural History of Psychotherapy(未邦訳)』で以下のように述べている。

　　フロイトは知らず知らずのうちに、心理療法を変革し、大衆文化の形成に影響を与え、広告論や人事管理に革命を起こし、さらには二度目の壊滅的な恐慌から資本主義を救うことに貢献し始めていた。…アメリカの資本主義はフロイトの無意識の概念を用いて、アメリカの経済の本質と文化・政治の景観を変えていった。　　　　　　　　　　　　　　(p.142)

　フロイトは1909年にクラーク大学で招待講演を行った。その直後から、精神分析と幼児性向や無意識の概念は、新聞や雑誌の記事で広がり、やがて劇場や映画にまで大衆化し始めた(Cushman, 1995; Torrey, 1992)。精神衛生運動は社会改革の取り組みをフロイトの見解に結びつけた(Cushman, 1995; Kovel, 1980; Napoli, 1981; Torrey, 1992)。一般大衆の間でフロイト主義を最も熱心に受け入れていたのは、都会の知識人や文芸界の人々であった。精神科医の中には、このような教養のある顧客に対応できるよう、精神分析者とし

て訓練を積むために精神病院を去る者もいた。他には、フロイトの概念を伝
統的な精神医学に適合させる者もいたが、一部の批評家によると、彼らは
精神分析をアメリカ化し、医療化し、無害なものにしたのだった (Cushman,
1995; Ingleby, 1980a; Kovel, 1980; Turkle, 1980)。

　それでは心理学者はどうか。定説としては 1940 年代を通じて、フロイト
は学問的にも応用的にも心理学に直接影響を及ぼすことはほとんどなかった
が (Magaro, Gripp and McDowell, 1978; Napoli, 1981; Rose, 1990; Venn, 1984)、と
きおり非体系的かつ日和見的に応用された (Venn, 1984)。相当数の臨床心理
学者がメンタルヘルスの分野に参入する頃には、フロイト主義はアメリカの
社会理論と大衆文化を一変させ、感情的な苦痛や問題を理解するための疾患
モデルが定着し (アメリカのフロイト派と非フロイト派の精神医学の両方と
も)、心理学は正当で有用な社会科学として確固たる地位を築いていた。心
理学者はいまや影響範囲を飛躍的に拡大する立場にあった。彼らは病気を私
物化し、治療し、病気に関する知識を主張することができた。心理学として
知られる偽装された哲学は、心理学の成長とともに繁栄することになるが、
心理学が受け継いだ新たな主題である異常行動は、病気の存在論のあらゆる
欠陥を抱えていた。

異常の正常化

　精神疾患・メンタルヘルスに関する近代の存在論は、フロイト理論と科学
技術モデルの特異な統合である。この統合がどのように構築されたかを見て
みると、心理学が哲学から直接受け継いだ前提条件と心理学がまねようとし
た科学の根底にある前提条件との間の弁証法的な相互作用がわかるだろう。
というのも、異常が正常化されるプロセスは、近代の個体的 (心理学的) 主体
の構築と人間の主観性の商品化に関する物語の主要な章だからである。

　フロイトはまたたく間に大衆化したにもかかわらず、フロイトのパラダイ
ムはすぐにアメリカ人の生活に溶け込んだわけではなかった。20 世紀初頭
の数十年の間に、フロイト理論の諸側面が特定の学問分野で注目を集め、諸
概念がその時々において大衆化した。興味深いことに、1920 年代、1930 年

代、1940 年代に精神施設に閉じ込められた人や、人間行動を専攻する大学
生にはほとんど変化が見られなかった。人間行動を専門とする科学者は第二
次世界大戦になって初めてフロイトの理論と実践を重視するようになった。
当初、フロイトの多大な影響は主に社会文化的な大衆現象であった（Magaro,
Gripp and McDowell, 1978）。ここでは、この変化がどのようにして起こった
のか、またそれがどのようにメンタルヘルス産業の基盤を築いたかを探って
みる。

　1920 年代に精神分析が享受した初期の人気の高まりは、その年代の性革
命と密接に関連しており、その革命に貢献した（Torrey, 1992）。革命がピーク
に達したとき、精神分析に関する大衆記事もピークを迎えていた。1930 年
代から 1940 年代にかけて、精神分析に関する記事の年間掲載率は、1915 年
から 1922 年の 3 分の 1 に過ぎなかった（Torrey, 1992, p.36）。フロイトは主に
都市部の知識人の間で人気があった。トーリーの見解によると、「ニューヨー
クの外来植物からアメリカの文化的な葛へ」（p.104）と称されるフロイト理論
の変容は、フロイトを生まれか育ちか論争に結びつけることによって可能に
なった。

　第二次世界大戦前のアメリカでは高度に政治化された二つの社会問題があ
り、それがフロイトとこの論争を結びつける役割を果たした。一つは優生学
で、もう一つは犯罪行動であった。ここではその話をするため、精神疾患（お
よび精神病、神経症、精神病院、精神分析）に関するテーマを一時的に離れる。

優生学運動

　トーリーによると、生まれか育ちか論争は主に優生学運動の盛衰を通じて
「フロイト化」され、政治的になっていった（1992, p.58）。人間行動の原因を
めぐる諸説の対立は、学術的な議論にとどまらず、世紀末の南欧や東欧から
の流入から第二次世界大戦までの間における人種と移民の問題と関係して
いた（それまでのアメリカの人種差別の犠牲者は主に黒人とアイルランド人
だった）。

　知能、人格、道徳的行動が遺伝によって決まるという信念を支持する人の
多くは、「北方」人種の優等さを信じるだけでなく、アメリカから「劣等」人種

を「浄化」することを提唱した優生主義者だった。優生学運動の指導者と支持者には、政府、ビジネス、産業、学術界の著名人が名を連ねていた。

　優生学研究協会とゴールトン協会は、第一次世界大戦の直後に設立された初期の「科学的」組織であり、最新の科学研究について議論し、それを政府関係機関（下院移民委員会を含む）に提供するという二つの目的を有していた。このような科学者と政治家による同盟の中で、ヤーキーズ、ブリガム、そしてソーンダイクなどの心理学者や、米国科学アカデミーの全米研究評議会などの準科学的な組織が再び登場する。いずれも、劣等種を制限することがアメリカのためになるという意見の有力な支持者であった(Kamin, 1974)。

　トーリー(1992)は、アメリカの指導者たちが露骨な人種差別（特に反ユダヤ主義）を行い、不妊手術と制限的な移民法を宣伝していたことを鮮明に伝えている。第1回と第2回の国際優生学会議（それぞれ1912年と1921年）の主催者は、ハーバード大学、コロンビア大学、スタンフォード大学などの一流大学の学長や、アレクサンダー・グラハム・ベルやハーバート・フーヴァーなどの著名人であった。1921年、カルビン・クーリッジ副大統領は、大衆雑誌『善き家政　Good Housekeeping』に寄稿し、「わが国はゴミ捨て場とみなされることをやめなければならない。…北方人種はうまく繁殖している。他の人種とかけ合わせてしまうと、双方とも悪化する」と警告した(p.51)。

　ヘンリー・フォード（当時の世論調査で、5人の「偉大なアメリカ人」の1人として、セオドア・ルーズベルトやトーマス・エジソンとともに選ばれた）は、自身の新聞『ディアボーン独立新聞　Dearborn Independent』を使って反ユダヤ主義を助長し、ユダヤ人を「文明を持たず…共通語もなく…どの分野でも『手に入れる』こと以外には偉大な業績を残していない民族」とみなした。下院移民委員会はこれに続いて、ユダヤ人移民は「異常にひねくれており、汚らわしく、非アメリカ人で、しばしば危険である」と断言した。出身国ごとに移民を制限する最初の移民法(1921年)を議会で制定させるのに重要な役割を果たした労働長官は、新たな移民を「ねずみ男」と表現した。その3年後には、より制限の厳しいジョンソン＝リード法が可決され、1年以内にアメリカに渡るイタリア系移民とユダヤ系移民は、それぞれ89%と83%減少した(p.55)。

　知能が遺伝的に決定され、人種と関連があるという主張の正当性は、第一次世界大戦前から大戦中にかけて心理学者が生み出したデータに基づいていた。優生主義者はこれらのデータを「純粋なアメリカ」のための議論に利用した。しかし、これまでの例で明らかなように、彼らのプロパガンダは、知能が低いとされることをいわゆる不道徳な行動、怠惰、みすぼらしさ、犯罪行動と結びつけ、数百万もの人々に対して、アメリカ市民としての権利と責任を持つには不適切であるという汚名を着せた。彼らの主張には説得力があった。1928 年には (ナチスドイツで断種が合法化される 5 年前)、21 の州が強制断種法を可決した。子どもを産むことを禁じられた人々の中には、知的障害者、身体障害者、盲人、ホームレス、強姦者、酔っ払い、てんかん持ち、道徳的・性的倒錯者などが含まれていた。その年までに、推定 8,500 人が不妊手術を施された (Torrey, 1992, pp.47–48)。

　幼児期のトラウマが大人の人格や行動を決定するというフロイトの理論は、これらの残虐な政策や残忍な行為に反対する人々の主張と一致し、強化された。例えば、先駆的な文化人類学者であるフランツ・ボアズ、ルース・ベネディクト、そしてマーガレット・ミード (元は心理学者として訓練を受けていた) の仕事の一部は、優生学者の遺伝に関する主張に反論するために使われた。人間の行動をどのように説明するかという問題は、国際的な政治情勢がますます偏向していく中で「白熱」した。環境 [育ち] の側に立つ社会科学者も自由主義的な考えを支持し、個人の自由のための社会運動家になる傾向にあった。それは社会主義者、共産主義者、無政府主義者が多く、フロイトのヒューマニズムとみなされたものに魅せられた者も多かった。優生主義者は政治およびセクシャリティに関して、公然と保守的な考えを持つ傾向にあった。

　その後 10 年も経たないうちに、優生学の流行が下火になり、優生学に対する公的支援は減少し始めた。アメリカにやってくる移民の数が減るにつれて、「劣悪種の血」の脅威はほとんどなくなった。(世界大恐慌の時には、アメリカからの移民の割合がアメリカへの移民の割合を上回っていた。)当時は大量の貧困と失業がより深刻な問題となっていた。さらに、心理学者のブリガムやヘンリー・フォードなど、運動に最も熱心で、公然と人種差別を行って

いた支持者は、大々的に（少なくともフォードの場合は明らかに日和見的に）立場を逆転させた。第二次世界大戦末期には、ナチスの残虐な行為は多くの人によって優生学の「論理的な」結論であるとみなされた——つまり生まれか育ちか論争の一方の極端な延長線上にある恐ろしい大量虐殺であった。その後数十年の間に、育ちは、アメリカが経済的に発展し国際舞台で大国へ昇格することに関心を持つ人々にとって、政治的に正しいだけでなく、政治的に有利であることが証明されたようである（Cushman, 1995; Torrey, 1992）。

神経症の大衆化—原因、リハビリ、予防

　フロイトの思想であるヒューマニズム——例えば、すべての個人（最も深刻な精神病患者以外）は幼児期のトラウマを再体験することで救われるという概念——は、個人、社会、世界の各レベルにおける進歩のビジョンと結びついていた。自身の個人的成長を追求するために精神分析を受けた知識人たちとともに、マルクスとフロイトの思想の統合を通じて人間文明の解放理論を構築しようとする運動があらわれた。

　ナチスドイツを逃れた後にアメリカに渡った約200人の精神分析者の中で最も著名なのは、すでにそのような統合に取り組み始めていたマルクス主義者であった。彼らはすぐにアメリカの政界や精神分析界に影響力を持つようになった。過激な政治や文化に特化した雑誌『パルチザン・レヴュー Partisan Review』が1934年に創刊されたことは、主要な知識人が、マルクスとフロイトの両方のビジョンの中心にある人間の苦しみからの解放は実現可能であるということを正式に認めたことを意味している。（この統合は1952年まで続き、雑誌ではスターリン主義の弾圧、全体主義およびソビエト型マルクス主義を公的に否定した。それからというもの、アメリカの民主主義を賞賛し、フロイトだけを宣伝し始めた。）

　個人の解放というフロイトのビジョンや、無意識の動機と欲動に対するフロイトの信念や、性的抑圧が遍在するというフロイトの「発見」は、これらの思想に深く影響を受けた知識人が創作した文化的産物を通じて一般に広められた。詩人、脚本家、小説家は、フロイトについて学び、彼ら自身が精神分析を受け、幼児期のトラウマ、エディプスコンプレックス、精神分析的治

療など、フロイトのレパートリーとなるテーマを自身の作品に取り入れた。トーリー（1992）は、フロイト化された文学、劇場、映画、テレビの 50 年の歴史を案内してくれる。フロイトの概念を使った最初の戯曲『太った仔牛 The Fatted Calf』が 1912 年にブロードウェイで開演された。1916 年には『抑圧された欲望　Suppressed Desires』は精神分析に関する最初の作品となった。1919 に出版されたセオドア・ドライサーの『陶工の手　The Hands of Potter』は、フロイト博士が研究していた「大きな力」がもたらす性的精神病者の行動を描いた作品であった（pp.30–31）。さらに作品は続き、フロイトをテーマにした作品を作った多くの脚本家の中で、モス・ハート、リリアン・ヘルマン、テネシー・ウィリアムズそしてユージン・オニールは、アメリカでフロイトを広めることに一役買った。

　精神病院に精神異常者と窃盗犯が一緒に収容されたように、狂気と犯罪性の結びつきは、優生主義者によってさらに残酷なものになり、解消されることはなかった。フロイトはその関係に新たな生と人間性を与えた。第二次世界大戦より前は、精神分析は主に少年院や刑務所で行われていた。フロイトは、犯罪行動は遺伝ではなく、社会的要因、特に家族関係と幼児期の経験に起因するという考えが正当かつ正確であることを示した。一部の精神科医は、犯罪行動は精神的トラウマに根差しており、そのトラウマは抑圧された性的欲望によって引き起こされ、精神分析によって治療できると捉えるようになった。1917 年、犯罪行動に対する「フロイト派のリハビリ」の先駆者であるイギリスの精神科医ウィリアム・ヒーリーはジャッジ・ベイカー・ガイダンス・センターの院長になった。このセンターはハーバード大学と提携しており、少年の非行を防ぐために設立された全国の他の診療所のモデルとなった。ヒーリーの功績としては、治療チームのメンバーにソーシャルワーカーを加えたことがあげられる。このようにソーシャルワークの実践家に「精神的領域」を開放したことは、その職業の方向性を劇的に変えることにつながった（Torrey, 1992, p.149）。

　精神分析の訓練を受けた他の著名な精神科医として、特にバーナード・グリュックやウィリアム・A・ホワイトはこの治療モデルを刑務所の成人に適用した。彼らはヒーリーとともに、1924 年に起きたネイサン・レオポルド

とリチャード・ローブのセンセーショナルな殺人裁判で証言した。トーリー (1992) が記すところによると、彼らが弁護側に立ったことは、アメリカの集団心理学に相当な影響を及ぼした。すなわち、個人が自分の行動に責任を持つという前提に疑問を投げかけることで、この問題について国民全体が注目するようになり、フロイト主義の正当化に大いに貢献した (pp.153–157)。

　この裁判は当時としては正真正銘のメディア・イベントであった。シカゴの二つの新聞社は、フロイトに読者の啓蒙のためにアメリカに来てレオポルドとローブに精神分析をしてほしいと依頼し、ギャラは自分で決めていいと申し入れたが、フロイトは辞退した (Torrey, 1992, p.154)。レオポルドとローブの弁護士は名高いクラレンス・ダロウで、主に精神医学的証拠に基づいてその二人の若者の弁護を行った。裁判中および裁判後、ダロウは科学と精神医学を刑事事件に適用することの重要性を強調した。(この裁判の 1 年後、彼はアメリカ精神医学会の年次大会のゲストスピーカーを務めた。)

　ダロウと彼の精神医学の証人は、レオポルドとローブは、幼少期の出来事によって生じた感情的な未熟の結果である彼ら自身の行動に責任を負わないと主張した。彼らは精神病を患い、同性愛関係にあったかもしれない。殺人は「病理学的に疾患のある二つの人格の奇妙な出会いによる必然的な結果」であった (Torrey, 1992, p.155 から引用)。弁護側に立った判決で、レオポルドとローブに(死刑ではなく)終身刑の宣告を下した裁判官は、彼らの生活史を分析することの妥当性と価値を採用した。これによりダロウは、精神医学と法律が最終的に組み合わさった先例を作り、精神医学に基づく弁護の有効性を確立した。その後、有罪判決を受けた重罪犯の精神鑑定がいくつかの州で義務付けられ、多くの刑務所に精神科の治療施設が設置された。もはや狂気と犯罪は、二つの別種の「遺伝的不純物」として同等に扱われることはなかった。精神医学と法律の制度は、精神異常者と遵法精神のある神経症患者の中間に位置する新たな実体──病理学的に疾患のある人格──を共同で構築した。

　このような変化が犯罪学において重要な位置を占めていたのと同じように、裁判はフロイトのパラダイムのさらなる発展と宣伝に貢献した。トーリー (1992) は、レオポルドとローブの事件が「一般のアメリカ人に精神分析の授業」(p.157) を提供したと語る歴史家の言葉を引用している。

その 20 年後、アメリカの消費者はマスメディアを介して再びフロイトの衝撃を受けることになる——今度はより身近な問題である自身と子どもの幸福に焦点を当てた。精神分析は再度、大衆向けの雑誌や新聞の主要な話題となった。トーリー（1992）によると、ヘンリーとクララ・ブース・ルースが所有する雑誌『Time』や『Life』でそれは始まった。精神分析家、著名人および一般人が、フロイトの概念を詳細に説明する記事や、治療の成功例を紹介する記事が定期的に掲載された。トーリーは、雑誌『Look』に掲載されたコメディアン、シド・シーザーの「精神分析は私に何をした？　What Psychoanalysis Did for Me」から「このような幼少期の出来事が過去のものだと自分に言い聞かせると、新しい人生を始めることができるとわかった…仕事もうまくいくようになった」（p.119）と引用している。

さらに、大衆的な現象として、子育てや神経症の予防の可能性に対する関心が急激に高まっていった。戦前から、フロイトの概念を育児に応用するという考えは、分析家の間で一部支持を受けていたが、あまり普及していなかった（Torrey, 1992）。育児や子育ての実践が広まったのは、行動学者によるものだった。

フロイト信者である小児科医ベンジャミン・スポック博士による『スポック博士の育児書　Baby and Child Care』の出版により、何百万人もの親たちの考え方と実践は大きく変わった。スポック博士のアドバイスは、親が子どもの欲求を予期してトラウマを予防できるように、赤ちゃんや幼い子どもがさまざまな状況で何を感じ、何を考えるかを言い表す形で行われた。例えば、男の子はだれでも、妹に「おしっこ」がないのか、きちんと理由を教えてもらわないと、自分の「おしっこ」に何かが起こるのではないかと心配するものだと述べられている。（読者にはその理由が何であるかは知られない。）

スポックはこのようにしてフロイトの発達観を支持した。「実社会」との絶え間ない葛藤において人間は、普遍的にもろく、精神的に突き動かされるという考えは、育児スキルのルーブリックのもとでパッケージ化され、数百万人に、最終的には全世界に広まった。（世界的なベストセラー『スポック博士の育児書』は、聖書に次ぐ売上としてよく引用される。）大人の健全な機能に悪影響を及ぼす幼少期の情動的トラウマを最小限に抑えることができるとい

う考え方は、フロイトが進歩思想と結びついたもう一つの方法である。神経症は生まれつきのものであった。それは成人期に精神分析を通じて治療することができ、嬉しいことに、ある時点までは予防可能であった。

消費者の構築

　知識人、文化生産者、そしていまでは援助職と呼ばれる人々が、フロイトの理論は有用であることに気づいたのと同時期に、アメリカのビジネスリーダーもその有用性を見出していた。知識人や専門家は、無意識を解放的な概念と捉え、生物学的に決定された普遍的な性的衝動で人間の行動を説明することには、治療的な価値があると考えた。アメリカの産業界は、典型的な実利主義と貪欲さで、無意識や衝動理論を経済的な目的のために利用した。早いところでは 1920 年代からフロイトの概念が商品の販売に使われ、人間の解放が消費主義と結びつけられるようになった。フロイトと広告が組み合わさったことで、性的衝動の抑圧と獲得衝動の表出という現代文化の二つの要請が生まれた。このようにして、モノを蓄積、所有、消費するよう自然と駆り立てられる現代の個人が構築された。

　その始まりはタバコだった。フロイトの甥エドワード・バーネイズは、広報の父として知られ、いまでも最も広く尊敬されている権威である (Fry, 1991)。1929 年、バーネイズはアメリカン・タバコ・カンパニーから、女性の喫煙を促進する広告キャンペーンの開発を依頼された (Ewen, 1976; Torrey, 1992; Cushman, 1995)。バーネイズは著名なフロイト派の A・A・ブリルと相談して、女性の喫煙を禁じるタブーを払拭する道具としてフロイトの無意識に注目した。彼らは、タバコは男根の象徴であり、喫煙は口唇のエロティシズムの昇華であることを「発見した」。バーネイズは、男性らしさの象徴である喫煙と、当時大きな社会問題となっていた女性の解放とを巧みに結びつけたのであった。バーネイズはイースターパレードの中、ニューヨークの 5 番街を喫煙しながら行進する女性デモ隊たちとともにキャンペーンを展開した。その後、「10 人の若い女性が、女性の不平等に対する抗議として、イースターの日曜日に 5 番街で『自由のたいまつ』を灯してパレードを行ったことは、全米で大きな反響を呼んだ」とキャンペーンの成功を発表した (Ewen,

1976, p.161 から引用）。

　クッシュマン (Cushman, 1995) は、現代の消費者としての自己を作り出す
上で、バーネイズの広告キャンペーンの精神分析的な要素が重要であったと
指摘している。フロイトが説いたように、官能的な満足を得られないことが
不健康であるならば、社会的に受け入れられる満足感（タバコを吸うなど）を、
社会的に受け入れられない欲求（乳を吸うなど）の代わりにすることで、神経
症を防ぐことができる。このように、クッシュマンは、喫煙は「現代文明の
圧力に対する解決策で…娯楽商品の消費を促すために、広告が最初に作り出
し、後に正当化した、数多ある『自然な』欲求と思われるうちの一つに過ぎな
いもの」として構築されたと主張している (p.156)。

　この成功をきっかけに、バーネイズは世論をコントロールして、消費を刺
激するために集団心理学の導入を呼びかけた。彼は、心理学の科学性を利用
して「大衆が知らないうちに、私たちの意志に従って彼らをコントロールし、
統制することができる」可能性を見出した (Ewen, 1976, p.83 から引用)。産業
界のリーダーにとって、彼らが達成したい支配のあり方は明確であった——
社会変革のより急進的な方法に代わるものとして消費主義を押し付け、「階級
思考」の代わりに商業的に実行可能なものとして大衆消費のイデオロギーを
植え付けようとしたのであった。

　広告と消費文化の貴重な歴史を記した『意識の指導者　Captains of
Consciousness（未邦訳）』にて、イーウェン (Ewen) は、バーネイズが 1930 年
代にビジネスリーダーや経済学者と交わした会話の中で行われた、広告を「ボ
ルシェビズムに対する答え」や「アメリカ化の基本的なプロセス」と表現し、
消費を「民主化プロセス」と称賛した議論を紹介している。デパートの創始者
であるエドワード・フィリーンは、消費を通じて人々は「自分たちの産業政府」
を選んでいるだけでなく、「常にそれに参加している」ため、消費は代議政治
よりもはるかに民主的であるとさえ主張した。イーウェンによると「産業的
に定義された市場への参加は、大衆的な政治活動の現代的な表現となったが、
アメリカの泥棒男爵を国家の社会的指導者として維持することこそが政治
活動であり、『参加』は決して支配や決定を意味するものではなかった」(1976,
p.92) という。

このように企業資本主義による心理学（特にフロイト主義の要素）の初期の利用は、社会統制を不可視なものにするにあたり、（心理的に駆り立てられ認知された）個体の社会的構築が必須の要素であったことを明らかにしてくれる。大衆心理の操作に不可欠なのは、人間の行動に関する専門知識を正当化することであった。人間が、個々人に由来する感情、思考、信念、意見に応じて、個人として、孤立した点として振る舞うことは、私たちの文化に最も深く根付いている前提である。このことは、大抵の場合、客観的事実として無意識に受け入れられている。

心理学の主題ふたたび

　20 世紀前半のアメリカ文化の変容——フロイト化——を、やや単純化しつつ、やむを得ず抜粋しながら概要を述べた上で、私たちは心理学の主題に戻る。大衆文化は異常の正常化（および人間化）を達成し、孤立した個人という社会的に構築された神話に大きく貢献した。この精巧な神話の要素——具象化された精神的対象、抽象的な精神構造、二元論的に分割され因果的に決定された関係——は文化に組み込まれるようになった。フロイトの世界観——人間は社会的に存在せざるを得ない個体生物であり、個人の行動は人間の状態から生じる、普遍的で不可避的な精神内葛藤によって説明できるというフロイトの考え——は、アメリカの社会制度に浸透していった。天から地上に降ろされた「素因」は、一人ひとりの人間の中に移された。こうして、哲学は徹底的に商品化され、生まれ変わったのであった。

　心理学のロングベストセラーを導入するための舞台が整った。国民も国家も準備万端。メンタルヘルスと呼ばれるものが社会的に認知され、それに伴ってメンタルヘルスサービスの公的な必要性が生じた。第二次世界大戦では、100 万人が精神的に軍務に耐えられないと判断されたことで、政府は精神疾患への関心を高めた。加えて、議会の公聴会では、州の精神病院の惨状が取り上げられ、何らかの対策が必要とされた。

　1946 年、アメリカ国内初の精神保健法が議会で可決された。国立精神衛生研究所（National Institute of Mental Health: NIMH）の設立を含む国立精神保

健法は、科学による精神衛生の促進を目的としたものであった。その資金
は「精神障害の原因、診断、治療に関する研究、調査、実験、証明」に割り当
てられた (Magaro, Gripp and McDowell, 1978, p.63 から引用)。その 4 年後には、
国立科学財団 (National Science Foundation: NSF) が設立された。NIMH と NSF
は正式には非軍事的組織だが、設立以来、国防総省にさまざまな形で制度的
につながりがあった。

　国民の精神衛生に新たな関心を持つようになった政府の恩恵を受けて、心
理学はますます国家と緊密な関係を持つようになった。NIMH は国内の主
要大学に助成金を出し、医学部の精神科医に加えて心理学者向けにトレーニ
ングセンターを設立した。1950 年代から 1970 年代にかけて、連邦政府は
研究、高等教育、職業訓練への資金提供にますます関与するようになり、心
理学の分野は非常に大きな成長を遂げた。学際的な立場にあったこともあり、
他のどの学問分野よりも多くの恩恵を受けたかもしれない (Gilgen, 1982)。心
理学はこの地位により、科学としてだけでなく、援助職として、また人文科
学の一つとして、連邦政府 (および民間) の資金提供の対象となった。

　国立精神保健法が制定されてからの精神衛生・精神疾患産業の発展と、そ
の中での心理学の拡大に関する統計は参考になる。1945 年には、心理学者、
精神科医、精神保健福祉士があわせて 9 千人しかいなかったが、1992 年ま
でに、その数は 20 万人まで増えた (Torrey, 1992, p.204)。認知された精神疾
患の数も同時期に急増した。1952 年に出版された最初の『精神疾患の診断・
統計マニュアル (Diagnostic and Statistical Manual of Mental Disorders: DSM)』に
は、50 から 60 の分類が記載されていた。1987 年までにその数は 3 倍に増え、
1994 年の『DSM-IV』には 200 以上の分類が掲載されている。専門職の地位
の向上と精神障害の急増に伴い、精神疾患の何らかの治療を受けているアメ
リカ人の数も増加した。1957 年には、専門的なメンタルヘルスサービスを
利用している人口の割合は 14% であったが、1977 年までに 25% を超えた
(Gergen, 1994, p.159)。ハント (Hunt, 1993) によると、アメリカ人の 3 人に 1
人は何らかの治療を受けていると推定されている。この数値には依存症や薬
物治療プログラムは含まれない。

　この拡大期において精神分析の理論はどのような位置づけであったか？

フロイトの分析は、人間とは何かについての考え方を変える上で中心的な役割を果たし、フロイト以降のほとんどすべての心理学の理論や治療アプローチが（たとえ「反動形成」としてであっても）、彼の影響を受けていた。にもかかわらず、フロイトの分析は治療法として、いわゆる大衆的人気は得られなかった。1950年代の全盛期でさえ、専門的なメンタルヘルスサービスを利用する人口の14%の内、伝統的な精神分析的治療を受けていたのは1万人に過ぎなかったと推定されている（Hunt, 1993）。

　戦後の有力な専門家集団の発展も目覚ましいものがあった。1940年代半ばのアメリカ心理学会には4千2百人の会員が在籍していた。1970年代半ばまでには、会員数は850%上昇して、4万人になり（Gilgen, 1982, p.31から引用）、1994年には、13万2千人に達した。心理学の博士号取得者が減少したこともあり、会員数の増加はピークを迎えたと言われている（Albino, 1995）。アメリカ精神医学会も驚異的な成長を遂げ、1940年代以降、10年ごとに会員数が2倍、3倍と増加した。

　心理学者の生計の立て方も、彼らのほとんどが学術的な環境で働いていた初期の頃から変化した。特筆すべきは、第一次世界大戦中に始まった心理学と軍事との密接な関係が今も弱まっていないことである。APAの報告書によると、現在、世界で最大の心理学者の雇用主は退役軍人省である（Fowler, 1995）。APA会員の内30%は学術機関で働いており（彼らの3分の1は自分の仕事を科学的な研究と説明している）、25%は医療現場で働き、3分の1は独立した実践家である（Albino, 1995, pp.622–623）。メディケイドやメディケアの支払いに対する連邦の要件、心理学者の免許に対する州規制、科学的研究に対する連邦政府の資金提供により、心理学と政府機関との間に非常に密接な関係が構築されている。心理学者の大多数は連邦政府や州政府の機関で直接働いているか、それらの機関によって仕事が大きく左右される。

　すでに心理学の訓練を受けた女性、あるいは心理学を研究している女性の数は、着実に増加している。しかし、フルモト（1987）が説明している1890年から1940年の時代と同様、女性心理学者は依然として上級職において過小評価されている。女性心理学者の増加についてAPAが表明した懸念は検討に値する。現在APA会員の42%を女性が占めているという事実は、「5年

報告書」によると、「喜びと警戒の両方をもたらしている会員の拡大」である（Albino, 1995, p.622）。ジェンダーと職業の問題を研究するために設置されたタスクフォースが報告するところによると、一方では、この会員の拡大は性差別を撲滅するための心理学の進歩を示しており、他方では、「女性が多くを占める職業に向けられた寛大な社会的態度の影響」を懸念しているのである。このような寛大な社会的態度から自分たちを切り離すため（「わたしたちは性差別主義者ではない」）、報告書ではタスクフォースの「調査結果」を次のようにまとめている。すなわち、多くの人が明らかに信じているように、専門職に就く女性が増えることで給与が下がるというのは事実ではない。むしろその逆で、女性の活躍の機会は、ある職業の給与や名声がすでに低下し始めているときに増加しているように思える。報告書では、心理学や心理学者に「性別と職業の名声との関係に関する証明されていないステレオタイプに陥らないように」と警告しており、そのステレオタイプの終焉を理解させ、広めさせないように、代わりに「証明されたステレオタイプ」を示している。(APAが「少数民族」会員と呼んでいる割合が5%と極めて低いことも、懸念を表明することにつながっている。)

　同報告書の数ページ後、APAは現在の「企業」学会が100年の間でどのように変化したかを説明している。「（それは）1世紀前に、G・スタンレー・ホール（G. Stanley Hall）と彼の同僚によって設立された、単純で科学的かつ専門的な学会とは全く異なる創造物である。私たちは、不動産開発業者となり、主要な書籍出版社となり、議会や裁判所において科学、実践、社会政策のために強力な立法提言を行う団体となった」（Albino, 1995, p.631）。私たちの考えでは、APAの現在の経営理念はここに示された歴史にしっかり根付いており、APAは誕生の瞬間でさえ「単純で科学的かつ専門的な学会」ではなかった。

分類、解釈、説明の神話創作

　心理学が産業や教育と関係を持つようになったことが、最も低俗で実利的に商品化された方法で市場や国家に適応しようとする姿勢を最もよく示しているのであるならば、科学的であるという名目のもとに、全く架空の分類学

(分類の体系)を作ろうとする心理学の意欲は、臨床心理学と心理療法の発展にこそあらわれている。「客観的な主観の科学」を作り出す取り組みは、新しい理解の方法や古い方法の変種を生み出し、その結果新しい存在論を必要とした。(そうでなければ、なぜ心理学と呼ばれる別の「科学」が存在するのだろうか?)

　しかし一見したところでは、人間の主観性を、非人間的な無生物現象や医療化された生物学的現象から区別する性質(例えば、意識、志向性、情動性)でさえ——病気は肺、肝臓、脳などにあるが、主観的な状態はたいていの場合、何かの中にあるではなく、人に属している——「客観的な主観の科学」というよりも「非現実の主観的な疑似科学」を生み出すことが多かった。このように、心理学(特に臨床心理学と心理療法)は本質的に宗教的である。モダニストの世俗宗教として機能する一方で、構造的にも思想的にも、前近代的で前科学的な(実際には前学問的な)宗教に一層似てきている。臨床心理学の架空の存在論的要素(ラベル)は、ホメロスの神々のように見え、またそのように働く——ホメロスの神々はオリュンポスの主要な登場人物で、近代主義的な科学的方法で何かが起こる理由を説明するというよりも、何かが説明されたかのようなユダヤ・キリスト教以前の宗教的な錯覚を引き起こすために、自らがより日常的な説明的言語の代りとなるのである。

　フロイト主義と科学技術の融合は心理学のフィクション化の目玉である。フロイトの世界観は(他の多くの宗教と同様に)悲観的であり、とりわけ発達的というわけではなかったが、彼の理論的表明や臨床実践は、情動的な苦痛に苦しむ人々に対する当時の治療法に比べて、疑いもなく人道的であった。私たちは、精神疾患、精神病理学、神経症、統合失調症などは科学的ではなく、本質的に道徳的なカテゴリーであると主張する人々に賛同する(例えば、Goffman, 1961; Ingleby, 1980b; Szasz, 1961)。とはいえ、これらは狂気や精神異常に比べれば、より人道的で道徳的なカテゴリーである。フロイトの認めるべき功績として、彼は「狂人」を市民社会に連れてきて(Deleuze and Guattari, 1977)、狂気と認定された彼らを他の人々から引き離すために作られた壁をある程度まで崩したのである。

　とはいえ、フロイトは自身を科学者とみなし、自分の仕事を科学であると

考えた。彼は晩年、精神分析を神経症の治療法としてではなく、人間性や文明の一般理論として提示する傾向にあったが、この変化は医療から離れることであり、科学から離れることではなかった (Timpanaro, 1976)。フロイトの精神内構造(イド、自我、超自我)に関する新たな存在論は、哲学、その強力な子孫である現代科学、そして未発達な社会科学である心理学、それらの認知的・認識論的バイアスを、主観性と情動性の領域に単純に拡張しただけであった。そのため、すでに広く受け入れられていた、カントの合理主義的で演繹的なカテゴリーに完全に一致していた。意識(例えば、話し言葉)と無意識(その背後にある力動)について、フロイト派の関心は、現象とそれを生み出すとされる構造的要因との想像上の体系的な関係の中に現象(およびそれらを説明するために使用される言語)の理解を位置づけた構造主義科学と完全に合致していた。

　フロイトの新しい分析方法である解釈は、主観性の理解のために特に必要であるとフロイト自身が考えた方法であったが、科学の基本的な教義に反していた。フロイトは解釈法によって、経験主義的で実証主義的な説明の概念に代わるものを効果的に作り出し、自らの科学的世界観を無意識に否定した。アメリカの精神医学と心理学は、典型的なアメリカの起業家精神に基づいて、解釈法とフロイト理論を実証主義的パラダイムに何とか取り入れた。結果として、主観性と情動性の対象化(実際はフィクション化)と医療化が行われた。フロイトの方法的矛盾は、まず実証主義的に医療化された精神医学と、のちに実証主義的な行動主義心理学と、臨床的に融合することによって「解決」された。

　しかし、すべての心理学者や精神科医が、人間の生に特有の主観的特徴を否定すること、例えば、意識を否定することによって、その矛盾を解決しようとしたわけではなかった。特に多くの臨床家(心理学者に加えて心理療法家やソーシャルワーカーも)は、心理学を医学、神経学、行動科学、生理学など他の既存の体系に還元することを選択しなかった。その代わりに、彼らは明らかに架空の実体を一層生み出した。事実上、彼らは新興宗教内のさまざまな宗派の人道主義的な司祭となった。近代後期における神話創作の構造が最もはっきりとあらわれているのは、まさに臨床家の実践的な仕事である。

「精神疾患の神話」は、ポストモダンの観点からすると、心理学自体の神話・デマ（解釈的、分類的、説明的な疑似科学）に比べたら見劣りするようにみえる。皮肉なことに、「純粋な」臨床心理学（他の体系や学問領域に汚染されていない心理学）を研究すると、（明らかに侮辱的で実証主義的な意味で）形而上学が浸透していると思える。私たちの考えでは、心理学のポストモダン化（心理学であるという神話・デマの脱構築と、非哲学的、非体系的、非科学な方法の実践の構築）には、（ウィトゲンシュタインが哲学的精神疾患を抱えた哲学を治療しようと目指したように）心理学の哲学が患っている精神疾患を治療し、科学的心理学を放棄し、そして非解釈的、非分類的、非説明的アプローチを創造することが必要である。

[分類]

しかし、心理学を完全にあるいは部分的に医学に還元させようと楽な道を選ぶ人でさえ、形而上学的な問題がないというわけではなかった。フロイトを「医学化する」とは何を意味したのか？　この問いには別の問いも伴う。医学とは何か？　近代医学の社会構成主義的、活動理論的な分析は本書の範囲を超えるけれども、ミシェル・フーコーによる医学と病気の社会文化的歴史を概観することは役立つだろう。私たちの考えでは（第 3 部に先んじて）、哲学の病気を治療するには（十分条件ではないが必要条件として）、その言説を脱構築し再構築することが必要である。この活動において、フーコーの『臨床医学の誕生：医学的まなざしの考古学　The Birth of the Clinic: An Archeology of Medical Perception』が非常に役立つ。

フーコーは初期の仕事（1963 年にフランス語で最初に出版された）において、18 世紀後半から 19 世紀初頭のフランスでブルジョア階級の台頭に伴い、文化、政治、経済が大きく変わっていく中で、近代科学的な医学が誕生したことを明らかにした。この魅力的な歴史は、医学がどのようにして「医学より以前は数学的思考だけが持っていた哲学的密度を帯びた」（p.198）のか、病気の認識と治療が変容するにつれて、病気についての新しい言説がどのように社会的に構築されたのかということに焦点があてられた。

近代医学は病気を個人の中に位置づけているが、これは常に真実とは限ら

ない。フーコーが発見した 17、18 世紀の比喩的な記述には、不変の法則や
本質が述べられていた。そこでは病気は、(植物のような) 予測できる生命過
程をたどる自然発生的な現象であり、おそらく「たまたま」個人の人体に生息
しているにすぎないものであった。近代的な (解剖学的な) 方法への移行は病
気の対象化を通して生じた。フーコーによると、その変容は、認識と言説、
見ることと言うことの関係、つまり彼がまなざしと呼ぶものにおける記念碑
的な認識論的変化を意味していた。近代臨床医学の起源は、受動から能動、
目に見えるものだけを見ることから見えないもの (見えるが見えないもの) を
見ることへのまなざしの変化にあった。

　フーコーは医学的知識の構築で起こった認識の変化について述べている。
例えば、病理学的現象の要素は、諸症状の植物学的な分類から病の徴候の文
法へと再構築された。組織は分離、検査され、病気は身体の一部に位置づけ
られ、その原因と結果は三次元空間に求められた (p.xviii)。病気や疾患に関
する科学的に構造化された言説は、このように見ることの新しい方法を伴っ
た。まなざしを通した病気の対象化——これまで目に見えなかったものや話
すことができなかったものを明らかにすること——は、新しい領域に言葉を
開いた。「見えるものと言いうるものとの間に、客観的な基礎のある、恒常的
な相関づけを行なう領域である。この時に至って、科学的陳述の、完全に新
しい慣用語法が規定された。それは、経験というものの、色彩ゆたかな内容
に対して忠実であること、無条件的に従順であること、という慣用である。
——すなわち、見えるものを言うこと。」(p.196)^{訳注 2}

　対象化された病気の言説は、近代医学の構築において起きた変化の一つに
過ぎなかった。フーコーは、フランス革命中やその直後に診療所と病院がど
のように再構築されたかについて説明している。そこでの変化は、最終的に、
今日における健康、疾患、病気、治療の制度や制度化された意味を生じさせ
た。ここにおいて、診療所、病院、その他の施設での病気の治療法の基礎と
なる社会契約が生まれ、病気の政治的で哲学的な対象化が始まった。

　このときから、「医務官」と「医師」が区別されるようになった。医務官とは
実践家であった。つまり、彼らは人々を治療したが、理論を必要としなかっ
た。何をすべきかを模範から知る「管理された経験主義」で十分であった。一

方、医師は診療所で得た経験で理論的な訓練を補った。臨床経験のおかげで、彼ら（と診療所）にとって「まなざしとは同時に知識であって、自己の真理を支配するものであるから、たとえ一瞬の間、模範というものを利用しえたとしても、じつは、一切の模範からは自由なのである」(pp.81–82)^{訳注 3}。

　医務官と医師の新しい区別に伴って、医学的な治療や訓練の再構築が行われた。病院は人々が治療を受ける場所で、診療所は医師が訓練を受ける場所であった。この制度的な再構築は初期のブルジョア階級、リベラルな思想、そしてその道具である社会契約と首尾一貫していた。金持ちと貧困者、個人と国家、医師と病気、医師と国家の間に一連の契約関係が生まれたのである。

　政府は病院に資金を提供する義務から解放され、病院は地方自治体の管理者に委ねられた。「貧困者と金持ちの間にある義務と代償の組織は、もはや国家の法律を通過することなく、一種の契約を通して実施されることになる。…自由な同意というカテゴリーに属するものであった。」(p.83)^{訳注 4}。と同時に貧困者のための診療所という認識が道徳的な葛藤を生み出したため、病院と診療所の間で秘密の社会契約が結ばれた、とフーコーは述べている。18世紀末のその葛藤をフーコーはこのように表現している。

　　ものごとのバランスというものをよく嚙みしめてみれば、この場合、苦しむ者が当然持つ権利は、少しも損なわれているわけではないし、貧困者に対して社会が負うべきものも、少しも損なわれていはしない。病院の領域は…一般に人間を普遍的な困窮に結びつける契約—それはひそかなるものではあるが、切実な契約である—のゆえに、この領域には、たくさんの義務や道徳的制約が存在するのである。病院において、医師が一切の遠慮を捨てて、理論的実験をするようなことがないとすれば、それは病院に一歩足を踏み入れると共に、彼が或る決定的な精神的経験をするからなのである。この経験が、義務という閉ざされた体系を通して、医師が一切の制約もなしに実践することを制限するのである。　(p.84)^{訳注 5}

　では診療所はどうか？　これらの訓練所では、「知識の利益」が「患者の利益」よりも優先されるのか？　フーコーは次のように尋ねる。「知るために眺

めること、教えるために呈示することとは、暗黙の暴力ではなかろうか。人に見せられることを求めているのではなく、苦痛を和らげてもらうことを求めている、悩める肉体に対する暴力。しかもその暴力は沈黙しているだけに一層不当なものではなかろうか。苦痛はみせるものでありうるか。」(p.84)^{訳注6} それはありうるだけでなく、そうしなければならいとフーコーは結論づけている。なぜなら、新興のリベラルな社会契約によれば、「だれもひとりではないということの中に在る。とくに貧乏人は、富める者の媒介によってのみ、援助を与えられうるのだから、なお一層ひとりではない。病気というものは、他人がその知識、資源、あわれみによって介入しなくては治癒の見込みがないのだし、社会の中でしか病人が治るということもないのだから、ある人びとの病気が、他の人びとのための経験に転化されることは、正当なのである」(p.84)^{訳注7}。

　金持ちは貧困者を助けることで何かを得る。貧困者が治療を受けられるようお金を払うことにより、金持ちは自分が罹るかもしれない病気に関する新しい知識を増やせる可能性が高まる。このように、「貧困者に対する慈善は、金持ちに適用されうる知識に変わるのである」(p.84)^{訳注8}。

　フーコーは、金持ちと貧困者が臨床経験の組織化に参加するための契約の条件をまとめている。

　　経済的自由の体制の中で、金持ちの関心を惹きうる可能性を、病院はこうした条件の中に発見するのである。この臨床制度は、一方の契約者を次第に入れかえる方法となる。貧乏人の側からいえば、これは金持ちが病院の資本化に同意して払いこんだアンテレ（関心、利子、利益）なのである。このアンテレということばは、いろいろな意味で理解されなくてはならない。これはうめあわせの意味を持っている。つまり学問にとっての客観的利益というものもあるし、金持ちの生命的利益もふくまれているからである。病院が個人的な発意にとって利得をもたらしうるものとなるのは、そこに救いを求めてやってくる病人が、眺められるべき対象とされる瞬間からのことである。臨床のまなざしのおかげで、援助するということは、ついにはひきあうこととなるのである。(p.85)^{訳注9}

　診療所と臨床経験（臨床のまなざし）により、個人に関する科学的に構築された言説が可能になった、とフーコーは主張する。今や言説の対象は、客観性を失うことなく言説の主題にもなりえた。この新しい言説が新しい存在論と新しい認識を作り上げた。知ることができる領域が広がり、それまでは知ることができなかったもの（個人や見えないもの）が含まれるようになった。知識を生み出す手段も拡大した。活動的であると同時に疎外的な（真実の源を）知る方法であるまなざしを通して知ることができるようになった。個人の身体内の病気を特定するために、身体、すなわち継続的な生命過程から病気を分離させた。［診察での］医師の最初の質問は、「どうしたのですか？」から「どこが具合がわるいのですか？」（p.xviii）に変わった。この変化に、診療所の営みとその言説全体の原理が捉えられる、とフーコーは述べている。

　このようにして、身体的な病気は近代の思想において、政治的かつ哲学的に対象化されるようになった。カントによって成文化されることになる客観性のパラダイムが構築されつつあった。見られるものを言うことは、同時にそれを示すことでもある。他の再構築と再定義とともに、客観的な病気の言説は、知識の一形態として臨床経験の構築にとって重要であった。

　19、20 世紀の間に、臨床経験、すなわち「知識でもあり、まなざしでもあったもの」はどうなったのか？　それを、ゴフマン（Goffman, 1961）は、病院や精神施設などの 20 世紀半ばの「全制的」制度を社会学的に分析した『アサイラム：施設被収容者の日常世界　Asylums』で、医師（精神科医）が診断にさらなる正当性を与えるように訴えた「魔術的性質」と呼んだ（p.370）。身体はサービスが提供される所有物として構築され、精神もそうであった。精神科の患者は「精神医学的サービスを施しうるような種類の対象になる、ということだ。患者にされることは、サービスを提供しうる対象に作り変えられるということである。ところが皮肉なことに、一度そう作り変えられるとほとんどサービスが得られなくなるのだ。」（p.379）[訳注 10]

　臨床のまなざしは身体から精神に拡張され、身体から分離された。精神状態に関する科学的に構造化された言説は、精神医学の知識を構築・構成する。精神科医は自身が見るものを言うことによって（精神に関する真実を）示す。そうすることで、現代の精神科医は——神父のように——かなりの解釈

の自由度を有している。精神医学の知識は証明や反証することができないが、精神科医は自分で作り上げた患者の姿を、事後的に飾り付けることはいつでも可能である。全制的施設内では、まなざしは「患者の過去について一つの像を体系的に構築する手段を与えるものである。そしてこの像は疾患過程が患者の言動に緩慢に浸透し、終いには彼の言動が一つのシステムとして完全に病理的になるに至ることを立証するものなのだ。…病状に精神分裂病、精神病質的パーソナリティ、その他の包括的な名称が与えられる。すると、この病名が患者の〈本質的〉性格について新しい見方を提供するのである。」(Goffman, 1961, p.375)^{訳注11}。

　イングルビー(1980b)などによって指摘されているように、この実用的で、政治的で、主観的な観察方法は、「純粋に」科学的で客観的であると偽って表現されている。

　医学的に生まれた臨床的経験と臨床のまなざしを精神の領域に適用することで、心の哲学は医学と融合した。ゴフマンの分析は、精神状態や精神プロセスに適用されたときの対象化の哲学的前提(およびそれに付随する矛盾)を理解するのに役立つ──その前提は医学にも存在しているが一層理解しづらい。現代医学や医学化された精神医学は、心臓、肝臓、がん、多発性硬化症、精神病、妄想症、統合失調症、ナルシシズムという言葉を、科学的に構造化された言説の要素というよりも、ガーゲン(Gergen, 1994)が言うところの現実の鏡として関連づけるように説いている。しかし、精神的対象の概念は、物理的対象に埋め込まれている概念よりもいっそう強力である。例えば、「心臓病」や「多発性硬化症」を人間の本質とみなそうとする人はほとんどいないが、精神的な描写となると、私たちの文化のほとんどの人が人間の本質とみなすのである。

　想定される真実を明らかにする解釈的臨床アプローチ(経験とまなざし)は、分類と診断といった実証主義的な医療ツールを利用する。病気は交換可能で、固定的で、命名可能で、個別化されたものであり、病気の原因を説明でき、治療可能であると捉える考え方は、現代の医療施設ではすっかり支配的となった。そのため、ほとんどの人(医師と同じく患者も)にとって、このように物象化された方法で考えるのがあまりに自然になった(Feinstein,

1967）。それにもかかわらず、科学的な医学は、疑似科学的な心理学とは対照的に、人間にとって非常に価値がある。これは単に、私たちの種における科学と神話の相対的な価値の違いを示しているだけである。

　第 2 章での議論から思い出されるように、分類分析はソクラテス以前の時代からあった。世界を構成するものを特定するものである。人類は、エンペドクレスの土、水、空気、火から長い道のりをたどってきた。シェークスピアの言葉を借りると、今日私たちは、ギリシア哲学で夢見られた以上のものが天と地にあると信じている。実際、人類は、物理的領域および人間社会的領域であらゆる種類の事物を分類するために、非常に複雑な体系を進化させてきた。しかし、他の事物が世界を構成しており、さらにそれを体系的に分類できるという私たちの信念は、それを分類する社会活動とは無関係ではない。

　ここには、分類に関して何よりも哲学的に、方法論的に厄介なことがあり、また常にそうであった。社会的に構築された体系化（紛れもなく人類の文明にとって非常に有用であることが多い）は、決まって現実と呼ばれるものに関する何らかの真実に対応し、その真実を解明するものとして理解されるようになった。人間性を含む自然は、体系的であり、その分類の中で（何らかの形で）特徴づけられているように存在し機能していると思われる。しかし、このいわゆる現実との対応関係とはどのようなものか？　地図と地図に描かれている実物の間にはどのような関係があるか？　分類の根本的なパラドックスは、絵と描かれているもの、言葉と対象、分類と分類されているもの、言語と現実の関係の謎にある。

　これらの問題に関するウィトゲンシュタインの探究は特に重要である。彼は『哲学探究　Philosophical Investigations』の冒頭で、アウグスティヌスの『告白　Confessions』を引用しながら、言葉と対象の命名関係について検討している。

　　大人たちが何かある物の名を呼び、そちらの方を向くと、私はそのことを知覚しました。そして彼らがその物を指差そうとするので、彼らが発する音によりその物が意味されていることを理解しました。ですが私が

このことを見て取ったのは、彼らの身振り、すなわちすべての民族にとっての自然な言語である身振りからでした。身振りというこの言葉は魂が何かを欲したり、固執したり、拒絶したり、何かから逃げるとき、その感情を顔つきと目の動きや、手足の動きや、声の響きによって表すものです。こうして私はいろんな文の中の特定の場所である言葉が繰り返し発せられるのを聞き、その言葉がどのようなものを意味するのか徐々に学びました。そして自分の口がそうした音の記号に慣れるようになると、自分の欲求をそれらによって表現しました。　　（1953, *PI*, §1, p.2）^{訳注12}

ウィトゲンシュタインは、この考察に関する議論は、意味の写像理論、すなわち、命名としての意味、現実に対応する意味に対してメタ理論的に貢献すると示唆している。例えば、彼は次のように述べている。「この言葉は、人間の言語の本質についての、あるはっきりとした像を与えているように私には思われる。すなわち、言語に含まれる語とは対象の名前であり…言語の習得をこのように描写する者は何より、『机』、『椅子』、『パン』、そして人名のような名詞について考えているのであり、活動や性質を表す言葉については二の次にのみ考え、他の品詞については自然にわかるものと考えている」(1953, *PI*, §1, p.2)^{訳注13}。この意味の理論は、哲学（自己意識と抽象化）の出現以来、西洋思想（および言語に関する思想）において支配的であった。さらに近代では、意味と分類の写像理論は、ある程度、意味と分類のプラグマティックな理論に取って代わられた。科学と言語の哲学や、言語学、心理学で多くの議論のテーマとなったプラグマティックな観点は、クワインの「経験主義の二つのドグマ」で簡潔に述べられている。

経験主義者として、私は、科学という概念図式が、究極のところ、過去の経験をもとに未来の経験を予測するための道具であると考えることをやめはしない。物理的対象は、便利な仲介物としてこの場面に概念上導入されたものである——それも、経験から定義されるものとしてではなく、認識論的にはホメーロスの神々と比べられるような、還元されえない措定物として導入されるのである。私自身は、素人の物理学者とし

て、物理的対象の存在を信じ、ホメーロスの神々の存在を信じない。また、それとは逆の信じ方をするのは、科学的に誤りであると考える。しかし、認識論的身分の点では、物理的対象と神々のあいだには程度の差があるだけであって、両者は種類を異にするのではない。どちらのたぐいの存在者も、文化的措定物としてのみ、われわれの考え方のなかに登場するのである。物理的対象の神話が多くの他の神話よりも認識論的に優れているのは、経験の流れのなかに扱いやすい構造を見いだす手だてとして、それが他の神話よりも効率がよいことがわかっているためである。　　　　　　　　　　　　　　　　　　　　　(1963, p.44) ^{訳注 14}

　しかし、「文化的措定物」と「効率」は、それ自身が複雑な歴史を持つ文化的措定物である。過去数百年にわたる科学的分類の歴史には、写像的な正当化とプラグマティックな正当化が織り交ぜられてきた。クワインによると、科学的分類の「神話」は、認識論的に言えば、ギリシアの神々に比べて良くも悪くもないが、より厳密に定義され、より経験的に検証され、より機能的あるいは実用的な価値があるものである。近代の哲学(認識論)は、どれほど労力をかけても、「真実」と「現実」の関係の本質を決してうまく説明できない。しかし、近代の科学(さらに重要なのは近代のテクノロジー)は、自然に介入して変容させる力を証明したことで、哲学的な謎を無意味なものにするか、少なくともそれを再構築することができる。というのも、テクノロジーは科学の派生物と見なされることが多いが、ある重要な点において、科学をテクノロジーの子どもと見なすことは妥当である。例えば、近代の研究科学者の実践的な方法は、科学の自己意識的な原理から発見や発明に至るまでの完全に合理的なプロセスとして映し出されることが多い。しかし、多くの現役の科学者、技術者、研究者は、そうではないと言うだろう。創発、試行錯誤、カオス(つまりカオス理論)は、発見と発明に何よりも関係している。さらに、私たちが一般的に抱いている偉大な科学者のイメージは、科学者が発明や発見をする際に、理路整然と自分が何をしているかを知った上で行っているように描かれることが多い。しかし、近代の科学者が自身の努力について語ったり、科学的実践に関する科学哲学者と科学歴史家が説明したりするところ

によると、科学は実際にはそう行われていないのである。バートは、『近代科学の形而上学的基礎　The Metaphysical Foundations of Modern Science』(Burtt, 1954)という古典の中で、ニュートンについて次のように述べている。

> そんな人物が描いたページの中に、彼の強い知力があの目もくらむような成果を達成するのに使った方法が、はっきりと言い合わされていたら、どんなに有難かったことだろうか。それはきっと、彼ほど才能のない人々にとって、特別な啓発的な指針となったにちがいない。あるいは、彼は空前の知的革命をおし進めてあれほど決定的な結末に行きついたのだが、この革命がもつ究極の意義について精密な首尾一貫した論理的分析をしてくれたら、どんなによかっただろう。だが、私たちが彼の著書のページをめくればめくるほど、失望また失望の連続だ！　彼の方法について一般的な、しばしばあいまいな陳述がほんの一にぎりあるだけで、それも骨折って解釈し、彼の科学的伝記をしんぼう強く研究することによって補わなければならないものだ。もっともこの点では彼は、先駆者の中で最良の人、デカルトとバローに比べられても、ちっとも困らないことはたしかである。この壮大な思想運動全体の最も奇妙なまた腹立たしい特色の一つは、運動を代表する偉人たちのうちだれ一人として、自分が何をしていたのか、あるいはそれをどんな方法でやっていたのかを十分はっきりとは知っていなかったようにみえることである。
>
> （p.208）^{訳注 15}

　実際には、科学とテクノロジーは常に、認識論的に首尾一貫しているというよりも実用主義的で機能主義的であった——たとえ両者の描写がそうでなかったとしても。20 世紀になって、モダニズムがポストモダニズムに変わるにつれて、このような科学の実情がよりはっきりと露呈されるようになった。科学(活動)それ自身(およびその最も深遠な理論や原理)を科学的、分析的に検証することにより、科学という言葉と科学的活動の間に相当な隔たりがあることが明らかとなった。ウィトゲンシュタインからゲーデル、クワイン、クーン、ガーゲンに至るまで、科学は吟味され、ますますその神話的な

次元が指摘されるようになった。

　しかし、クワインやフーコーの意味において、自然科学や医学の分類が神話的であるなら——自然科学の分類と現実の対象との正確な関係性が本質的に不明瞭であるなら——、どれほど正確であっても、分類に対応しない現実および対象があると認識することは少なくとも合理的である。タルスキーは真理を対応関係として説明しているが——雪が降っている場合に限り、「雪が降っている」は真である——、真理と対応関係についてほとんど何も言えないことを示しているにすぎない。クワインにとって「物理対象」と「ホメロスの神々」が同じ認識論的立場にあるのは、このタルスキーの意味においてのみと思われる。というのも、より厳密な意味でクワインの主張は、私たちにとって何の社会的な意味を持たないように思えるためである。しかし、実践されている科学技術（歴史的活動）は、伝統的な認識論についてのものでは全くない。そして私たちにとって、伝統的な認識論は、何かについてというものでは全くないように思える。にもかかわらず、星や微生物、おそらくさらに重要なこととして、それらの運動の規則性は、何らかのものである——認識されるようになってようやく何らかのものではなくなる！　たとえ、私たちの分類方法が、最終的にそのプロセスの機能主義的な部分にすぎず、現実の正確な写像でない場合でも、それらに関わる科学技術的活動は、（実践的、関係的に）十分に現実的である。言い換えると、天文学の分類が天の正確な写像であると合理的に主張することができないとしても、星は存在し、星の運動には規則性があり、天文学には有用な分類の要素がある。結局、私たちは、私たちの目と目に見えるものの関係性をほとんど、あるいはまったく理解できないとしても（そのときでさえ）、私たちの目は何かを見るのに役立つのである。

　自然科学や医学によって構築された複雑な分類体系は、認識論的に言うと、それらが貢献した科学技術の進歩に劣らず神話的であった。しかし、精神医学、臨床心理学、メンタルヘルス職における分類の体系は、科学的にも道徳的、政治的にも非常に厄介である。精神疾患の分類神話を批評する人たちが指摘しているように、人間の主観性を分類するための客観的な（写像的あるいは実用的な）根拠は全くない (Ingleby, 1980b; Newman, 1991b; Szasz, 1961)。

精神医学と心理学の分類は、模倣しようとする実証主義科学の検証にさえ失敗している。精神医学と心理学の分類は、発見された病気ではなく、発明された病気を体系化したものである (Szasz, 1961)。その分類は、政治的な問題に対する技術的な解決策を提供し (Ingleby, 1980b)、「石油が OPEC にとって価値があるように、その所有者にとって価値がある」ものである (Schacht, 1985, p.515)。

　「物理対象」と「ホメロスの神々」の「認識論的根拠」が等しいというクワインの主張は取るに足らないことであるとしても、「精神的対象」と「ホメロスの神々」が「同じ」であるという主張は取るに足らないというわけではない。これまで見てきたようにヴント以後、心理学はほとんどすぐに実世界から離れて、現実の人間の主観的で意識的な生活活動の代わりに、自己意識的に作り上げた分類に移行した。心理学は主題（とその主体）を放棄し、操りやすく、近代科学以前の商品化された神、すなわちラベルという純粋なフィクションを作り出すことに賛同した。実利的に言えば、最も低俗な金銭的価値での成功を除くと、技術的にはほとんど、あるいはまったく成功していない。驚くべきことに、心理学はほとんど何も功績が認められていないにもかかわらず、非常に高額で自身を売ってきた。極めて卑しい需要と供給である。このすべてにおいて心理学は、事実上あらゆる点で、近代物理学より古代宗教に似ている。

　心理学は学問未満である。物理学とは異なり、自身に独立した主題がないことをすぐに認識した。そこで心理学は、近代科学を装いながら、近代資本主義の商品化された形式ではあるが、古代の擬人化された宗教のいまだに馴染みのある思想で、主題を生み出すために効率的に動いた。それは皮肉にも、（近代科学／現代科学が反対方向に動いているにもかかわらず）人間の関係的な活動を説明するために、当てにならない人型の神[ホメロスの神々]とアリストテレスの目的論に、カントの厳密な因果律を混ぜ合わせたものへ回帰するようなものである。それによって、心理学の方法は、完全に架空の主題が人間の生を本質的に非創発的なものとして扱っているにもかかわらず、擬人化されている。新しい世俗宗教としての心理学(特に、臨床心理学と心理療法)は、何も説明しないのである。中世のある思想家は、ワインを飲むとなぜ眠

くなるのかという問いに対して、ワインには「睡眠誘発力」があると説明した。心理学もまた、循環的で、利己的で、些細なことで一貫性があり、さらに重要なことに、国家、とりわけ政教分離に（少なくとも理論的には）コミットしているリベラルなブルジョア国家にとって商品化可能で有用なものである。

　心理学には主題がない。人間の主観的（意識的）で関係的な経験や、人間特有の相互作用のようなものがないという意味ではなく、そのような活動や生は、それに参加する者（人間）が行うその研究から本質的に不可分であることを意味する。星は、見られても見られなくても、おそらく「星になっている」のである。しかし、人間の場合、見る主体（認識する主体）は、自分が「自分自身」によって見られるのでなければ、意識的に見ることができない。主観性の研究は、科学であるために必要とされる道のりを達成することはできないだろう。それゆえ、心理学は、自らの存在と現金価値に卑しいまでに心酔することで、その道のりを作りだす。しかし、そうすることで、心理学は主題を「失ってしまう」！　私たちの話で言えば、科学的心理学は近代（科学）の装いをした古代宗教なのである。

[解釈]

　しかし、新しい分類の体系だけでは、新しい科学として認識されるには不十分である。科学は分類の体系を使って、何かを説明しなければならない。科学は何かを説明し予測しなければならない。皮肉にも「純粋な」心理学を守ろうとした臨床家や心理療法家といった実践者は、どのようにこの要件に対応したのか？　フロイトのさまざまな解釈方法を実践することは、人間の生の独自性に焦点を当てる手段であった。人間の行動に関する一般法則を生み出し、それを演繹的で法則的な自然科学の正式な形式に合わせた「説明」に利用することで、科学の雰囲気を保った。実際、現代の臨床心理学や心理療法の多くは、（前述したように）道徳性も混ざった、これら二つのアプローチの寄せ集めである。

　フロイトによる精神分析の発明は、解釈の神話、つまり、まなざしと神話の両方、あるいはどちらか一方を生み出した。批評家や支持者も同様に、フロイトのアプローチはフロイト自身の仕事を、科学というよりも芸術（また

は文学研究)に近いものにしていると主張している。確かに、意味(それが何を意味するにせよ)を重視することは、実証主義科学の最高の伝統ではない。フロイトは、人間の一見不可解な行動をわかりやすく(つまり理性的に、あるいは合理的に)しようとした。それにより、彼は外から見える状況(意識といった「精神的現実」を含む「現実」)と、本人が無意識的に構築した状況との間に二重性を設定した。フロイトによると、患者の思考、感情、行動は、まなざすこと(「見えるものを言うことによって、ひとに示すこと」)や、本人が気づいていない、物、人、出来事がその人にとって持つ意味を解釈することによって説明できるという。

　精神分析の主要な要素は臨床的転移であり、それは、分析者に向けられた患者の行動や感情を、患者の過去の重要な人物に対する感情が分析者に転移したものとして解釈し、意味づけするものである。精神分析の方法は、夢や「言い違い」の分析など特定の手法を用いて、その夢や言い違いから体系的な意味を収集する。あらゆる夢や言い違いは、熟練の分析者による治療の中で現れる無意識の動機や欲求に起因する。

　フロイトに対する方法論への批評は数多い。左派からは、イタリアのマルクス主義の文献学者で哲学者のティンパナーロ(Timpanaro, 1976)が、フロイトの解釈の方法とそこから導かれた理論は、反証可能性を免れているため役に立たないと強く主張している。誰かが死ぬ夢は願望充足、すなわち、その人が死んでほしいという抑圧された幼児期の欲望の隠された表現であり、自分が死ぬ夢は、罪責コンプレックスからくる罰の願望である。ティンパナーロは皮肉をこめて、夢が願望充足以外の何かであるためにはどのような特徴が有していなければならないのかと問う(p.218)。フロイトの夢の理論——ありとあらゆる反論が、(何らかの操作によって)一見ひとつの反論にすぎないように見えるように構築された——は、ティンパナーロにとって、「その構想の時点から非科学的」なのである(p.219)。

　ティンパナーロはテクスト批評の手法を使うことで、フロイトが『日常生活に於ける精神病理　The Psychopathology of Everyday Life』で分析した多くの言い違いに代替の解釈を示している。彼は、フロイトが「無意識の言語」を、それが言語であるための基準をどのように満たすのかを明示することなく解

読することについて批判している。さらに、フロイトは、「症状全体」ではな
く単一の言い違いを解釈することおいて、「単発症状から診断を下すことは実
際は不可能であるため、医師であれば誰もがばかげていると考える処置」を
犯している (p.222)。

　ティンパナーロはフロイトの理論全般、そして特にフロイトの解釈法の非
科学性を強調している。ティンパナーロが主張するところによると、精神分
析は「科学から神話へと後退し」、「現代人の自身の知識を非常に豊かにした」
が、「ダーウィンやアインシュタインよりも…カフカやジョイス」のようなも
のである。精神分析とは、「衰退の道をたどる階級の苦い洞察とイデオロギー
的な無知とを混ぜ合わせた、ブルジョア階級による自身の惨めさと裏切りの
自白」(p.224) である。私たちはティンパナーロの方法と結論に賛同するが、
人間の本質や文明に関するフロイトの表明に対してティンパナーロが受けて
入れているようなことには違和感を覚える。主に私たちとティンパナーロで
意見が異なるのは、神話的ととらえるものである。古典的な科学的マルクス
主義者であるティンパナーロは、解釈法を神話的なものにしているのは、そ
の非科学的性質と考えている。私たちは、神話を次のような哲学的、宗教的
な前提に位置づけている。それは、物自体としての分類、内と外の二元性、
合理性（意味をなすこと）、真実の対応理論（表面の物事のより深い意味）、人
間の行為を完全に説明しようとする必要性である。フロイト主義は実証主義
的に医療化された精神医学との融合のために、このような哲学的（私たちの
考えでは形而上学的）抽象化を持ち込んだ。

　解釈と転移は宗教のものであり、完全に疎外された文化の中で商品を理解
するために必要な、いまだに宗教的な経済的世界観（資本主義イデオロギー）
を含んでいる。それは結局のところ、完全に疎外された社会の生産物を、そ
の生産過程から切り離された主観的な方法で「見る」のである。しかし、人間
の生は本質的に関係的なプロセスである。それゆえ、フロイトの解釈方法は、
現実を偽るのに非常に優れた方法である。というのも、資本主義の下での現
実も同様に、「通常の精神状態」としての転移によって偽装されているのであ
る (Newman, 1983)。しかし、それではいきいきとした生を説明することがで
きない。

［説明］

　これまで見てきたように、科学的心理学は科学的な説明の形式に関心があった。心理学者は、例えば、医学的なまなざしに基づいたノウハウとは対照的に、心理学は人間の機能を支配していると思われる一般法則を発見することができ、また発見するだろうと大げさに主張した。これらの法則は、心理学者が発明した心理検査や心理学実験などの研究実践で明らかになった。データ要素の相関、パターン、集計には説得力があると言われた。つまり、個人の問題解決行動や性格や知能は、その人が行った特定の課題のデータと他の人のデータとを比較することによって説明可能であった。行動は法則的であり、その法則は数字の中に見出すことができた。この「統計学的形而上学」（Kvale, 1992）は、心理学の説明的な神話（「睡眠誘発力」を惹きつけるようなとても魅力的なもの）の一つである。この種の説明的な神話は、実際には何も説明していないが、何らかの現象を説明していると主張する。その説明的な神話は中身がなく、しばしば同語反復的であり、最終的には無に帰す。先ほど述べたように、「ワインには睡眠誘発力がある」と言うことは、ワインを飲むと眠くなる人がいるということ以外には何も言っていない。「説明」はワインに対する理解を深めるものではなく、睡眠誘発という言葉がもたらす疑似科学的な信憑性という宗教的な雰囲気だけが漂っているのである（Newman, 1991b）。『DSM-IV』のあらゆる記述が説明として扱われるような、過度に心理学が行き渡った文化では、説明の神話に気づくことが大変難しい場合がある。さらに心理学は、分類を担う分類学的構造（例えば、糖尿病）と説明を担う分類学的構造（Newman, 1991b, pp.128–129 を参照）との区別を曖昧にすることに成功した。例えば、「依存」を説明的神話として認識している人がどれほどいるだろうか。あるいは、「IQ」（82、102、182 のどれであろうと）や「χ は5％水準で有意である」を説明的神話とみなす人はどれほどいるだろうか。

　心理学は、人間の行為と精神状態や活動との間に生じる法則的な関係を説明するという哲学が担ってきた仕事を引き継いできた。この事業はいくつかの根深い哲学的前提に基づいている。第一に、行為と精神の間の法則に支配された関係性を探ることは、それが存在することを前提にしている！　第二に、関係性のタイプは何らかの方法でパターン化され、法則的であり、規則

に支配されているという前提である。第三に、前提となるパターンの最も一般的なタイプは因果関係である。つまり、人の行動はその原因を発見することで説明できると考えられている。

　ヘンペルが「歴史における一般法則の機能　The Function of General Laws in History」で仮定した、いわゆる歴史の一般法則（心理学の一般法則でもよい）を思い出してほしい。そのつまらなさは（例えば、「コルテスは 1519 年にメキシコを征服した」という歴史的「事実」を、「コルテスのような人々が旅をすると、彼らは…」という疑似法則を含みながら演繹的・法則的な形で表現すること）、物理学などの自然科学にみられる説明の演繹的・法則的なパラダイムを（たしかにそれ自体に問題が伴うが）、実証主義者がどこまで擁護するのかという点にあらわれている。まさに「コルテスのような人々」！　このような定式化は「睡眠誘発力」を豊かなもののように見せる。『DSM-IV』のように、「一般法則」や、その行間を読むようにほのめかす記述を人工的に作り出すことは、心理学が科学的地位を主張する上での核心部分である。しかし、これらの疑似法則は、心理学者が発見した生のパターン（物理法則が場合によっては、物理学者によって発見された自然界の認識可能なパターンであるように）ではなく、特異な「事実」を瑣末に非帰納的に一般化したに過ぎない。理解の条件を規定するものとしてのヘンペルの演繹的説明に関する主張や、デイヴィッドソンの因果関係に関する主張は、心理学が科学的であるという主張を強化しようとしてきた。しかし、ウィトゲンシュタインが論じるように、人は科学的に信じていなくても簡単に信じることができる。さらに、人は科学的、因果的、演繹的、法則的に理解しなくても、理解することができると付け加えたい (Newman, 1965)。科学は確かに理解の方法の一つかもしれない。しかし、科学は理解を理解するための適切な方法なのだろうか、さらに重要なこととして、科学は理解する者の生における活動を理解するための適切な方法なのだろうか。

　私たちの文化における地図の使用は、地図と地図に描かれている実物との間で認識されるギャップに基づいている。そのため、何も知らない子どもは、オールバニからニューヨーク市まで、地図上では「とても近い」のに、どうして行くのにあんなに時間がかかるのと尋ねるだろう。実際に地図と描かれて

いるものの間に対応関係がないこと、つまり地図の非写像的な性質こそが、
地図に表象的なガイドとしての価値を与えている。地図が描かれているもの
に似てくるにつれ（長さ 120 マイル、幅 50 マイルのニューヨーク州南東部
の地図を想像してほしい）、その有用性は比例して低下する。地図と描かれ
ているものの間に隔たり（ギャップ）があることで、認識論的には正しくない
としても、自然科学における分類の言語をより価値あるものにしている。し
かし、人間の生の基本的な関係性は、パターンや法則の認識を妨げる。人間
の生には記述可能なパターンは存在しない。なぜなら、人間の生における活
動とその研究の間には、人間の生に似せようとするフィクション（クワイン
流の単なる神話でも、私たち流の物語でもなく、ウォルト・ディズニー流の「白
人」というたわいもない嘘というほどでもないフィクション）を創作しない限
り、ギャップは存在しないからである。（「ピュア」で「ポップ」な）心理学はサ
ンタクロースの科学である。

　個人差の研究や心理検査、操作的定義はすべて、心理学が説明の神話を創
作する装置の例である。これらが生み出す「知識」は、理由や原因を説明す
るためのものであり、説明的な形式を帯びている。上述したように、フロイト
主義はある意味、究極の因果関係の説明を提供した。心の葛藤と乳幼児期の
トラウマは、成人のパーソナリティ障害や、非合理的としか思えない人間の
行動の原因となっている。解釈的（神話的）な方法によって、この包括的な説
明の神話の根拠を常に見つけることができる。

　1920 年代から 1960 年代にかけて心理学の大半で支配的であった行動主義
の視点は、フロイトの理論や実践とほとんど共通点がないように思われる。
行動主義は、真正な理論というよりも、単純な（ときには賢くもある）テクノ
ロジーであり、徹底的に反解釈的であった。行動主義で最初に功績をあげ、
その提唱者であり普及者であるジョン・ワトソンは、1913 年の時点で行動
主義の教義を次のように打ち出した。すなわち、意識ではなく行動が心理学
の主題でなければならない、心理学の方法は内省的ではなく客観的でなけ
ればならない、心理学の目的は行動の予測と制御でなければならない（Hunt,
1993）。心理学の課題には、統制された行動の観察のみが必要であった。

　行動主義によって研究対象としての行動の領域が発展し、拡大するにつれ

て、研究実践が多少変化した。しかし、その基本原理はそのままであった。最も単純な反射から最も複雑な人間の相互作用や達成に至るまで、すべての行動（行動はすべてのことであり、実質的に無意味であった）は、条件づけ、すなわち刺激と反応との関係によって説明できるというものであった。

ワトソン自身はいわゆる異常行動にある程度興味を示し、「情動的傾向」は単純な運動習慣と同じように簡単に学習できると考えていた（Magaro, Gripp and McDowell, 1978）。ワトソンの怪しげな業績の中で、おそらく最もよく知られているのは、1 歳の男児に条件づけで恐怖反応を起こさせようとした（そして成功したと思われる）試みである。白いラット（男児はこのラットに恐怖を示さなかった）を男児の近くに置いた。そして、ワトソンはハンマーを使って、男児の頭の後ろにある鉄の棒を叩いた。男児はおびえた反応をした。次に、ラットが男児の前に置かれ、その子が手を伸ばすと、再び鉄の棒が叩かれた。数か月後、男児はラットだけでなく、毛皮で覆われた他のもの（ウサギ、アザラシ革のコート、サンタクロースのマスク）にも恐怖反応を示した。男児を「脱条件づけ」させることはついになかった。これが、精神医学の分類、フロイトの精神分析と並ぶ、情動性を客観化するもう一つの手段となった。

この事件は、「被験者」に対する倫理的扱いに関して厳格に定められている今日の心理学にとって、依然として恥ずべき出来事である。おそらく、職業上の不都合を暗黙の内に認めているかもしれないが、『心理学の物語　The Story of Psychology（未邦訳）』においてハント（Hunt, 1993）は、ワトソンの性格についてもう少し詳しく述べている。悪名高い実験によって、ワトソンは最終的に学者としてのキャリアを失うことになった。それは、幼い子どもの倫理がひどく無視されて扱われたからではなく、ワトソンが自分の協力者である学生と不倫をしたことにより、当時の性的モラルに違反したからである。その後、ワトソンの妻が引き起こしたスキャンダルにより、ワトソンは解雇された。彼は後に、ジェイ・ウォルター・トンプソン広告代理店に入社して、消臭剤、コールドクリーム、タバコ、コーヒーのキャンペーンに携わり、「職場、工場、家庭で『コーヒーブレイク』をアメリカの習慣にする」ことに一役買った（Hunt, 1993, p.280）。

1920 年代と 1930 年代に、他の心理学者は条件づけの技術を使って精神病

患者の行動を変えようと試みたが、精神病の治療に行動主義が本格的に使われるようになるのは、1950 年代になってからであった。B・F・スキナーは1930 年代から、強化の随伴性がわかれば、ほぼすべての人間と動物の行動は予測し制御することができるという主張（そしてそれを証明する技術の発明）のもと、行動主義を発展させた。幼児期の情動的なトラウマがもたらす異常行動は条件づけによって変えられるという考えは、行動変容やトークンエコノミーが初期に流行した重要な要因であった。さらに、その考えは、フロイトの理論を実証主義的な行動主義心理学と両立させる手段をもたらした。

　ここに、フロイトと匹敵する壮大な説明の神話があった。人間の行動を説明するために、刺激と反応の随伴性（実際には因果関係があるが、それは否定された）という単純な法則が提唱された。行動主義が科学的心理学のすでに有力な神話・デマに追加したものは、制御と予測可能性によって理解が得られるという考えであった。

　実験動物の行動に関する業績と複雑な人間の行動への行動主義の技法の応用に支えられ、スキナーは『言語行動　Verbal Behavior（未邦訳）』(1957) で行動主義について非常に思索的な主張を展開した。その 2 年後に出されたチョムスキーによるこの本の書評は、心理学や心理学の哲学の多くの人にとって、体系的な科学理論としてのスキナー派の行動主義の終焉を告げるものであった。チョムスキー(1959)は、スキナーの概念を文字通り受け取ると言語行動に関係なく、また、比喩的に受け取ると既存の定式化に何も追加しないことを体系的に示した。確かに、行動主義は人気があり、「科学的な心理学」のメタファーとしても続いている。しかし、20 世紀の終わりが近づくにつれ、心理学を批評する多くの人々は、フロイトの解釈主義もスキナーの投機的な行動の一般化も、心理学を科学にするものではないと考えるようになった。科学的な心理学は存在するべきか、あるいは存在しうるのか、ますます疑問視されるようになった。

原注

1. 哲学の文献では、ウィトゲンシュタインの著作をタイトル（略称）および段落または はページで引用するのが慣例となっている。私たちはそれに加えて、使用する特定の版の出版年を追加した。省略した文章の完全なタイトルは引用文献にある。

訳注

1. ウィトゲンシュタイン，L. 大森荘蔵・杖下隆英訳 (1975)『ウィトゲンシュタイン全集第 6 巻　青色本・茶色本／個人的経験および感覚与件について／フレーザー『金枝篇』について』大修館書店、p.406 を引用した。

2. フーコー，M. 神谷恵美子訳 (2020)『臨床医学の誕生』みすず書房、p.322 を引用した。

3. フーコー，M. 神谷恵美子訳 (2020)『臨床医学の誕生』みすず書房、p.147 を引用した。

4. フーコー，M. 神谷恵美子訳 (2020)『臨床医学の誕生』みすず書房、p.149 を引用し、一部変更を加えた。

5. フーコー，M. 神谷恵美子訳 (2020)『臨床医学の誕生』みすず書房、p.149 を引用し、一部変更を加えた。

6. フーコー，M. 神谷恵美子訳 (2020)『臨床医学の誕生』みすず書房、pp.150–151 を引用した。

7. フーコー，M. 神谷恵美子訳 (2020)『臨床医学の誕生』みすず書房、p.151 を引用した。

8. フーコー，M. 神谷恵美子訳 (2020)『臨床医学の誕生』みすず書房、p.151 を引用し、一部変更を加えた。

9. フーコー，M. 神谷恵美子訳 (2020)『臨床医学の誕生』みすず書房、p.152 を引用し、一部変更を加えた。

10. ゴフマン，E. 石黒毅訳 (1984)『アサイラム：施設被収容者の日常世界』誠信書房、p.377 を引用した。

11. ゴフマン，E. 石黒毅訳 (1984)『アサイラム：施設被収容者の日常世界』誠信書房、p.373 を引用した。

12. ウィトゲンシュタイン，L. 鬼界彰夫訳 (2020)『哲学探求』講談社、pp.20–21 を引用した。

13. ウィトゲンシュタイン，L. 鬼界彰夫訳 (2020)『哲学探求』講談社、pp.20–21 を引用した。

14. クワイン，W. V. O. 飯田隆訳 (1992)『論地的観点から：論理と哲学をめぐる九章』勁草書房、p.66 を引用し、一部変更を加えた。

15. バート，E. A. 市場泰男訳（1988）『近代科学の形而上学的基礎：コペルニクスから
　　ニュートンへ』平凡社、pp.184–185 を引用した。

　　　　　　　　　　　　　　　　　　　　　　　　　　　（大門貴之訳）

第 7 章　心理学と人間発達
（観念論者にとっての）理想の結婚

　自然科学的心理学（scientific psychology）と発達の物語は、これまでの物語とは種類が異なる。一例を挙げると、個人差や精神病に比べて主人公が見つけにくい。人間の発達や子どもの発達に関して、文化のなかで広く浸透している理解は、哲学や宗教の考え方だけでなく、心理学の実践も材料として形作られている。さらに、発達心理学と呼ばれているもののステータスがはっきりしない。発達心理学は公式的には心理学の一部門であり、誕生は遅いものの、臨床心理学、実験心理学、産業心理学、教育心理学等と同じレベルにある。にもかかわらず、その初期から（発達心理学と名づけられる前でさえ）、発達は心理学の一領域ではなく、人間社会的現象を探究するアプローチであると主張する人々がいた。

　心理学者が発明した発達に関する専門知識に、個人差や精神病についての心理学的知識と同じような実用的な価値がないという点でも異なっている。経済的、政治的、文化的、そして科学の変化は、権力の座にいる人々の間に新しいニーズを作り出した。これまで見てきたように、人々を分類し、学校や仕事での業績を予測し、行動を制御し、新しく概念化された精神病を治療することは、すべてそういった変化する必要条件の結果として生じたものだ。心理統計学、産業心理学、教育心理学、そして臨床心理学は、それらを求めるマーケットによって形成された。神話であろうとなかろうと、心理学のこれらの「領域」は、何かについての功利主義の観点に由来し、それゆえ何かのために使われるだろう。

　それと同じように、発達心理学が何についての領域であるのかは、私たちにとって明確ではない。表向きは、絶えず進行すること、いつも進行していたことが主題である。つまり、子どもが生れる、様々なやり方や様々な程度

で世話をされる、成長し成熟する、大人になる、死ぬということだ。これら
を研究するとは、すべてを研究することであり、同時に何も研究しないこと
である。それと同時に、作り出されたその知識のマーケットは全員であり、
誰でもない。言い換えると、産業資本主義が存在するはるか以前から、言う
までもなく心理学のはるか以前から、発達は続いていた。しかしながら、発
達に関する事実主張（knowledge claims）への、露骨で新しい実用的な要求は存
在しなかった。対照的に、19 世紀末と 20 世紀初頭の消費者の誕生には、心
理学が必要であった。子どもの分類、検査、教育に、そして生産性を最大化
する労働者の雇用と訓練に、心理学が必要とされた。精神的な苦痛に苦しむ
人たち、そして／または精神異常とみなされる人たちのあまり野蛮でない治
療法を作り出す際にも、心理学が必要だった。

　このような特異な環境にあっては、あからさまな便宜主義も、政府役人や
会社幹部との駆け引きも、発達に関する専門的な心理学知識が出現する主要
な要因とはならない。(進歩に対する西洋文化の態度は、人間性に関する基本
的な疑問に過去数百年にわたって向けられた体系的な注意や努力とより深く
関わるかもしれない。)発達の心理学的研究が、他の心理学研究よりもイデオ
ロギー的でない、あるいは政治的でないと言っているのではない。それどこ
ろか、まさにその理由により、よりイデオロギー的であり、大きなインパク
トをもっているという議論をすることもできる。本章の心理学の物語には、
心理学がどのように発達の神話や子ども時代の神話を作り出したのか、そし
て心理学の神話／作り話を作り上げる際にこれらの神話がどのように使われ
たのかについての説明が含まれる。

　人間発達の現代的研究は、まぎれもなく哲学の死産児である。発達心理学
は、社会科学の他の領域以上に、哲学者が何世紀も問い続けてきた認識論的
問いの実験場となった。我々は知る（理解する、考える、感じる）ことを、ど
のように知る（理解する、考える、感じる）のか？　発達心理学特有の認識論
──（不正確ではないが、平たく言えば）「赤ちゃんが知ることを発見するこ
とで、大人が知ることを発見できる」──は実のところ、心に関する哲学の
基本的な前提の言い換えである。

　人間発達の心理学的研究は、ごまかしの物語であると同時に暴露の物語で

ある。それは、思考に関する哲学的な考えがどうやって西洋文化の中により深く染み込んでいったのかに関する物語である。そして同時に、それ自身が体系的な探究の精査に耐えられないことを（それらを理解しようとする人たちに）証明するものでもある。人間心理の発達に 20 世紀の自然科学の研究を取り入れたことで、古代と現代の哲学的思考の（現代科学における）統合が歴史的に意味のある発見を妨げていることが明らかになったのは、皮肉なことかもしれない。

進化的規範

　物語を現代から始める。世間で言うところの心理学は、新しいもの——革命的に新しいパラダイムに向けられている。それは、断片化した諸理論を統合し、21 世紀へ向けて心理科学（psychological science）が現在の混乱や無秩序の状態から抜け出すことを可能にする、統一的な理論的アプローチである。この新しいパラダイムは進化心理学と呼ばれ、学術雑誌（例えば、『心理学研究　Psychological Inquiry』誌（1995））や大衆誌（例えば、『Time』誌（1995））でも発表されている。主要な提唱者の一人であるデイビッド・バス（David Buss）によれば、進化心理学は「我々はどこから来たのか、どうやって現在の状態にたどり着いたのかという謎を解き明かす鍵、そして我々が何者なのかを定義する心のメカニズムを提供する」（1995, p.27）。

　手短にいえば、バスの議論はこのように進む。人々が行動するという事実は、内的な心理学的メカニズムの存在を暗示している。あらゆる心理学理論も同じだ。心理学理論は基本的メカニズムを暗示しているのだから、それらはまた人間の本性を暗示してもいる（pp.1–2）。バスは、人間の本性を支配しているこれらのメカニズムの起源を問い、何世紀もかけて発展してきた様々な答えのうち、うまくいく可能性があるのは、天地創造説、宇宙幡種説（地球外生物が地球にやってきて、生命の種を植えた）、自然選択による進化の三つしかないと結論づける。バスは、自然科学の理論ではないという理由から、天地創造説を除外する。宇宙幡種説も単に問題を一段階（種と地球外生物の起源は何か？）押し戻すだけで説明になっていないとして、これを排除

する。残るは進化である。ほとんどの心理学者は、最も広い意味での進化が
「どのようにして我々がここに至ったか」を説明するということに、ある程度
までは同意するだろう。その興味深い質問は、自然選択による進化が形作っ
てきた心理学的メカニズムの本性と関連している。

　バスは、進化心理学の前提条件である進化した心理学的メカニズムは、心
理学の誤った二分法(生まれか育ちかはそれらの包括的概念)をなくすと主張
する。生物学的要因と環境要因の二種類が存在するというより、実際には、
進化した心理学的メカニズムという一つのものしか存在しない。そのような
メカニズムは有機体の内部に宿り、「人間の進化の歴史で繰り返される、個体
の生存や生殖という特定の問題」を解決するために形成されてきた (pp.5–6)。
彼は、研究が行われているそのような仮説のメカニズムを 10 個特定してい
る。例えば、「食料探し、採集の成功率を高める」機能をもつ「女性の優れた空
間−位置記憶」、「父性の確実性を高める」機能をもつ「男性の性的嫉妬」、「高い
生殖能力を持つ配偶者を選ぶ」機能をもつ「若さ、魅力、ウエストとヒップの
比率に対する男性の好み」、「コミュニケーション／操縦」の機能をもつ「自然
言語」(p.6) といったメカニズムがある。現代の男女の特定の方法での振る舞
いは、彼らが意識的にあるいは無意識的に、(社会生物学者が主張するように)
遺伝子の選択を通して適応を最大化するように現在も動機づけられていると
いうことを意味しているわけではない。むしろ、人間は「生きた化石──先
祖から続く長く途絶えることのない系譜の中で作用してきた、先行する選択
圧力によって生まれたメカニズムの集合であり、今日の我々もこれらの特定
のメカニズムを活性化し実行している」(p.10) ことを示している。

　私たちは、そのパラダイムや説明がいかにばかげているかを指摘したい。
つまり、証拠と議論という現代科学の基準に数多く違反していることに注目
する。そして、バスの分析の哲学的素朴さを暴露したい。(例えば、メカニズ
ムについて問うことは、起源について問うことと同じではない。)

　しかし、追究すべきより興味深い活動がある。モース (Morss, 1990) の『子
ども時代の生物学的研究：発達心理学とダーウィンの神話　The Biologising
of Childhood: Developmental Psychology and the Darwinian Myth (未邦訳)』に
示された発達心理学に関する以下の観察に照らして、バスの「新しいパラダ

イム」を吟味しよう。

> 発達心理学は腐った基盤の上に築かれている。より古典的な定式化にお
> いてだけでなく、その現代的なバージョンのほとんども、生物学的哲学
> 的本性の時代遅れの概念を充実に守っている。…そのディシプリンは、
> 進化論的な論理や関連する教義に訴求するものから構成されており、独
> 立しては存在しえない。そうだとすれば、発達心理学は 19 世紀末の単
> なる遺物、社会科学と生命科学の上向きの進展における行き止まりとみ
> なされるかもしれない。　　　　　　　　　　　　　　　　　　(p.227)

　発達心理学はその歴史を通して、ダーウィン主義からかけ離れていて、プ
レダーウィン主義(特にラマルキアン)の本質である生物学的仮定に固執して
いたというのが、モースの説得力ある議論の結論である。例えば、モースは
読者に対して、反復発生——個体の発達が種の進化の歴史を繰り返すという
概念——がダーウィンの考えではなかったことを思い出させる。進化の過程
は固定された秩序ある階層的な配列でなければならないという考えも、獲得
された性質に関する信念も、ダーウィンのものではない。ダーウィンは、他
の人によって提案された進化論の要素に一貫性なく署名している。モースに
よれば、ダーウィンは、彼の自然選択の概念と自然選択の概念が含意する非
目的論的メカニズムによって変化を説明している点で、先人たちとは区別さ
れていた。ダーウィンの理論の革命的なところは、遺伝性の概念ではない。
変化の概念であった (Burman, 1994)。
　モースは、発達理論の歴史における重要人物(ホール、ボールドウィン、
フロイト、ピアジェ、ヴィゴツキー、およびウェルナー)の思想について、
生物学の影響という点からまとめている。例えば、連続性、階層、進歩、お
よび反復発生という進化論的仮定が、知性のメカニズムは生物学的メカニズ
ムを繰り返すというピアジェの見解や、感覚の「原始的」意識が人間の思考の
最も初期の形式であるという(心理学者に広く受け入れられている)立場を、
どのように特徴づけているのかを示している。
　モースは発達心理学やそのプレダーウィン主義的な進化論的仮定に非常に

批判的であるけれども、ダーウィンズ主義者になることを勧めているわけではない。(彼がバスの進化心理学の信者であることはないだろうが。)人間発達の研究に全く役に立たないとして、完全に生物学を拒否しているのでもない。しかし、モースが私たちに思い出させてくれたように、生物学はダーウィンをはるかに超えて進んでいる。モースが主張しているのは、発達心理学がポ・ス・ト・ダ・ー・ウ・ィ・ン主義者になることである。この 19 世紀から (21 世紀へ) の移動は、「現代生物学を取り入れることと 19 世紀のお荷物の切除」あるいは「生物学の完全な切除」(p.232)を意味するかもしれない。

　モースの歴史的な分析に照らすなら、我々は進化心理学をどのように考えるべきだろうか？　もし発達心理学が進化心理学であるのなら、新しいパラダイムは何だろうか？　さらに、もし現代の発達心理学が 19 世紀の生物学理論に基づいているのなら、その分野の再生のためにダーウィンを復活させる必要があるような、現代の心理学の説明神話とは何だろうか？　自然選択による進化が埋めようとしている穴とは何だろうか？　これらの問いを探究するため、人間発達に対する基本的な進化論的見解がどのように構成され、生物学と認識論の統一体としての発達心理学を深めていったのかを検討する。

発達心理学と子どもの創出

子どもとは何、何のために？

　発達心理学は子どもから始まる。ごく最近までその主題が子どもであったからというだけでなく、物語が進むように、「子ども研究」から生まれたディシプリンとして発達心理学が出現したからである。発達心理学を始めたのは他でもない、1877 年に『乳児の日記的素描　A Biographical Sketch of an infant(未邦訳)』を出版したチャールズ・ダーウィン(Charles Darwin)その人だと言われている。ダーウィンは、出版の 40 年前から記録をとり始め、自分の息子の観察ノートを抜粋して本にした。ダーウィン以前にも子ども研究は存在しており、とりわけ女性によるものがあった。しかし、それらは一般に認められた心理学史の中では見つからない(Bradley, 1989; Burman, 1994)。

　ダーウィンは動物から人間への連続性に関心があった。特に我々の精神や道徳の能力が動物の祖先から進化したという証拠を見つけることに熱心だった (Morss, 1990)。初期発達は重要であり、「遺伝的素質、つまり大人になって発現するかもしれない多様性のベースライン」として見られるようになった (Morss, 1990, p.15)。ダーウィンの子どもへの関心は、それゆえ付随的なものにすぎない。彼に続くほとんどの発達心理学者（最もよく知られている存在はピアジェ）と同じように、自然法則が表現される手段である限りにおいて、子どもは興味深いものであった。

　物語が少し先に飛んでしまった。しかしながら、子どもが（手段としてであっても）研究に値するものであるためには、彼らが存在しなければならない！　つまり、子どもという概念や、子ども時代として特定される、大人時代とは異なる人生の位相の概念が存在しなければならなかった。フランスの歴史家フィリップ・アリエス (Ariès, 1962) は、子ども時代という近代西洋的概念と家族という近代西洋的概念を結びつけている。アリエスは、16 世紀から 17 世紀にかけて「家族が生物学と法律の両方から解放され、価値、表現テーマ、感情の場 (an occasion of emotion) となったときに」(p.10)[訳注1]、これら二つの概念が社会的に構成されたと論じている。

　アリエスは、日記と 4 世紀に渡ってその時代に生み出された絵画とを組み合せて、ヨーロッパの貴族がどのように子どもと関わりをもったり、子どもについて話したりしていたのか、そして当時の画家が子どもをどのように表現したのかを調べ、その変化を明らかにした。それは、当時、子どもというものがどのように考えられていたかを示す証拠にほかならない。例えば、子どもが絵画に見られるようになるのは、14 世紀になってからだ。それ以前は、子どもが表現されていることが期待される絵画（キリスト教の特定の宗教的出来事の場面など）で、子どもは小さな人として描かれていた。17 世紀まで普通の子どもが芸術の中で描かれることはなかった。中世の子ども、魂の象徴である聖なる子どもは、裸で描かれた。アリエスはまた当時の日記から――例えば医師の日記からフランス王ヘンリー 4 世の日記まで、幅広く引用している。これらの抜粋は子どもたちが何ら特別扱いされていないこと、子どもの存在に対して特別な制限が示されないことを明らかにした。つまり、

子どもは、セックス、飲酒、暴力、死を含む、人生のあらゆる場面に存在していた。

アリエスは、「子ども時代の発見」を 17 世紀のヨーロッパで生じた多様な文化的、経済的な変化と関連づけている。それらは生活 (living) の社会性 (公共性) を弱め、(より私的な) 家族という概念を生み出した。

1800 年代半ばから 1900 年代初頭にかけての子ども時代の概念はロマンティックなものだった——子どもは自然に「より近い」、生物学的に未熟な有機体であり、文明にかぶれておらず、知識と理性への途上にあってそれらを欠いている (Burman, 1994)。1900 年代初頭まで、子どもを類人猿や「原始人」(「野蛮人」)、精神障害者と比較する研究が数多く行われた。それらを観察する際に、科学者たちは、単純なものから複雑なものへ、同質なものから異質なものへ、全体的なものから分化したものへと進む、身体的及び精神的な発達の傾向のような特定の進化的適応を仮定し、反復発生の証拠を探し求めた。

アメリカの心理学者 G. スタンレー・ホール (G. Stanley Hall) は、通常、発達心理学の父とされる。しかし、ホールにとって、発達は心理学の一部門ではなく、一つのアプローチであり、知や魂の静止画を基盤とする誤った心理学に取って代わるべき「唯一の正しい方法」であった (Morss, 1990, p.34)。心理学史の概略 (そして彼が学長を務めたマサチューセッツ州のクラーク大学で) を除き、今日ではほとんど忘れられているが、ホールは 20 世紀初頭の 20 年間、かなり大きな影響力をもっていた。(クラーク大学は、ホールの下で、1909 年のフロイトの米国訪問を後援した。) 私たちの物語にとって重要なのは、ホールが子ども時代と発達を心理学の中で注目される概念にしたという事実である。

反復発生の厳格な信者であるホールは、人間の学習は文明の進化の道筋に自然と従うものであり、「教育は単にその道筋を促進し短縮するものにすぎない」という考えを支持した (Morss, 1990, p.33 より引用)。教育はしたがって「発達的」でなければならない——そのようなカリキュラムが彼らの (反復発生的な) ニーズに適合しているのだから、子どもたちに文明の諸段階 (文化的エポック) を体験させるべきである (Morss, 1990)。ホールはヨーロッパ発祥のこのモデルをアメリカに輸入した。彼はまた、精神的な特徴がどのように分

布しているのかについて知見を得るため、多数の学童のデータを集める手段
として心理学的全数調査を社会に広めた。

　子ども研究は、より洗練された統計的方法の出現、そして心理検査の「大
流行」にすぐさま影響を受けた。それは、私たちが以前に心理学は個人差に
取りつかれているという文脈で論じたことである。暦年齢に似た「精神年齢」
を作ることによって、今やあらゆる種類の能力を、定量的で測定可能な間隔
（赤ちゃんが頭を持ち上げ、ハイハイを始め、一度に一語ずつ話し、50 語を
獲得する年齢のような、よく知られた「里程標（milestones）」）に分布している
と「見る」こと（フーコーの「同時に知であるまなざし」）が可能になった。バー
マン（Burman, 1994）は、子ども時代を自然化し標準化する上で、モダニズム
の子ども概念が生まれたときと同じくらい、いかにこの時期が重要であった
かを述べている。子ども研究の進化論的な理論の基盤は、統計的に集めたデー
タを利用して、分類し測定し定量化するという心理学の新しい調査実践と結
びつき、一般的に人間の成長過程の自然な展開と考えられているものに関す
る事実主張を生み出した。それはまた、年齢という、標準からの逸脱を同定
することを可能にする、シンプルな基準値を生み出した。バーマンは、ダン
ジガー（Danziger）を踏まえた批判的な分析に、フーコーのようなひねりを加
えた。「年齢段階別の相対的な得点から抽出された正常な子ども、すなわち理
想のタイプは、それゆえ虚構または神話に過ぎない。個人としてのまたは現
実の子どもは、だれ一人としてその土俵には乗ってこない。そのまなざしに
よって子どもを組織化し構成するのは、抽象作用、空想、虚構、検査用具の
産物である。」（1994, pp.16–17）訳注 2。

　私たちの考え方にとって、観念論や形而上学は、子どもや子ども時代を生
み出したことにとどまらない。自然と正常の概念は、今や進化と切り離せな
いほどに結びついている（例えば革命とは対照的に）。自然と正常は、連続
的、定常的、直線的と定義される。物事は絶え間ない運動状態にあるかもし
れないが（数百年前にガリレオが初めてそれを主張して以来、世界がそれを
受け入れるようになった見方）、運動と変化は一定の間隔で発生する。さら
に、発達（「成長」以外はいまだ定義されていない）は時間の中で再構成されて
いる。今では発達について語るためには、暦年齢を参照する必要がある。こ

のようにして、もう一つ抽象化の層が置かれる。

　自然で正常なものが進化であるとするならば、それによって革命は異常な
ものになる。発達に関する伝統的な見方に対するヴィゴツキーの挑戦のユ
ニークさは、部分的には、発達の進化論的な見方を批判していること（しか
しながら、まったく一貫していないのだが）、そして革命を正常なものとし
て認識しているという点にある。「革命は、歴史によって提起された課題をの
み解く」(p.62) という彼の発言を思い出そう。ここでは、その一節を省略せ
ずに引用する。

　　　革命と歴史は単純な見方には両立し難いものと映る。そういう見方に
　　とっては歴史の発展は、直線的に進んでいるときにのみつづく。いった
　　ん変革が訪れ、歴史的構造の分断と飛躍が生ずると、単純な見方は、そ
　　こに破局と崩壊、断絶しか見ようとしない。つまり、単純な見方では、
　　歴史はふたたび真直ぐで細い道に戻るまで、ずっと途切れてしまうので
　　ある。それに反して、科学的見方は、革命を全速力で疾走する歴史の機
　　関車と見る。　つまり、そういう見方にとっては、革命の時代は、感触
　　のある、生々しい具体的な歴史なのである。革命は、歴史によって提起
　　された課題をのみ解く。この命題は、革命全体に対しても、社会的・文
　　化的生活の側面に対しても、等しく当てはまる真理である。

　　　　　　　　　　　　　　　　　（Levitin, 1982, 表紙の裏より引用）^{訳注3}

　ヴィゴツキーの雄弁な定式化は、実証主義的な(positivist)進化論的視点（素
朴な心）と弁証法的な歴史的唯物論的視点（科学的な心）とを対比する。彼は、
発達の社会的な(進化的な)見方よりもむしろ歴史的な(革命的な)見方を取る
よう呼びかけている。近代的な言葉であるにもかかわらず、彼のメッセージ
は知識と世界観の歴史的な埋め込み性に関するポストモダニズムの主張を先
取りしている。

　ヴィゴツキーは無視されるだろう。実際、スターリンの下で彼の作品は抑
圧され、1960 年代まで（非常に小さなサークルの外では）知られていなかっ
た。しかし、仮に彼の著作が広く入手可能だったとしても、それらが重大な

影響を与えたかは疑わしい。1930 年代までに心理学の神話／作り話は既に
定着していた。生物学的および行動主義的な還元主義（同じコインの両面）と
哲学的合理主義は、すでに学術的心理学および研究心理学の中に深く根付い
ていた。フロイトの理論は、多くの方法で文化的景観を変えた。それには、
子どもだけでなく、子ども時代の本性についてどう考えるかも含まれる。そ
して、それが心理学的理論化に組み込まれ始めた。一方で、前述の方法論が
はびこっていた。特定のデータをどのように解釈するかについての心理学者
の議論は、理論的な立場ではなく、方法、装置、技術、統計学上の違いに訴
えるものだった。

　この時代の心理学においては、子どもは本質的に受動的な有機体であり、
訓練され、型に入れられ、社会化されることが可能だとする考え方が支配的
であった。新たに出現した通俗的な子ども概念は、明らかにより道徳的であ
り、より矛盾していたが、受動的で静的なものではなかった。短い期間には
どちらかのイメージが支配的であったかもしれないが、近代の子どもは生来
善良でありながら生来邪悪で、無邪気であるが信頼できず、「他者」に依存し
つつも「外部」の危険に対して脆弱であり、自由を必要としながら制御を必要
とする。子どもの社会的構成においては、通俗的な概念と科学的な概念は相
互に影響し合い、当然のことながら、政治的、経済的、文化的な変化にも影
響を受けて（そして影響を与えて）いる。

　都市の工業化、それに伴う生活水準の上昇、経済的搾取に対する反応であ
る政治的アクティビズムといった生活様式の変容は、わかりやすく有益な説
明だ。20 世紀になる前、家族にとっても、より大きな社会にとっても、子
どもは第一に経済的な価値を有していた。(貴族社会を除けば)彼らの生きる
ための活動 (life activity) とは、工業化以前の時代であれば土地での労働、産
業革命後であれば鉱山や工場での労働であった。1800 年代後半に西欧や米
国で児童労働の忌まわしい状況をなくそうとする大衆運動が成功したこと
で、子どもを新しいやり方で概念化する可能性が生まれた。工業化に伴う経
済の進歩や生活水準の着実な上昇、そして医学や公衆衛生の進歩により、乳
児死亡率が有意に低下したことも、子ども概念に影響を与えた。

　ヴィヴィアナ・ゼライザー (Zelizer, 1985) は、この時期のアメリカ社会の変

容を分析し、それが子どもの構成にどう影響したかを示している。ゼライザーは『プライスレスな子どもの値段　Pricing the Priceless Child（未邦訳）』の中で、1870年代から1930年代にかけて、親にとっても文化全体にとっても、15歳以下の子どもの経済価値と感情価値の重要性が逆転したと論じている。100年前、子どもはなくてはならない収入源であった（労働者階級にとっては、1930年代までそうであった）。例えば、子どもの不慮の死に対して親に支払われる金額は、保障の範囲内であれば、子どもの稼ぐ能力に依存していた。対照的に、今日では、何ら収入を生み出さない子どもを育てるために、数十万ドルの費用がかかる。養子をもらう親は、ただ養育する子どもをもつために、数万ドルを支払うようになった。裁判所は、いつも決まって、子どもの不慮の死に対して100万ドル以上の賠償金の支払いを裁定する。彼らの裁定は、嘆き、悲しみ、親が受けた感情的な損失に基づいている。子どもの価値は、もはや経済的なものではなく、感情的なものとなっている。

　ゼライザーは、この急激な変化は、ある程度、社会における商業主義の増大に起因すると考えている。つまり、子どもたちは、別個の、商業の外側の場所を占めるようになった。「『現金の結びつき』からの子どもたちの排除は、…子どもたちの生活を『神聖化』する文化の過程の一部であった。神聖化という用語は、感情的あるいは宗教的な価値が与えられた対象という意味で使用される」(1985, p.11)。

　ゼライザーは、「経済的には価値がなく」そして「感情的には値がつけられないほど貴重な」子どもがどのように構成されたかを示す魅力的なデータを提供している。彼女のデータは、人を狼狽させるものだ。それらは現実の生活状況で取得されているが、もはや適切でなかったり、今日では当たり前のやり方で解決されなかったりするからである。それは、子どもの生死に関連して、子どもの経済価値と感情価値が交錯する状況である。例えば、路面電車や自動車に轢かれた子どもに対する世間の反応、児童労働法案をめぐる闘争、子どもの生命保険、子どもの不慮の死に対する親への補償金、養子縁組と児童売買などだ。

　ゼライザーの分析はいくつかの点で有益である。第一に、普通の人々と日常生活の問題に焦点があてられている。それは人々が歴史的な変容に参加す

るときに、つまり自分たちの人生を生きていく中で直面するものだ。ゼライ
ザーは、批評家(特に資本主義の批評家)にありがちな、産業資本主義をはっ
きりと悪者として描き、短絡的でほとんど陰謀論的な言葉遣いでイデオロ
ギーの変化を示す傾向を、上手に回避している。例えば、バーマン(Burman,
1994)は、その他の点では素晴らしい本なのだが、何度かこの罠に陥っている。
イギリスにおける児童労働に対する怒りは、子どもが搾取されているやり方
というよりも、「子どもが収入を得て手に負えない望ましからざる活動が生ま
れることへの恐怖」(p.35)^{訳注4}と関係していると示唆したときがそうだ。また、
義務教育が子どもたちから権利を奪い、「労働者階級の子どもは教育され社会
化される必要がある存在として位置づけられた」(p.35)と述べているときも、
再びこの罠に陥っている。生活様式が広範囲に変化している中で、労働者階
級の子どもが教育と社会化を必要としていることを否定する理由がどこにあ
るのだろうか。

　子どもの価値が経済的なものから感情的なものへと変化したというゼライ
ザーの記述はまた、子どもと子ども時代の構成が本来的に道具主義であるこ
とを強調する。心理学者は、大人あるいは抽象的な(人間の)自然法則につい
て学ぶため、あるいはその両方を学ぶために、(哲学書を読み)子どもを使う。
実務家は、有用な(生産的で、従順で、幸せな)大人を作り出すため、子ども
とその家族を訓練することに関心がある。そして、親たちは、もっともなこ
とだが、子どもたちを「育てあげ」るために、つまり大人を作り出すために自
分たちの活動を組織している。

　私たちは、陰謀を描くことを意図して、このように言っているわけではな
い。また、子どもや子ども期を賛美しようとしているのでもない。むしろ、
西洋文化の中で、西洋文化によって構成された子どもは、生活様式として完
全性を欠くことを示そうとしている。人生の位相や段階と見なされた子ども
期は、成人期と呼ばれる目的のための手段である。発達それ自体は、どこか(よ
り良いもの、より高いもの)へと導く、(生産物とは区別された)過程として理
解される。そうでなければ、それはまったく発達ではない。発達は、進行
中で連続的な生きる活動(life activity)とはみられていない。発達(抽象化)は、
我々の動物の祖先や将来の自分や文明との「連続性を有する」(別の抽象化)。

しかしながら、私たちにとっての発達——人間の社会的、関係的な活動——は連続的に現れるものであり、実用主義的に生じるのではない。

自己構成としての発達

　ジャン・ピアジェ (Jean Piaget) はすべてを変えた。このスイスの生物学者・哲学者・心理学者の仕事は、1920 年代から 1970 年代まで 50 年にわたり生み出されたが、1960 年代初頭まではアメリカ心理学に重大な影響を与えるものではなかった。しかし、アメリカ心理学がピアジェを受け入れる準備ができると、そこからは長い恋愛関係が始まった。

　ピアジェによって、発達心理学は独自のものとなった。人間の発達に関する事実主張や、知っていることをどのように知るのかについての事実主張はさらに洗練され、量も増加した。発達心理学には新しく創造的な言うべきことがあった。そして心理学の多様な分野の中で高い地位を得た。ピアジェはみごとに哲学的であった。彼の研究が受け入れられるにつれ、心理学の中で長い間行方知れずとなっていた哲学は、少し正統性を得た。一例を挙げると、受動的な子どもという概念は葬られた。ピアジェの子どもは能動的だ。彼女や彼は世界の知識を受け取るのではなく、それを発明したり構成したりする。加えて、このような能動的な存在は無知ではない。子どもは大人よりも知らないという考えは過去のものになった。ピアジェの子どもは大人とは異なる方法で知っているのだ。

　私たちはピアジェが発達心理学に引き起こした変化を、何ページにもわたってリストアップし、記述し続けることができる。けれども、ピアジェの認知に対する新鮮な洞察、周到で魅力的な観察、そして新しい反経験主義的な (antiempirical) 調査方法がもたらした変化はいずれもほぼ同じものに帰着する。事実、ピアジェ派のパラダイムは、心理学の神話／作り話に大きく貢献した。ピアジェは、心理学に埋め込まれた基本的な哲学的前提を一つも放棄していない。ピアジェ派のパラダイムは、子どもの社会的構成に対して心理学の貢献を付け加えたにすぎない。「他者」としての子どもという、19 世紀のロマン主義的な概念をより強固に（そして自由化）しただけなのだ（例えば、1960 年代に始まった、子ども中心アプローチと呼ぶことが適切ではないと

思われる教育や子育て）。後述するように、ピアジェのユニークな子どもは、デカルト的ーカント的ーフロイト的な人間の精神という、独特の抽象である。

　ピアジェ派のパラダイムは、ピアジェ自身の大規模な研究だけを指すわけではない。（特にアメリカでの）彼の遺産の存続にまで及ぶ。最近まで、彼の理論の段階主義（stagist）と構造的要素がアメリカの研究を支配していた。現在は、彼の構成主義（constructivism）に重点が移っている。これは、二つの異なる（そして反対の）勢力から今まさに猛攻を受ける中で、ピアジェ派の研究が忘れ去られないようにする努力の一端なのかもしれない。その二つの勢力とは、ポストピアジェ派の「才能にあふれた乳児」運動であり、ポストモダン、社会構成主義、そしてヴィゴツキーに影響を受けた活動理論の運動（the postmodern, social-constructionist and Vygotsky-influenced activity-theoretic movement(s)）である。

　研究パラダイムとしては衰退の一途をたどっているかもしれないが、ピアジェ派の視点は発達心理学、教育理論と実践、そしてより広い文化に染み渡っている（フロイト主義に比べるとまったく影響力はないが）。例えば、不変で線形的な知的発達段階という概念は、幼少期の精神的トラウマに関する信念と同じくらいに、成長という概念の一部分となっている。ピアジェの存在論は、フロイトの存在論と同様に個体化されている。彼は自律的で個人化されたサブジェクトの構成に、同じくらい大きく貢献した。両者とも、内と外の二重性を前提とし、構造的にも個体発生的にも先行するものとして生物学的なものを優先する。フロイトの個人化されたサブジェクトは、侵入してくる「外部」（社会的世界）と絶えず葛藤状態にある。これが個人の人格の起源である。ピアジェの個人化されたサブジェクトは「外部」のものを「同化」する。これは認識する個人（the individual knower）の起源だ。ピアジェの能動的な子どもは、道具的な意味で能動的だ。つまり、子どもが環境の物理的対象と相互作用するのは、内部の心的シェマを刺激するという目的のための手段なのである。ピアジェにとって、知性の発達とは知ることの発達なのだ。

[カントの孫：知識の心理学化]
　しかし、「知る」とは何を意味するのだろうか。子どもの思考を判断する基

準と標準とはどのようなものだろうか。認識者(knower)の典型とは誰なのか。
ピアジェのモデルは、西洋哲学の合理主義に、心理学のメンタリズムと生物
学の還元主義を統合したものだ。彼はデカルトのコギトを生物学的に決定さ
れた心理学的実在に変えただけでなく、「第一原理から導かれる、カント哲学
の知識の諸カテゴリーを、自然科学的調査のサブジェクトに変えることに成
功した」(Gruber and Voneche, 1977, p.xxix)。例えば、ピアジェは、乳児の事物
概念の出現と物の永続性の発達について非常に詳細な観察を行い、カント哲
学の異なるカテゴリーの研究に著作を捧げている (例えば、『子どもの空間の
概念』、『子どもの時間の概念』、『子どもの物理的因果関係の概念』)。

　ピアジェが思考という言葉で意味するものは、論理的思考である。ピアジェ
が子どもは大人とは異なったように思考すると述べるとき、彼は特定の大人、
現代の科学者を心に思い描いている。知的発達の最高段階である形式的操作
(全員ではないものの、思春期に達成される)に到達するのは、子どもが仮説
的演繹的モデルを特徴づける一連の心的操作を遂行できるようになったとき
だ。ピアジェの主張では、平たくなった粘土の塊はそれが丸かったときと「同
じ」あるいは「同じ量」であることを認識するとき、形式的操作期の子どもは
知覚したものに三つの心的操作を行っている。すなわち、同一性、相補性、
可逆性である。このことの意味は、理知的に言えば、これらの心的操作を行
うことによってのみ、個人が物の保存という事実を知る (あるいは知識を自
己構成する)ことができるようになるということだ。

　矛盾の解決は、ピアジェの思考モデル及びこれらの心的操作の遂行能力の
成長において重要な役割を果たす。具体的操作期の子どもは初め、二つの粘
土の塊は同じ量だと言うが、塊の一つが押しつぶされて「へび」になるのを見
ると、こっちが多い(あるいは少ない)と言う。このような子どもは──ピア
ジェ派の話はそう進むのだが──、以前に見たものと現在見ているものとの
間の矛盾、つまりは目にしていること(同じには見えない)と「知っている」こ
と(誰も粘土を足したり取り除いたりしていない)との間の矛盾を否定する。
ピアジェにとって知性の最高の形式とは、「矛盾に対する自覚の成長であり、
矛盾を排除することができる思考方法を探そうとする意志であり、要するに
論理の成長である」(Gruber and Voneche, 1977, p.xxi)。このようにして、論理

と思考を同一視する哲学的前提と、矛盾を心的エラーに格下げする哲学的前提が、心理学の発達神話——そして心理学の神話／作り話の織物に組み込まれるようになった。

[フロイトの孫：エゴの知性化]

　我らがピアジェ派の子どもは自己中心的でもある。ピアジェはフロイトの自我 (ego) の概念を創造的にひねり、この人格構造の要素を初期の認知の特徴へと変換した。他者の視点を取ることができない子どもは、思考も発話も自己中心的だ。例えば、並んで遊んでいる就学前の子どもたちは、話をするが、お互いに対して話しているのではない。彼らの発話は表面的に社会的であるすぎない。相手の視点への気付きを示す特徴が欠けている。7 歳までの発話は自己中心的なもの、つまり伝達のためではなく「自分のため」のものである。

　ピアジェは、自己中心的な発話は自己中心的な思考の証拠であると主張した。「子どもの大部分の言語にみられるこの性格は、思考そのもののある種の自己中心性をしめしている。…この思考は、まさに、他人と交流する欲求と他人の見地の中に入り込む欲求が発展していく手段を欠いているために、表現できないものなのである。」(Piaget, 1955, p.206)[訳注5]

　ピアジェによると、幼少期の自己中心性はある段階で衰退し、別の段階で再び現れる（そこからまた衰退期を経る）。幼い子どもの自己中心的な思考は、分析されていない前論理的な思考である。これは、事物が「内在的関係の中で知覚されずに、子ども自身の観点にしたがって」図式化されることから生じる (Piaget, 1955, p.249)[訳注6]。

　したがって、子どもの視野が狭いのは、それが他者に対して私的なものであるからだけでなく、一般法則や事物の属性を考慮していないからでもある。

　ピアジェのよく知られた「三山課題」を取り上げよう。ある年齢の子どもの前には、高さやその他の特徴が異なる三つの山の模型が置かれている。山の「見え方」が異なる場所に人形が配置される。子どもはまず自分が見ているもの、そして人形が見ているものを説明するように求められる。自己中心的な子どもは「人形の視点を取る」ことができない（知覚対象に対して必要な心的

操作を遂行することができない——例えば、空間内で対象を変形させることができない）ため、ただ最初の説明を繰り返して人形が見ているものを説明しようとする。

　ピアジェの自己中心性に関する主張は、二重性と因果関係という哲学的な前提に基礎を置き、それらを永続させている。彼の分析は、内的世界と外的世界、私的なものと社会的なものを分ける二分法や、物理的な領域と精神的な領域で働く因果メカニズムの並行論に基づいている。ピアジェの内外の二重性は本質的に精神分析的である。自己中心的発話から社会的発話への移行、自己中心的な思考から論理的な思考への移行を説明するために、彼は「欲求」を導入しなければならなかった。その結果、子どもの世界は、実のところ、内的欲求と客観的現実の二重の世界である。幼い自己中心的な子どもは、ただ内的欲求を満たすことに動機づけられている。外的現実にしだいに適応することこそが、思考の発達である。ヴィゴツキーは、私たちが見てきたピアジェの形而上学をうまく説明しつつ、この点を批判する。

　　　ピアジェは、フロイトから満足の原理は現実性の原理に先行するという命題を借りただけでなく、それとともに補助的で生物学上従属的なモメントから、何か自主的な生命力をもった根源、第一動因——あらゆる精神発達の主動力——にまで転化した満足の原理の形而上学全体をも借りたのである。　　　　　　　　　　　　　　　　　　　　　　　（1987, p.77)^{訳注 7}

　ヴィゴツキーは、ピアジェ派／フロイト派の二重性を拒み続け、欲求の充足と現実への適応との間の分離を仮定することに内在する問題を指摘している。彼はそうすることで、一般的には能動的と考えられているピアジェの子どもの受動性を明らかにする。

　　　ピアジェは、事物は子どもの知性を耕しはしないと主張した。しかし、われわれは、子どもの自己中心的ことばが実践活動と結びついており、それが子どもの思考と結びついているような実際的状況のなかでは、事物が実際に子どもの知性を耕すのを知った。事物とは現実を意味する。

しかし、その現実とは、子どもの知覚に受動的に反映されたり、子ども
に抽象的な観点から認識されるような現実ではなく、子どもが自分の実
践の過程で突き当るような現実を意味する。

(1987, p.79, 強調を追加)[訳注 8]

脱構築された自己構成

　以前話の流れで、新ピアジェ派構成主義や社会構成主義など、ピアジェの
パラダイムに代わるものに言及した。1970 年代に「社会的世界」に対する発
達心理学者の関心が高まったのは、ピアジェの非社会的な子どもに対する疑
念が現れてきたことと関係している。実験や観察の新しい技術(ビデオやフィ
ルム、眼球運動、吸啜率、身体的行動を測定する装置など)により、かつて
なら決してできなかった方法で乳児と赤ちゃんを詳しく調べることが可能に
なった。社会的相互作用(通常は母と子の二人組と同一視されたり、理想化
されたりする)の重要性が認識された。発達心理学の仮定は、子どもが「社会
的世界」に生きているという事実を考慮するように修正された。ここからは、
この新しいアプローチの事実主張と実践を精査し、実際に心理学から哲学的
な前提を取り除くことに成功したのかを確認していこう。

　バーマン(Burman, 1994)は、『発達心理学の脱構築　Deconstructing Develop-
mental Psychology』において、過去 25 年間の発達心理学を批判的に分析して
いる。彼女は、近年の研究は生物学的なものと社会的なものと間の亀裂を克
服しようと試みたものの、最終的には失敗に終わったと述べている。その
理由の一つは、進化の枠組みをあきらめることができなかったためである。
バーマンの見解では、現代の発達心理学者は、乳児を「愛情をこめたケアや
注意を喚起する反射による行動のレパートリーを備えた」生物学的有機体と
して概念化している。「これは…種にとっても特定の個体にとっても『生存価』
をもつものと解釈された(子どもは種の未来として描写されていた)」(1994,
p.35)[訳注 9]。発達心理学者は、子どもたちが社会的相互作用に適応する準備が
できている証拠として、乳児の行動のちょっとした違いが自分の欲求にあわ
せて微調整された養育者の反応を引き出していることを引き合いに出す。母
親が乳児の泣きパターンに対して異なる反応を素早く学習するのは、その一

例である。このように、子どもは生物学的存在から社会的存在へと徐々に移行するように「あらかじめ仕掛けられていた(prewired)」と考えられている。

　バーマンが指摘するように、研究者が達成したのは、生物学的ー社会的／内側ー外側の二重性を取り除くことではない。その強化である。発達は「社会とのかかわりや社会に対する意識が徐々に増す」ことだという提案は、「孤立から社会性への推移という発達像」を想起させるものだ。「社会的」という表現を用いて「世界」を修飾することは、遡及的に子どもがそれまで住んでいた世界を「前社会的」あるいは「非社会的」なものとして明示するように機能する(1994, p.36)^{訳注 10}。

　ピアジェの乳児は、普遍的であらかじめ決定された一般的な法則を反復していた。それらは一般的に、種の知的発達を規定すると考えられている。「外の世界」が必要なのは、乳児が操作することができるからであり、それによって思考の内的精神構造を変化させることが可能になるからである。このようにして、子どもの発達は個人的にかつ自律的に自己構成される。他の人間との社会的相互作用が発達の重要な要因となるのは、子ども時代の中盤だけである。

　対照的に、新ピアジェ派とポストピアジェ派の乳児は、個人主義的に、社会性(sociality)を求める傾向がある。乳児の精神状態や行動の機微に同調するのは養育者だけではない。乳児もまた、養育者の行動を検知し、解釈することができる(ただし、研究デザインとデータの解釈に関して明らかになっている問題については Burman, 1994 を参照)。発達の原動力は、もはやカント哲学のカテゴリーやフロイトの精神内の葛藤ではない。今や発達は、人間が本来持っている社会的であるという性質(socialness)、社会的な世界に生きる必要性によって前に進んでいる。発達に関するこの新しい考え方は、相互意図性、間主観性、関連性(relatedness)といった新しい心理学的オブジェクトを必要とした。近年、発達心理学者は、これらの新たに構成された心理学的オブジェクトについて、さまざまな事実主張を生み出している。例えば、三つの概念はいずれも協力的な順番取りの内的傾向性を仮定することに関与する。乳児と母親が体の動きを同期させる方法(Kaye, 1982; Trevarthan and Hubley, 1978)から推論される関連性の原始的形態は、後のディスコースの基

礎を築くと言われている。

　ディスコース自体もまた、発達心理学者から注目を集めている。ディスコースの社会構成主義と構成主義の枠組みの中で発達を説明しようとする最近の試みは、注意深く見る価値がある。多くの研究で、ディスコースは私的なものと社会的なものが合流する場、あるいはその道具だとみなされている。大人と子どもがどのように間主観性を形成するかを経験的に (empirically) 示すために、ナラティブや対話的な視点が採用されることがしばしばある（ときには Bakhtin, 1981 に帰せられる）。かつては乳児と赤ちゃんは刺激に言葉で反応し、意味を表現する、すなわち情報を処理すると言われていた。それが今では、言葉で相互作用している、つまり重要な大人と環境の中で対話しているときに、「私的な世界」を「乗り越える」ことを学んでいると言われている。

　例えば、影響力のあるアメリカのヴィゴツキー研究者であるジェームス・ワーチ (James Wertsch) の著作の中に、素晴らしい事例を見いだすことができる。ワーチは 1980 年代、彼が言うところの微視発生的分析を使って、パズルのコピーを作る課題を完成させている母子二人組を研究した。ワーチは、一緒にパズルを組み立てる共同活動がどのようにして達成されるのかに興味を持っていた。彼は、生産的な共同認知活動を実行するには、あるレベルの間主観性に入ることが必要だと主張する (Wertsch, 1985a, p.175)。

　ワーチは、課題（一緒にパズルを組み立てる）を完成させられなかった幼児と母親のディスコースを分析する中で、次のような解釈を示した。

　　この抜粋を一通り調べると、子どもが「私的な世界を乗り越え」られていないことがはっきりする。そのピースがトラックの車輪を表していることを、彼がまったく理解していないことは明らかだ。この相互作用の初めから終わりまで、そのピースを車輪というよりも、丸いものやクラッカーと見ていたようだ。子どもは終始、この文化的に定義された課題を実行するのにより適切な状況の定義を交渉する、つまり「受け入れる」ことができていない。そのため、彼のもう一つの枠組みの中で解釈できるように、大人はコミュニケーションの進行 (communicative moves) を調整することを強いられた。

　　　　　　　　　　　　　　　　　　　　　　　　　(1985a, pp.172–173)

　この子どもは、母親が車輪と呼んでいたにもかかわらず、円形の対象物を「わっか」や「クラッカー」と呼び続けた。母親は、子どもと共同的に認知活動を行う際に様々な記号論的メカニズム（「トラックの車輪」、「そうだね、わっかだね」、「あれみたいなもの」）を使用している。また、実験者が定義したこの課題では、わっかやクラッカーと呼ぶよりも、車輪と呼ぶほうが「文化的に適切」であろう。私たちはワーチのこの考えに同意できる。しかし、ワーチが子どもは「私的な世界」を乗り越えることができなかったと主張したり、「受け入れる」「強いられる」「交渉する」「もう一つの枠組み」のような用語を使用したりして、内側－外側／私的－社会的の二重性と葛藤に訴えていることについては却下する。結局のところ、ワーチは共同活動の必要条件として間主観性を確立しようとして、私たちの見解からするとかなり怪しげな主張をすることになった。「わっか」や「クラッカー」は、孤立し二つに分かれた、子どもの内的生活の奥深くにあるという主張がそうだ。子どもが「もう一つの枠組み」を持っているという証拠は何だろうか（さらに言えば、いったいどんな枠組みがあるのか）。なぜ「コミュニケーションの進行」を解釈する枠組みの存在を仮定する必要があるのだろうか。対話に従事しているとき、我々は実際、普通に「コミュニケーションの進行を解釈」しているのだろうか。

　さらにワーチは、赤ちゃんの言葉や音を私的な属性（private property）と結びつける存在として母親を特徴づける。子どもにとっての新しい状況の定義を促す創造的な言語使用は、――ワーチ曰く、子どもが「異なる話し方をすることで違った考え方をする」（p.176）ことを助けるため――、より高いレベルの間主観性を生み出す方法とみなすことができる。それは、子どもに自分自身の「私的世界」をあきらめさせ、大人の世界と言葉を選ばせることで達成される。私たちはこれに同意しない。私たちが第 3 部で提案する関係的、非道具的、活動理論的、パフォーマンス的分析を先取りすると、母親たちは、子どもの言葉の内的な意味（「私的な世界」）だと思われているものに対して反応しているわけではない。一緒に話すという非解釈的な活動、彼らのディスコース／対話／ナラティブの創造的な意味作りに反応しているのである。間主観性が共同活動の必要条件となるのは、私的世界と社会的世界の二重性が前提とされている場合だけだ。二重性がなければ、間主観性とは共同活動である。

このように、ワーチの（自称）活動理論的、社会文化的な説明の中にさえ、解釈的バイアス、個人化された存在論へのコミットメント、そして私的なものの賛美を見出すことができる。

　心理学の発達神話（および心理学の神話／作り話）のこれらの要素は、臨床的な視点と発達的な視点を融合させる研究の中にも同様に存在する。（驚くべきことではないが）母子のディスコースを通じた言語発達を説明しようとする研究である。次の説明では、高く評価されている発達心理学者－精神分析家のダニエル・スターン（Daniel Stern）による研究を取り上げる。

　スターンによると、精神分析の業界では、子どもが分離と個体化を達成する上で言語の習得が重要だとみなされてきた。しかしながら、スターンは、言語には「合体や一体感に役立つ効能がある」（1985, p.172）ことを論じたいのだ。話すこと、対話すること、コミュニケーションをとること、共有された意味を構成することは、非社会的な乳児を力ずくで社会的にする（これには、自己の全体性の感覚の著しい喪失や潜在的な神経症をともなう）。乳児が話そうとするのは、「社会的秩序」に従う圧力が高まっていく時期に、母親との間で「パーソナルな秩序」を再確立するためだ、とスターンは（Dore, 1985 の主張を支持しつつ）述べている。ドーアによると、母親はこの頃、赤ちゃんに「実践的、社会的な目的のために行動を組織する」ことを要求し始める。「例えば、自分の力で行動する（自分でボールを取る）、役割機能を果たす（自分で食べる）、社会的規範に従って良い行動をする（コップを投げない）ことなどである。このことは、非個人的規範に従って（社会的秩序に向けて）行動しなければならない、という恐怖を子どもに生じさせる。それは子どもを乳児期のパーソナルな秩序から遠ざける方向に向かわせる。」（p.15; Stern, 1985, p.171 より引用）[訳注11]

　すっかり「関係的な」衣服をまとっているものの、私たちはここでまた、ピアジェ派－フロイト派の自己中心的な子ども（外の現実に適応することを優先し、自分の内的欲求を抑え込むことを強いられている）に戻ってきた。

　発達心理学によって構成されたもう一つの心理学的オブジェクトとして、スターンは「自己感」を取り上げている。第 1 章で簡単に述べたように、乳児がどのように自己感を形成するようになるのかについては、かなり関心が払

われている（そして、自己感という概念がどのようにして形成されたかについては、ほとんど関心が払われない）。スターン（Stern, 1985, 1990）は、傾向性を主張する側に立っている。主観性（subjectivity）は自然現象で、乳児は自己を意識する傾向をもつ。実際、生後 1 年半の間の乳児の自己感の発達には、四つの段階（新生自己、中核自己、主観的自己、言語自己）がある。それぞれの発達段階において乳児の主観的な視点は再編成される、とスターンは主張する。

　「ぼやかされたイデオロギー：ダニエル・スターンによる乳児の政治的利用　Ideology Obscured: The Political Uses of Daniel Stern's Infant（未邦訳）」において、クッシュマン（Cushman, 1991）はスターンの立場についてイデオロギー的な批評を提示している。自己は社会的に構成される、とクッシュマンは主張する。乳児の自己感の出現に関するスターンの主張には、ヨーロッパ中心的なバイアスがかかっており、そのため、無意識のうちに現状を長続きさせている。しかし、スターンが定義したものとは質的に異なる自己感を特徴とする文化が存在する。私たちの考え方からすると、クッシュマンは正しいが、十分ではない。彼の「政治的に正しい」批判は、スターンの個別化された自己が、個人化されたサブジェクト神話（the mythic indeviduated subject）を強化することで現状の存続に役立っていることを指摘している。しかし、自己そのものが同じ神話を存続させているかどうかを問うことはしない。自己の哲学的前提こそが、社会的に構成された心理学神話／作り話の中心である。私たちの見解では、スターンの乳児に切り込む批判は、自己の脱構築であることが必要だ。自己とは、社会的に構成され、政治的にバイアスのかかった、イデオロギー的な概念なのである。

　乳児や非常に幼い子どもに動機や意図を帰属することには、自然科学的、哲学的な危険が内在している（スターンとドーアの両者がともに陥った危機である）。この危機を避けようとして、バーマン（Burman, 1994）が「あたかもそうであるかのように（as if）」と呼ぶ立ち位置を取る発達心理学者もいる。つまり、大人は赤ちゃんを「あたかも彼らが十分に手ほどきを受けた社会的パートナーであるかのように、あたかも社会システムに参与する能力を備えているかのように」(p.39)[訳注 12] 扱っている、と彼らは主張する。彼らは「乳児を社

会的な能力を備えた存在として扱うから、乳児は社会的に有能なものになるのだ」(p.39)という言葉で発達を説明する。

　バーマンによれば、ケネス・ケイ(Kaye, 1982)の『親はどのようにして赤ちゃんをひとりの人間にするか　The Mental and Social Life of Babies』は、こうした見方のより有望なバージョンの一つである。彼女の要約と批判は、発達理論の解釈的、進化論的、二元論的、因果論的なバイアスがいかに根深いのかを理解する助けとなる。バーマンによると、ケイは良いスタートを切る。まず、乳児は「彼の(原文のまま)発達が初めから大人との相互作用に依存しているという意味で、社会的存在として生まれる」(Kaye, 1982, p.29, Burman, 1994, p.40 より引用)^{訳注 13}と主張している。乳児がこれらの相互作用のパターンについて期待(例えば、母親が何をするかについての期待)を抱くようになると、母親と乳児は一つの社会システムだと言うことができる。これらの期待は遺伝的にプログラムされているのではなく、経験から生じている。したがって、その社会システムは母と子が共同的に構成したものだ。

　バーマンは、そのような社会システムの最も初期の事例の一つとして、母乳をあげているときの相互作用パターンに関するケイの議論を提示している。一見したところ、乳児は乳を飲んで休止する。そして、母親は「休止の間、乳首や哺乳瓶の先を軽く揺らす傾向がある」ようだ。ケイにとって、これらのパターンの組み合わせは、「もっとも初期の相互適応と順序交代となる」(Burman, 1994, p.41)^{訳注 14}。母親は乳児を対話の順番を取る人(turn-taker)──取るべき順番を作り、パターンを設定している存在──として扱っている。そして、乳児は「自分自身の対話の順番を受け止め、社会における自らの位置を感得し始める」(Burman, 1994, p.41)。起こっているのは、こういうことだ。

　バーマンはケイの問題点(彼の記述における明らかなジェンダーバイアスや文化的なバイアスを別にしても)を数多く挙げている。一つは、乗り越えようとしている生物学的なものと社会的なものとの対立を彼が存続させていることだ。母親の揺さぶりや乳児の摂乳と休止は、社会的なものとして機能するようになる生物学的所与である。さらに、「個々の生活体が生得的に備えもつと私たちが考えている諸特性と同じように」、相互作用のパターンは

結局のところ進化の産物であることがわかる (Kaye, 1982, p.24, Burman, 1994, p.42 より引用)^{訳注 15}。それにより、人間の社会性は、進化の観点から理解可能になる。バーマンの指摘はさらに続く。ケイは初期の発達と後期の発達の間に明白な因果関係を仮定していない。それにもかかわらず、基本単位 (順番の交代) を特定し、「後に生じるすべての構成要素になる」(p.42) ものだとしている。ケイはそうすることで、還元主義的な理論構築を再生産していることを付け加えておく。あらゆる発達を説明する一つの原理を見つけ出そうとしているのだ。つまり、彼は複数のパターンに対応する一つのパターンがある (there be a pattern to patterns) ということを主張している。

　心理学における社会的に状況づけられた有能な乳児の構成は、ダーウィンの息子からかけ離れたところへ私たちを連れてきたわけではない。バーマンはそのことを理解するのに役に立った。発達はいまだに進化によって決定されている。確かにこのことは、心理学が構成してきた発達の神話を理解しようとするのなら重要なことだ。しかしながら、もし心理学の神話／作り話の社会的構成を理解したいのであれば、社会的に有能で社会的に状況づけられた乳児には、他にも考慮すべき問題がある。

　バーマンを含め、心理学の発達概念に対する批判の多くは、イデオロギー的、政治的なバイアスを指摘している。私たちが発達心理学の物語を話す中で示そうとしてきたように、その研究の実践と事実主張には、ジェンダー、階級、文化的なバイアスがはびこっている。それらは、メンタリズム、合理主義、因果関係、二重性、解釈、そして説明に内在するものだ。私たちの脱構築は、イデオロギー的なものよりも、発達心理学の方法論的バイアスに焦点を当ててきた。イデオロギー的バイアスが重要ではないと考えているからではない。それどころか、それらは最も説得力があり最も徹底的なポストモダンの批評家たちを突き動かし、哲学的、方法論的バイアスを研究するように動機づける上で重要な役割を果たしている (Burman, 1994 と Morss, 1990 に加え、Burman, 1990; Gilligan, 1982; Morss, 1993, 1995 を参照)。

何が発達するのか？

心理学がどのようにして発達を構成したかを物語る上で、私たちは、死んだ英雄たち（ラマルク、ダーウィン、ホール、ピアジェ、フロイト、スターン、ワーチ、ケイ）や彼らを倒した者（モース、クッシュマン、バーマン）などの登場人物の中にこの重要な問いを発した人が一人もいないことに注意しなければならない。すなわち、何が発達するのか？　発達心理学の分析の単位、つまり人間―社会的領域への発達的アプローチ（こう言ったほうがいいかもしれない）とは何か？　発達の単位には脱構築する価値がないのか？

分析の単位は個人だと思われているが、そのことを検討した文献は見当たらない。発達するものが個人（乳児、子ども――場合によっては母親）であると仮定することで、主人公たちは心理学の哲学の重要な部品を隠してきた。個人は社会的に状況づけられ、社会的に構成され、社会的に有能であり、生まれたときから社会的だと言うことは、決して、発達しているのは個人であるという仮定に挑戦していることにはならない。それは単に不可欠だと考えられているものに属性を追加したにすぎない。

個人主義を発達に結びつけるものは何か。その価値に値する真剣さでこの問いに取り組むためには、いくつかの新しい道具が必要になるだろう。幸いなことに、その道具は私たちの手の届くところにある。それらは、ヴィゴツキーとウィトゲンシュタインによって発明／発見されたものだ。私たちはこの後の章でそれらを利用することになるだろう。

今のところは、さらなる議論のために、現実(reality)と有界性(boundedness)という二つのアイデアを表明するだけにしておきたい。現実と呼ばれるものに関する信念はなかなか消えない。現実とは所与の、客観的な、実利的な、価値のあるものなのか、それとも「実際に」社会的に構成されており、関係的なものなのかを議論するには、それが存在することが前提となる。有界性に関しては、（人間を含む）事物の普遍的な性質であると思われている。つまり、すべてのもの（そしてすべての人）はどこかで始まり、どこかで終わる。

私たち（著者ら）は、我々（文化の構成員）は発達するものは個人だという考えに必死にしがみついているのではないかと疑っている。それはある程度、

現実、個物（particulars）、境界を受け入れた結果である。個別の存在として理解される人間には境界があるはずだ。「人」の境界とはなんだろうか。何世紀もの間、この問いに対する答えは身体であった。哲学のない心理学、自然科学的ではない心理学（unscientific psychology）——つまり、現実、真実、説明の神話から解放された心理学——は、（境界のある）個という神話も捨てる。発達神話の構成は、心理学の神話／作り話に多大な貢献をしてきた。この章の最初に述べたように、人間の発達という現象は心理学に依拠していない。もっとはっきり言えば、自然科学的心理学（scientific psychology）は、一世紀近くも、人間は発達するという事実に依拠していた。しかし、しだいに、人間は発達していないという事実に依拠するようになってきている。おそらく、自然科学的ではない、哲学的でない心理学（unscientific, unphilosophical psychology）においては、発達の単位（unit）などまったく存在しない。ひょっとしたら問題はユニテリアニズム（unitarianism）なのかもしれない！

訳注
1．アリエス, P. 杉山光信・杉山恵美子訳（1980）『〈子供〉の誕生：アンシァンレジーム期の子供と家族生活』みすず書房の「訳者あとがき」によると、Philippe Ariès, *L'enfant et la vie familiale sous l'Ancien Régime* には、1960 年に Plon 社から出された最初の版のほかに、1973 年に Seuil 社から出された新版があり、邦訳書は新版に依拠している。どちらの版も「本文には変化はない」が、新版には同書が「どのような受け止め方をされたかや批判にたいする著者の立場について語っている序文が追加され」ている。当該の引用箇所は、最初の版を底本とする英訳書（1962）の Introduction（pp.9–11）の部分にあり、新版を底本とする邦訳書には収録されていない。
2．バーマン, E. 青野篤子・村本邦子監訳（2012）『発達心理学の脱構築』ミネルヴァ書房、p.29 を引用。
3．レヴィチン, K. 柴田義松監訳（1984）『ヴィゴツキー学派：ソビエト心理学の成立と発展』プログレス出版所、p.9 を参考に訳した。原書では引用箇所の著者名が Levitan となっているが、綴りの誤り。正しくは Levitin。
4．バーマン, E. 青野篤子・村本邦子監訳（2012）『発達心理学の脱構築』ミネルヴァ書房、p.99 を参考に訳した。

5．ピアジェ，J. 滝沢武久・岸田秀訳(1969)『判断と推理の発達心理学』国土社、p.226
を引用。『判断と推理の発達心理学』は、*Le jugement et le raisonnement chez l'enfant*
(1924) の第 5 版 (1963) の全訳である。当該の引用箇所は、原書では Piaget, J. (1955).
The language and thought of the child. London: Kegan Paul. が参照されているが、
1955 年に Kegan Paul 社から出版された *Le Langage et la pensée chez l'enfant* の英訳
書は存在が確認できない。引用箇所と同じ文章は、Piaget, J. (1928). *Judgement and
reasoning in the child*. London: Kegan Paul. (*Le jugement et le raisonnement chez l'enfant*
の英訳書) の 206 頁に掲載されているものの、*The language and though of the child*.
には見当たらない (ただし、*The language and though of the child*. には多数のバージョ
ンが存在するため、すべてが確認できているわけではない)。

6．ピアジェ，J. 滝沢武久・岸田秀訳(1969)『判断と推理の発達心理学』国土社、p.267
を引用。原書では Piaget, J. (1955). *The language and though of the child*. London:
Kegan Paul. からの引用となっているが、正しくは Piaget, J. (1928). *Judgement and
reasoning in the child*. London: Kegan Paul. からの引用である。訳者が原書の書名が
誤っていると判断した理由については、訳注 5 を参照。

7．ヴィゴツキー，L. 柴田義松訳(2001)『新訳版・思考と言語』新読書社、p.72 を引用。

8．ヴィゴツキー，L. 柴田義松訳(2001)『新訳版・思考と言語』新読書社、p.75 を引用。

9．バーマン，E. 青野篤子・村本邦子監訳 (2012)『発達心理学の脱構築』ミネルヴァ書
房、p.63 を引用。

10．バーマン，E. 青野篤子・村本邦子監訳 (2012)『発達心理学の脱構築』ミネルヴァ書
房、p.64 を引用。

11．スターン，D.N. 小此木啓吾・丸田俊彦監訳、神庭靖子・神庭重信訳 (1989)『乳児
の対人世界：理論編』岩崎学術出版社、p.198 を参考に訳した。

12．バーマン，E. 青野篤子・村本邦子監訳 (2012)『発達心理学の脱構築』ミネルヴァ書
房、p.69 を参考に訳した。

13．バーマン，E. 青野篤子・村本邦子監訳 (2012)『発達心理学の脱構築』ミネルヴァ書
房、p.70 を引用。

14．バーマン，E. 青野篤子・村本邦子監訳 (2012)『発達心理学の脱構築』ミネルヴァ書
房、p.72 を参考に訳した。

15．バーマン，E. 青野篤子・村本邦子監訳 (2012)『発達心理学の脱構築』ミネルヴァ書
房、p.74 を引用。

（城間祥子訳）

第3部　方法の実践
自然科学でない心理学のための新しい認識論

君の病はなんだろう？　君は、この問いを何度も何度も繰り返す。——
君がそうするのをどうやったら止められるだろうか？
それは、注意を何か他のものに向けることによってである。

——ルートウィヒ・ウィトゲンシュタイン

　哲学および心理学（より一般に、私たちがつくり出してきた近代主義）に対
する広範囲にわたる批判（追悼文）は、前に進むための実践（ポストモダニス
ト的方法の実践）を欠く場合、ほとんど意味を持たない（ように私たちには
思える）。この実践は、ウィトゲンシュタインの意味において、「ここ」から「そ
こへ」と至るための実践である。ほぼ四半世紀にわたって私たちが取り組ん
できた、生態学的に妥当でラディカルに実践主義的な反−実験室ではまさに、
発達の環境をつくり出す絶え間ない活動が、（たいていは数十年単位で、時と
して秒単位で）「学習」を「前進させて」きたのである。この「学習」は、私たち
の発達に（時間的にではなく）認識論的に先立つものとしてこれから提示され
るだろう。レフ・ヴィゴツキーが「発達を導く学習」と呼んだものは、私たち
が知る限り、成長をうながす環境をつくり上げ、維持するための「活動理論」
的な（方法の）実践を必要とする。それゆえ、成果を客体化、あるいは体系化
しようとするどんな試みもうまくいかないだろうということを私たちは示し
たいと思う。つまり、その成果によって知識−理論的な環境ないし実践をつ
くり出そうとする試み、言い換えれば「知ること」と「学習」が（ヴィゴツキー
の意味において、統一されたものとして、また弁証法的なものとして発達を
導くのとは対照的に）それら自体で、発達を支配あるいは過剰決定してしま
う実践をつくり出そうとする試みはうまくいかないと考えられるのである。
　だからといってこれは、学習が私たちのコミュニティにおいてのみ可能だ
と言っているのでも、私たちのコミュニティと構造的に同一ないし、似てい

る環境においてのみ可能だと言っているのでもない。私たちが言っているの
は、環境の重要性を軽視した「発達的学習」を展開しようとするどんな試みも
成功する見込みはほとんどないということなのである。もしも活動が、ある
アイデンティティにもとづく環境（例えば、区分化され、部門化された大学
など）において行われるならば、関係にもとづく活動とその帰結は結局のと
ころアイデンティティにもとづいて具体化された「知ること」へと還元されて
しまうだろう。物語がある環境の中で語られるのと同じように、活動もまた
ある環境の中において生じるのである。環境があるアイデンティティにもと
づくものであるならば、（物語の場合と同じように）活動はそれと関連したも
のとして最終的には受け止められてしまうだろう。ゆえに、セラピストない
しは（物語の）語り手の善意にもかかわらず、そこには真理性がこっそりと裏
口から入り込むことになる。「別のもの」という二元論的な役割を果たさない
環境が、絶え間なく作り出されなければならない。このような方法でのみ、
関係的な活動は概念的な「別のもの」によってではなく、実践主義的な関係性、
あるいは実践－批判的であり、また関係的でもあるような活動によって決定
されることになる。方法ではなく、絶え間ない方法の実践が勝利を得なけれ
ばならない。

　私たちが多くの人たちとともにつくり上げてきた環境においては、ヴィゴ
ツキーとウィトゲンシュタインが互いに協力し合っている。彼らの研究は、
関係的に実践主義である私たちの方法の実践を特徴づけ、またそれによって
特徴づけられもする。彼らの研究を発達の環境に持ち込むことが、新しい認
識論（つまり、「人間の生」および、それと不可分に結びついた「人間の生の理
解」に対する臨床的で、実践／文化－パフォーマンス的なアプローチ）を生み
出す私たちの力になってきたのである。

（広瀬拓海訳）

第8章　解釈から自由なコミュニティと
その臨床実践

解釈から自由なコミュニティ

　ヴィゴツキーとウィトゲンシュタインが結び合わされた学習(が導く発達)環境の本質とは、一体何だろうか？　それは、一種のコミュニティだと言えるのだが、かといってそれは地理的な特徴によって決定されるコミュニティでも、ついでに言えば仕事やイデオロギーによって定義されるコミュニティでもない。ヴィゴツキーを引用するならば、それは「道具も(その)結果も」のことなのである。私たちのコミュニティは、ある結果を達成するためにデザインされた媒介的な道具ではない。それは、発達を支えると同時に、それが支える発達を手段的でも、プラグマティックでもない(「道具も結果も」の)活動として有するようなコミュニティなのである。

　マルクスの政治的なメタファーを引用するならば、このコミュニティは、対自的コミュニティであって、即自的コミュニティではないと言える^{訳注1}。しかしながら、この「道具も結果も」の対自的コミュニティは、世界から孤立しているわけではない。また、(より重要なこととして)歴史からも孤立していない。全く正反対なのである。突き詰めると、人間の歴史はそれ自体がコミュニティであると同時に、その結果(「コミュニティも結果も」)なのである。実際、典型的な目標指向型の社会的コミュニティや、社会的機関(自己永続的な学術機関／コミュニティや、メンタルヘルス治療センターのような)の場合よりも、私たちのコミュニティの方が歴史とつながっている(接続されている)と言える。

　目標指向型の機関やコミュニティの方が、それらが位置づけられた手段的な社会により近いものなのだということが、時として主張される。だが、私

たちはそれに同意できない。その理由の一つとして、歴史から抽象化された
社会（あるいは、歴史から抽象化されたものとしての社会に関わること）は、
次第に極端な疎外へと向かっていくような社会生活についての理解（社会を
ゆがめる理解）を生み出すことがあげられる。ごくありふれた疎外が持つ重
要な役割を、物象化された社会を正確にとらえる中で（マルクスとともに）認
めるならば、さらなる疎外や極端な疎外（つまり、その歴史からのほぼ完全
な社会の分離）が、ものごとを鮮明にするのではなく、すっかり混乱したも
のにしてしまうことが分かるだろう。万が一歴史が本当に終わるのならば、
社会はそれによって理解できないものにならざるを得ない。というのも、社
会についての疎外された理解をしているときでさえ、社会が歴史から疎外さ
れていることへの気づきが要求されているからである。そして、そのような
気づきがない場合に、抽象化した理解は原理主義的な即自的社会のゆがみへ
とラディカルに、そしてすぐに逆行していってしまう（つまり、社会が完全
に、そして反動的に歴史と同一であると見なされるようになる）。実のところ、
このことはポストモダンの現代アメリカ、そして国際社会にも当てはまるの
である。

　私たちの時代のような社会が退廃した歴史的瞬間においてもっとも重要な
ことは、私たちみながずっとそこに生きている歴史／社会の弁証法の中の歴
史的要素に近づくことである。それゆえ、私たちの対自的な「道具も結果も」
のコミュニティは、ポストモダンの時代の幅広い文化的環境の中でどんどん
具体化される「下位文化」として発展していく。私たちの目的は世界を変える
ことではないのだが（それは隠されたものであれ、そうでないものであれ私
たちは目的を持っていないからである）、私たちのコミットメントは世界に
なっていくのである（つまり、私たちは世界を"引き受ける"のではなく、世
界に"引き継がれていく"のである）。もしも、質的に新しい理解（つまり、新
しい認識論）が、私たちの種を発達的に転換することになるならば、その新
しい理解はこの「道具も結果も」的な特徴を必然的に持つことになると私たち
は考えている。

　およそ350年を越える西洋哲学のけた外れの成功物語は、とりわけその
「何かについて」という卓越した能力に関係している（この能力は、主にニュー

トンとガリレオに起因して、それが対象とするものについての詳細な存在論的発見を当然のこととして要求する）。私たちの種の発達の次のステップは、何についてでもない理解、あるいは（より正確に、そしてもしも否定的に言うならば）何かについてではないことについての理解を必要としているのだと私たちは提案する。「何かについてではない性」（あなたがもしもまだ、抽象概念が必要ならばこう言ってもいいだろう）は、質的に新しい方法の実践に向かうものであり、また私たちがそれといっしょに出かけるつもりの旅へと向かうものである。これは（同じように地球中心の概念である）「無重力状態（つまり重力がない性）」が、「宇宙旅行」に向かうようなものなのだ。

　もっとも説得的で洞察力のあるポストモダニストや、フェミニスト、ポスト構造主義者、そして社会構成主義者の批評においてでさえ、それらの批評自体を発達させた環境、つまりコミュニティに対して通常どんなに注意が向けられていないかということは、私たちにとって注目に値することである。というのも、近代主義的な制度は、物質的、イデオロギー的にまったく（指示対象、真理、そしてアイデンティティにもとづく）二元論だという彼らの主張がもしも正しいのだとすると（これは、私たちも心から信じていることである）、その時そのような妥当な批評が発達したコミュニティは物質的、イデオロギー的な過剰決定から可能な限り自由だったのではないだろうか？私たちは、そうだったのだろうと考える。四半世紀にわたって、私たちの「実験的な」研究は、生態学的に妥当な環境、言うなれば解釈から自由なだけでなく、前提からも自由な環境（つまり、コミュニティ）をつくりだすことに注力してきた。より伝統的な環境で行われた多くの研究が私たちの研究に大いに貢献してきたし、一部は私たち自身のものと似た「結論」に近づいたけれども、それらと私たちの研究を区別するのは、実践批判的な歴史と「（道具も）結果（も）」の方法論である。私たちの「道具も結果も」は、間違いなく私たちの前提（したがって、私たちの中に存在している社会全体の前提）を体現しているけれども、「道具も結果も」はありとあらゆる前提に異議を申し立てるためにデザインされている。そのため、私たちの研究の自己意識の部分は、思考においても行動においても、故意にこれらの前提を支持しているわけではない。また、何らかの知的な行為を介して、私たちが批判する制度化された

近代主義の有害な影響をどうにか置き換えることができるのだと私たちの研究がはっきりと、あるいは暗に示すこともない。

　それでは、私たちの対自的な「道具も結果も」の重要な特徴とはなんだろうか？　それは、発達的であり、セラピー的であり、哲学的であり、そしてパフォーマンス的であるということである。

発達のコミュニティ

　発達のコミュニティ（対自的な「道具も結果も」のコミュニティ）は、ラディカルに反手段的なものである。つまり、それはマルクスのことばでいうところの「実践ー批判的な革命的活動」である。しかし、そのコミュニティは手段的に革命をつくり出そうとはしない。そうではなく、それは継続的に、そして際限なく自分自身をつくり出し続ける。発達のコミュニティは、体系的な哲学とそのような哲学が持つ手段的なツールを自覚的に拒否するのである。

　哲学と因果関係を擁護する最後のあがきにおいて、哲学者のドナルド・デイヴィッドソンは、「原因は宇宙の接着剤である。原因の概念は、私たちの宇宙の像（さもなければ、精神と物質の二連画に分解してしまう像）をまとめあげるものなのである (Davidson, 1980, p.xi)」と述べてきた。私たちのコミュニティには、ポストモダニスト的な概念と接着剤、つまりこの像に対するウィトゲンシュタイン主義者の懐疑をともなった概念と接着剤がある。デイヴィッドソン、そしてその他の頑固に抵抗する分析哲学者たち（真理を探し求める哲学者たち）は、彼ら（そして、一般にはモダニズム）がつくり出した致命的な二元論の問題をいまだに解決しようとしている。一方で、発達のコミュニティはそれらの問題をセラピー的に扱う道を探る。つまり、ウィトゲンシュタインのことばと意味において、それらの問題を解消する道を探るのである。

　私たちの発達のコミュニティにおいて、原因やあるいは因果的な話しぶりが存在しないというわけではない。正確に言えば、私たちのコミュニティは因果的に結びつけられたものではないということなのである。私たちのコミュニティは概念的な接着剤を使って、あるいはそれによってつながれたものではない。そのコミュニティは、まったくつながれていないものなので

ある。哲学者たちは、いつも「吟味」することができるような何か（ここには、まさに彼らの創造の行為も含まれる）をつくり出そうとする。しかしながら、「吟味」すること（そして、そうするために必要な複雑な概念的道具立て）は、疑いようもなく近代主義の慣習であるところの「何かについて性」のゲームにおいて重大な役割を果たしており、そして近代主義的な「吟味する者」の認識論は、継続的な私たちの種と個人の発達を不可能にしてしまうように思われる。真理参照性、アイデンティティ、特殊性（の論理）、そしてその他の吟味することに関する手段的なツールは、主体性と活動の論理、つまり方法の実践の方を選ぶことで、捨て去られなければならない。

　というのも、私たちを誤った方向に導くのは像だけではないからである。より重要なこととして、像化することが私たちを誤った方向に導くのである。2500 年にもわたる私たちの発展をもたらした、（客観的な）真理の追求は、いまや私たちの継続した発達の主要な障害となっている。私たちは「なるほど！」と言って、私たちを批判する人々や、批評家、カルト狩りをする人々、見識ある「吟味する者」が大声で言うことをほとんど理解することができる。「客観的な基準がないならば、ドグマティズムや権威主義、あるいは専制的な（家父長的な）ルールへの扉が広く開かれてしまう。いわゆる指導者のいない集団は、潜在的にもっとも非民主的なもの、つまりすべての独裁体制の構造だ。近代科学は、ヒエラルキー的な主観性のルールを置き換えるために、客観的な基準を導入することで啓蒙主義を導いた。だから、アメリカは共和国であって、民主主義国家ではないのだ」。

　私たちはこれに同意する。それでもやはり、客観的な基準には重大な問題がある。客観性のルールは、社会と個人の成長を大いに制限してしまうもの、つまりガーゲンが「アイデンティティポリティクス（の社会的構成および転換）[Social construction and the transformation of] identity politics」（1995）と呼び、私たちがアイデンティティ心理学と呼ぶものが、人々を麻痺させ、無能にしてしまう時代を生み出してきたのである。客観性は主観性よりも民主的であり、それゆえ発達的であると（真理を）主張することは、主観的な主張なのだろうか？　あるいは、客観的な主張なのだろうか？　客観性の素晴らしい時代が（人権からコンピューターにいたるまでのあらゆる多様な発見に

よって)、客観的－主観的の二元論それ自体の徹底した再考を要求する新し
い意味での主観性を生み出すということはあり得ないのだろうか?　2500
年にわたる人間の発展の根底をなす(ギリシャの哲学者たちによって最初に
形を与えられた)認識論的な体系化が、これ以上私たちを先へ連れていって
くれることはないという可能性を考慮してはいけないのだろうか?　そし
て、もしも私たちがそのような問いを投げかけてすらいなかったら、専制君
主になっていたのは客観性の方だったのではないだろうか?

　私たちの発達のコミュニティでは、客観性についての主観的な研究に比べ
れば、主観性についての客観的な研究などどうでもいいものなのである。そ
して実際のところ、私たちはそのどちらにも本当のところ興味がない。その
代わりに、私たちは(実践において)、関係性と活動にもとづく発達のロジッ
ク(言わば、方法の実践、つまり新しい認識論)を発見しようと努める。さらに、
私たちは新しい生活形式、つまりそこにおいてあらゆる学習が発達を導いて
いく(ヴィゴツキーが言うように、学習だけがその名に値する)新しい、そし
て常に変化していく、ヴィゴツキー派の発達の最近接領域をつくり出そうと
努めるのである。

セラピー的なコミュニティ

　ギリシャにおいて(自己意識的な概念化が出現したことに続いて)はじまっ
た、知ること、信じること、記述すること、真理(および、偽り)を伝えるこ
と、参照すること、意味すること、「何かについてをすること」(ものごとにつ
いて話すこと)、評価すること、吟味すること、認識することなどの複雑で
相互に結びついた支配は、現代においてその頂点に達した。私たちの西洋の
文化において認識論とは知ることなのだと述べることは、単に定義的なもの
に過ぎない(たとえ、定義が何であったとしても)。近代において、理解する
ことは経験にもとづく「知ること」や、そのさまざまな手段へとほとんど還元
されてきたと言える。理解することとは、近代主義の物語が言っているよう
に、結局のところ何か他のことについての何かを知ることなのである。私た
ちが述べてきたように、現代科学の輝きは「何かについて」適切なことを正確
に(あるいは、そのように見える形で)発見してきたことの上に築かれている。

「何かについて性」のヘゲモニーは、切っても切り離せない現代物理学の存在論への信頼とその技術的な結論から派生している。「何かについて性」が、遺伝子学的に、または文化的にはなおさらのこと、いついかなる場所でも存在する「ただ一つのやり方」だというわけでもないだろう。現代物理学と、それに関係するテクノロジー(あるいは、少なくともそのような関連性の想定)が、「何かについて性」をそのようなただ一つのやり方に仕立て上げたのである。

　科学的なコミュニティ(つまり、「道具も結果も」の対自的コミュニティの前のバージョンのコミュニティ)は、近代社会と文化を支配してきた。ハリウッドのマッドサイエンティストの描写にもかかわらず、科学は世界を乗っ取りはしなかった。世界の方が、科学を乗っ取ったのである。社会主義の最終的な失敗の理由は、世界を「乗っ取る」力のなさにではなく(社会主義は愚かにもそうすることを目指したのだが)、むしろ必要不可欠な人本主義を取り入れることなく社会主義(福祉国家政策)を利用してしまう資本主義社会の驚くべき能力にこそあった。科学的なコミュニティが歴史的に結びついてきた破壊活動(そして、破壊的な技術)は、反発達的な認識論をいっそう形づくってきた。というのも、近代科学の軍事とのつながりは、1600 年代におけるその最古の瞬間から約 300 年後の核エネルギーの発見にいたるまで、「知ること」を「制御すること」と過度に同一視する傾向にあったからである。

　19 世紀後半にそれが生まれてから現在にいたるまで続く、心理学による近代科学の世界観の大規模な受容は、もちろんこの「知ること」と、「制御すること」の軍事的で過剰な同一視を含んでいる。けれども、近代科学のイメージの中でつくられた心理学の中においても、オルタナティブな認識論的な態度が、特に臨床心理学の領域においてあらわれ始めた。フロイト自身は、このことについて深く葛藤していたように私たちには思える。一方において、彼の精神分析的な方法は、近代科学の世界観と認識論への深い関与によって自覚的に過剰決定されている。彼の解釈のための方法は、あらゆる点で物理学と同じくらい説明的であり、記述的であり、真理参照的であり、そして同一性と個体性にもとづいている。科学コミュニティの中には、精神分析を形而上学的なものと、無意味なものとの境界にあるものと見なしてきた人たちもいるけれど、多くの人々(そして、もちろんフロイト)は、それを客観的に

見て、その根幹から科学的なものであると考えてきたのである。

　とは言うものの、他方において「対話セラピー」あるいは「治療」の実践は(フロイトのオリジナルの形式はもちろん、それに続くネオフロイディアンとポストフロイディアンの形式においてはなおさらそうなのだが)、二人(あるいは、もっと多く)の人たちが感情的な生活について話をする活動それ自体が、発達的な価値に見えるのだということを明らかにしてきたのである。もちろん、これがなぜそうだったのかについての「科学的」(客観的)な説明も存在してきたのではあるが、多くの人々(主に、実践家)にとっては時として、それらの説明が到達した「真理」や「洞察」よりも「話すことの活動」それ自体の持つ価値の方が大きかったようである。けれども、これは心理療法が最終的に訴えるところの科学的なパラダイムに違反しているように思える。いったいなぜ、単なる関係的な対話(会話)の活動が、患者やクライアントについての認識的な真理の発見よりも価値があるのだろうか?　あらゆる有能な実践家は、「単純なこと」、つまりセラピストやグループとともに自分自身について話し、そして特定の新しい種類の関係性／新しい生活形式をつくり上げる「単なる」関係的な活動から、クライアントや患者が「良くなる」(少なくとも、ちょっとだけ良くなる)この経験を頻繁にしてきたのである。

　たしかに、物質といっしょに物理学者が対話をすることは(良くも悪くも)変化を生み出さない。科学認識論の認識的なモダリティが、「それをゆるさない」のである。結局のところ、物理学は物質を「気分良く」するためにつくられてはいないのである。それは、物質をより良くコントロールするために、それについてますます詳しく知っていくためにつくられている。ひょっとすると、感情的に「知ること」は感情をコントロールするプロセスにおいて感情を理解することではないので、セラピーの関係的な活動それ自体に価値があるということが考えられ始めたのかもしれない。ひょっとするとセラピー的な理解とは、まったく「知ること」ではないものなのかもしれない。ひょっとするとそれは、認識的なものではないのかもしれない。ひょっとすると重要なことは、セラピーをより科学的にしていくことではなく、包括的な科学のパラダイムに挑戦していくことなのかもしれない。ひょっとすると、セラピーに関わる理解とは、科学的なもの以外の何かであるのかもしれない。

　これらの考え方は、19 世紀的な知識についての内省的な理論（それは、彼女／彼自身の特権的な視点と、それによってもたらされる対象それ自体についての専門知識が、個人に起因するものであると考える）に訴える必要がないものである。いいや、そうではない。私たちがここで言っているのは、内省的でも認識的でもない理解をもたらしてくれる関係的な活動のことなのである。それは何かについての知識でも、深遠な真理を明らかにする洞察でも、特定の叙述でも、あるいは特定の個人についての記述でもない。むしろ、それは対象について吟味するためにその他の抽象的なものを参照する必要がない形で「理解すること」をつくり出す関係的な活動から、切り離せないものとしての「理解」なのである。心理学と心理療法が、ますます正式に科学的に扱われ、客観化され、制御され、そして「成功を収める」ようになっているにもかかわらず、このような臨床的な研究の伝統は、科学的でなく「知ること」の探求に関心を持つ熟練した理論家たちを力づけ、魅了し続けている。そして、これはポストモダニスト的な考え方の重要な起源の一つなのである。

　1960 年代の典型的なセラピー的なコミュニティとは違って、私たちのセラピー的なコミュニティは「精神障害」を治療するためのよりオープンで、思いやりのある環境なのではない。むしろ、それは認識的な態度というものが、認識的な制御よりも、セラピー的に発達的であることを意味するようなコミュニティなのである。私たちがもたらすのは、誰が、あるいは何が真理なのか？　正しいのか？　という問いではなく、どうやったら私たちが今いるところから、共同的にみんなで行くことに決めたところに向かってさらに発達していくことができるだろうか？　という問いなのである。どのようにして、私たちは「ここ」から「そこへ」と至ることができるのだろうか？　私たちが学ぶもの（つまり、私たちが学ぶ知識）は、そのような発達のために必要だったものなのである。したがって、コミュニティの発達があらゆる学習のための環境的な前提条件なのであり、その前提とともにすべての学習が発達を先導していくのである。人間による「自然の研究」は、その制御をはっきりと要求するだろう。人間による「人間の生活の研究」は、関係的な活動と生活の転換に実践的、批判的に根差したものとしての発達と新しい認識論を「要求する」ように私たちには思われる。

哲学的なコミュニティ

　（大文字の）哲学は、死んだ（あるいは、そのように私たちは信じている）。
それゆえ、非体系的な「哲学すること」の活動はこれまで以上に重要である。
「答え」や、まして答えることの活動さえ存在しない、「問うこと」の活動は、
私態の発達のコミュニティにおいて最も重要なものである。哲学すること、
つまり取るに足らないものごとについての大きな問いかけをすることは、私
たちを継続的に歴史の中に再配置する働きをする。そのような哲学的な問い
かけをすることは、徐々に私たちの種のユニークな「活動理論」的な生活（そ
して、歴史）に気づかせてくれるのである。

　（建築設計に見られるように）計画を立ててそれから因果的な方法でそれら
を実現する能力によって、私たちの種は（ハチやクモから）区別されるのだと
主張したマルクスに私たちは同意しない。むしろ私たちの「独自性」は、計画
を構成して（「精神」活動）、建物や橋をつくり出すこと（「身体的」活動）、そし
てその二つを結びつけること（「概念」活動）の歴史的な事実性にこそあるので
ある。これらの異なる種類の活動の歴史的で弁証法的な相互作用が、抽象的
にではなく生きられた生活と歴史において、私たちの種を唯一無二のものだ
と「定義する」のである。それは実践的な「定義」であって、役立たずの定義で
はない。哲学なしに哲学すること、つまり継続的にウィトゲンシュタインの
言語ゲームを遊ぶことは、いまだに近代主義的な幅広い文化において見られ
る言語の「自然な傾向」に対して、それが「私たちを越える」と同時に「私たち
について」でもあるような「物自体」として具体化されるように、常に求める
働きをするのである。つまり、言語ゲームは私たちに言語活動と、活動とし
ての言語の連続的な変化を思い出させる働きをするのである。

　認知科学に対する最近の批判において、サール（1992）は、精神活動と身体
的活動が言語として具体化されるときにだけ、つまり活動とプロセスが消さ
れるときにだけ、それらは問題を生じさせるようなやり方で二元論化され、
その結果として同じ次元で話すことができなくなるに過ぎないのだと説得的
に主張している。サールは、何十年にもわたって行動科学と認知科学が否定
してきた「意識」の存在を擁護するために強く主張して、この問題（そして、
精神）を次のように扱ったのである。「私たちは世界の物理的な側面の中に、

意識の内側の質的な状態や、本来的志向性といった生物学的な現象があると
いうことを否定せずに、物理学の明確な事実——世界は完全に力の場にお
ける物理的粒子だけで構成される——を受け入れることができるのである」
(1992, p.xii)。

　哲学することは、私たちが自分たちの世界を制度化してしまうのを防ぐ。
私たちは、一部のポストモダニストたちが私たちに教えるような、(「ことば」
ではなく)「はじめに行為ありき」ということを思い出す必要はない。「発達」は
その代わりに、はじまりなど存在しないと覚えておくように求めているのだ
と、私たちには思われる。そして、このことこそが私たちが意味を単に発見
したり使用したりするのではなく、「意味づくり」をすることを可能にしてく
れる。辞書は、「結果のための道具」としてのみ価値がある。「道具も結果も」の
意味づくり、つまり発達的なものとしての意味は、私たちの種のもっとも重
要な「道具も結果も」の活動の中に存在している。そのため、私たちの発達的
なコミュニティにおけることばは、プライベートなものではなく、むしろ他
のたいていのものよりもプライベートである度合いが低いものなのである。
これは、活動としてのことばは構造的に民主的だからである。正式な意味づ
くりの担い手や、真理の語り部(専門家とそれについてメタ的に語る専門家、
すなわち哲学者と科学者)だけでなく、すべての人々がその意味づくりに加
わるだろう。ここで、私たちが第 3 章においてかなり大まかに言及した、プ
ラグマティストのローティが参考になる。彼は、架空の世界の話をしている。
その世界では…

　　聖職者も、物理学者も、詩人も、政党も、お互いに比べてより「合理的」
　　であったり、「科学的」であったり、「深遠」であったりすると考えられる
　　[ことはなくなるだろう]。また文化の中の特定の一部分が、残りの部分
　　の望んでいる条件の模範を示すもの(あるいは、模範を示しそこなった
　　見本)として選び出されることもなくなるだろう。そして、現在の諸学
　　問に共通している基準、例えばよい聖職者やよい物理学者がしたがって
　　いる現在の学問内での基準の他に、学際的で、文化横断的で、歴史に無
　　関係であるようなみんなが同様にしたがうべきその他の基準が存在する

ことなど考えられなくなる。そうした文化においてもなお、英雄崇拝が
存在しているかもしれないが、それは神の子としての英雄、つまり不死
のものに近いということで他の人間から区別された英雄に対する崇拝で
はない。それは、単に多種多様な仕事においてきわめて巧みな、すぐれ
た人々への賞賛にすぎないものとなるであろう。そうした人たちは、大
文字の秘密を知る人たち、つまり大文字の真理に到達した人たちなので
はなく、単純に人間であることに巧みであった人たちであるにすぎない。

(Rorty, 1982, p.xxxviii)^{訳注 2}

　私たちのコミュニティは、そのような世界であろうと努めている。言語ゲー
ムを絶え間なく遊ぶこと（大文字の哲学なしで哲学すること）は、私たちがそ
うすることを助けてくれるのである。

パフォーマンス的なコミュニティ

　発達の最近接領域 (zpd) とヴィゴツキーとの関係は、生活形式とウィトゲ
ンシュタインとの関係に等しい。私たちはときどき、私たちのコミュニティ
について、（ウィトゲンシュタインの意味における）言語ゲームを（ヴィゴツ
キーの意味において）遊ぶコミュニティなのだと描写してきた。zpd とは、
まさにグループにおける個人が自分「自身」で学べることを超えて進んでい
く「発達的学習」を集合的に、そして関係的につくりだすことができる生活形
式なのだと私たちは考えている。現代の多くの正統派ヴィゴツキアンたちに
とって、zpd において生じることは、どちらかといえば従来の認識的な学習
である。私たちには、(Newman and Holzman, 1993 において議論された) こ
の改革派の見解では、せいぜいヴィゴツキアンの zpd を標準化された学習を
高めるためのラディカルなテクニックに還元してしまうだけであるように思
える。そのような見解は、新しい心理学を創造しようとして、心理学のため
の新しい研究の単位（個人化された単位ではなく、社会的な単位）をつくり出
したヴィゴツキーの要求に耳を傾けるものではない。ヴィゴツキー、つまり
革命的な科学者にとって発達的な学習の単位とは、グループの中の個人（グ
ループの中の特定のメンバー）ではなく対自的なグループなのである。

　私たちは、そのような対自的なグループとしての「関係的な単位」は、まっ
たくもって単位と言うべきものではないのだということを、徐々に確信する
ようになっていった（そして、これによって私たちはヴィゴツキーと袂を分
かったのかもしれない）。結局のところ、発達の単位など存在しないのだと
いうことが判明したのだろうか？　発達的な統一体「だけ」しか存在しないと
いうことなのだろうか？　発達が、（グループの）生活形式を絶え間なくつく
り出し、さらにつくり直していくことが欠かせないグループ。つまり、グルー
プの活動は絶え間ないグループの継続的な形成を含んでいなければならない
のである。しかし、このようなグループの絶え間ない形成は、グループが置
かれた環境（つまり、コミュニティ）が、それが生じることを認めない限り起
こることはないだろう。それが生じるようにするためにこそ、グループが解
釈的でないことが欠かせないのである。
　再びヴィゴツキーを引用するならば、対自的なグループは、「自分自身より
も頭一つ分の背伸び」をしなければならないのである。それは何を意味する
のだろうか？　私たちの環境が知らぬ間に自分の活動を死んだものとして解
釈してしまわないように（最良の環境でさえ、そのように解釈する傾向があ
る）、私たちが zpd を絶え間なくつくり直していくうえでしなければならな
いこととは何だろうか？　私たちは、関係的にパフォーマンスしなければな
らないのである。生活のパフォーマンス^{訳注3}（つまり、ヴィゴツキーとウィト
ゲンシュタインの統合体）が、「発達的学習」のコミュニティを維持するために
求められる。この理由は、私たちが「私たちではない誰かや、何か」（自分自
身よりも頭一つ分の背伸びをした存在）になることができるのは、パフォー
マンスをすること（私たちのほとんどにとっては、幼少期の後には衰えたま
まになっている人間が持つスキル）においてだけだからである。したがって、
私たちのコミュニティ環境をつくり出す絶えず変化する zpd における生活形
式は、遊びで満ちている。つまり、それはパフォーマンス的なのである。私
たちに対する批評が困惑しながらも目の当たりにしてきたように、私たちは
絶えず私たちではない存在であり続けているのである。私たちは、パフォー
マンスをしている。私たちは、恥も外聞もなく「本物」ではないということが
できる。それは、「本物」であるとは何に由来するのか？　と問うことができ

るからである。

ソーシャルセラピー

　過去 25 年間にわたって、私たちが実践し、発達させてきた、自然科学的ではない、非解釈的で、関係的で、「活動理論」的な（そして、「本物」ではない）アプローチこそが、私たちが「ソーシャルセラピー」と言うことで意味しているものである (Holzman, 1996; Holzman and Newman, 1979; Holzman and Polk, 1988; Newman, 1991a, 1994, 1996; Newman and Holzman, 1993 を 見よ)。このアプローチは、発達－臨床心理学であると言うことができる（さし当たって、私たちは伝統的な分類法を用いるが、ただしそれは伝統的ではないやり方においてである）。それにもかかわらず、このアプローチは反心理学であると言うこともまた正しいのである。なぜなら、発達－臨床心理学の実践は心理学に対して、その神話の根本から異議を申し立てるからである。支配的な心理学のパラダイム（そして、その制度的な具現化）は、ひどく発達に反するものである（発達についての概念や説明でさえ、あるいはそれらこそ特に発達に反するものなのである）。私たちが第 7 章において提示した、最近の心理学における発達という神話への脱構築主義的な探求（そこでは、起源、終点、そしてその間のなめらかな軌跡に対する執着／結果的に得られるヒエラルキー的であり、本質的にエリート主義であるシステム／理想化された子どもおよび、子ども時代の構成／進歩という「アイデア」への焦点化を指摘した）は、「発達」が人間についての心理科学の妥当な構成概念や便利な構成概念であるよりも、むしろイデオロギー的なものであることを示唆している。(Burman, 1994; Bradley, 1989, 1991; Broughton, 1987; Cushman, 1991; Morss, 1990, 1992, 1995; Walkerdine, 1984)。

　私たちは、科学的な心理学における「発達」という構成概念／物語を拒否しているけれど、人間の活動としての「発達」を拒否してはいない。私たちにとって人間の発達とは、与えられた状況、現在の環境、そして「全体性」の活動的で、関係的で、質的な転換のことなのである。例えば、子どもは生まれてから最初の数年間に、何度も質的に転換する（より正確に言えば、彼らは質的

な転換のプロセスに参加するのである)。ことばの話し手になること(あるいは、多くの聴覚障害の子ども達の場合のように手話話者になること)は、スキルや行動の単なる獲得ではない。それは質的に、情動的に、知的に、社会的に、そして全体として転換的なものなのである。私たちの文化における言語の決定的な重要性を考えてみるならば、子どもがひとたび(歴史の中での)「意味づくり」と(社会の中での)「語の使用」ができるようになると、新しい可能性の世界、新しい学習の世界、新しい社会的な関係性の世界、新しい想像力の世界、そして新しい創造性の世界が広がっていくと言える。

　これは、子ども時代を理想化しているのではない(Bradley, 1991 を見よ)。私たちは、ここで方法論的な主張を行っている。つまり、人間は「全体性」を転換する(歴史を発達させ、つくり出す)のである。子ども達がことばのコミュニティのメンバーになるプロセスは、ごくありふれたものであることから(そして、私たちの考えでは近代主義的な発達心理学者や心理言語学者によって頻繁に誤解されてきたものであることから)、とりわけよい実例だと言える。というのも、子どもは十分能力のあることばの使用者になってはじめて、ことばのコミュニティに入ることを許されるというのは、事実とかけ離れているからである。例えば、母親や、父親、そしてその他の人々は、赤ちゃんのカタコト話を会話の構成要素と見なして返事をする。つまり、彼らは「いかなる資格を持っている」ことも求めずに、子どもがことばのコミュニティに入るのを認めるのである。子どもは、話し手になるずっと前から、話し手としての関わり合いを持たれることで、話し手になるのである!

　私たちはどのようにして、言語発達のこの見ため上のパラドクスを説明できるだろうか? そして、その帰結とはなんだろうか? ことばのコミュニティでの活動は、話すことのできない誰かを包摂するために、(ことばの使用への焦点化からことばの活動への焦点化に向かって)転換されなければならない。話し手としての社会的に適切なことばの使用をまだ学んでいない2歳児に返事をすることは、ことばの創造的なプロセス(つまり、ことばの使用の対極にあるものとしてのことばづくりの活動)が中心になるように、(大人の参加者も含んだ)ことばの環境を転換することを求めるのである。社会的に決定された布置から、生活(活動)形式にいたる全体的な環境のつくり変え

は、包摂されるべき子どものために生じる。幼少期の子どもの環境は、ちょうどこの意味において、発達を支えると同時に発達的なものなのである。

　総じてアカデミックな心理学は、その発達に反する姿勢をそれが学問領域を組織してきたまさにその方法において露わにしている。発達心理学（つまり、発達に反するバイアスを備えた発達心理学）は、科学的な心理学の一つの分野、もしくはそこから枝分かれしたものなのだから、このとき発達的でない心理学（衝撃的なことに、社会心理学、学習の心理学、そしてパーソナリティ心理学と呼ばれるものを含む人間についての解釈と研究）もおそらく存在しているのだろう。そうだとすれば、それは人間に対するどのような意味を持つのだろうか？

　目下のもう一つの問題点は、長年にわたる発達心理学と臨床心理学の分離である。私たちの社会において、精神疾患、精神病理、そして精神的な苦痛についての理論的な研究と、それに対する治療との関係は、近代主義的な意味から言っても、私たちのようなポストモダニスト的な意味から言っても、著しく「発達」的ではない。フロイトから続くアプローチが拡散していったにもかかわらず、心理療法の基本的なモデルと、他方での臨床実践は、めったに「発達」を治療における重要な要因であるとは考えないのである。情動的な発達がまったく考慮されていないうちは、発達は治療の結果や成果として理解されてしまう。支配的なモデル（それは、第6章において見たように、心理学と精神医学がその存在を正当化するために医学から採用し、日和見的に作り変えたモデルである）によれば、情動的な問題や痛みを治療するための方法は、「病気」に焦点を当てなければならない。症状の軽減および、いわゆる潜在的な原因の発見が、そのとき最も良く用いられる二つの手法である（ひょっとすると、これらの結果として、患者は情動的に発達できるかもしれないのではあるが）。

　しかしながら、ソーシャルセラピーの臨床実践／文化−パフォーマンス的なアプローチにおいては、発達こそが最も重要なものなのである。発達は、「社会」に（好むと好まざるとにかかわらず）関わっていかなければならない私的で、個体化された自己を構成する手段的な進化のプロセス（心理学者による、発達の神話）ではない。むしろ、それは固定してしまった環境の絶え間

ない質的な転換であり、新しい情動的な意味の創造であり、そして新しい情動的な生活形式のパフォーマンスなのである。ソーシャルセラピーは、機能不全を根絶しようとしたり、行動パターンを変えようとしたりするよりも（つまり、個人やその周りの人々の感情と機能の両方、あるいはそのいずれか一方をしばらくの間だけ良くするような実践であるよりも）、治療のための前提条件である情動的な発達を再開させようとするものなのである。情動的な痛みについて何かをするためには、さらなる発達（ただし、精神内での気づきでも、問題解決でも、行動の変化でもない発達）が必要なのだと私たちは信じている。

　私たちの考えでは、ポストモダン社会の危機を示す特色の一つは、情報の収集・貯蔵・検索によって、私たちが使用する意味での人間の発達がほとんど停止され、置き換えられ、そして抑制されるようになってしまうということにある。科学的な心理学は、自己言及的に発達の停止へと立ち向かわない限り、この危機に大きく貢献し続けてしまうだろうと私たちは考えている。心理学（大衆向けの心理学も含む）は、感情的、認知的、そして「道徳的」な日々の生活のための制度化されたガイドになった。科学的な心理学（アカデミックな実践と、専門家による実践の両方）のイデオロギー的で、形而上学的で、還元主義的で、発達に反するバイアスは、普通の人々のありふれた思考、発話、そしてその他の行動の中に浸透してしまっている。心理療法的なアプローチは、人々にとって本当の助けになるために、発達的で、非自然科学的で、文化ーパフォーマンス的なものにならなければならないと私たちは考えている。それは、「全体性」を転換する人間の能力を表現すること、新しい意味をつくり出すこと、「私たちでない誰か」になること、そして「私たち自身の発達」を絶えず発達させていくことを助けてくれるに違いない。

　そうするために、何よりも心理療法のアプローチは、科学的な心理学および日常生活の心理学に存在している発達に反する仮定と前提、そしてそれらが私たちみんなに対してつくり出す混乱に向き合っていかなければならない。ヴィゴツキーのことばで言えば、「事実の哲学」（Vygotsky, 1987, p.55）[訳注4]と向き合っていかなければならない。そして、ウィトゲンシュタインのことばで言えば、「私たちの言語においては、その基底に一つの完全な神話があ

る」(Wittgenstein, 1971,『フレーザー『金枝篇』について　Remarks on Frazer's Golden Bough』35)^{訳注5} という事実と向き合っていかなければならないのである。

.

.

訳注

1. ここで用いられている「対自的」、「即自的」という表現は、マルクスの「対自的階級」および、「即自的階級」の議論を踏まえたものである。例えば、マルクスは『哲学の貧困』において以下のように述べている。「経済の諸条件は、最初にその国の大衆を労働者に代えた。資本の支配は、この大衆に対して共通の状況、共通の利害を作り出した。だからこの大衆はすでに資本に対する一つの階級であるのだが、まだその事実を自覚していない。我々が指摘したいくつかの局面の場合だけでも、この闘争の中で大衆は結合し自覚した階級へと自分を作り上げる(マルクス，K.『マルクスコレクションⅡ：ドイツ・イデオロギー(抄)／哲学の貧困／コミュニスト宣言』(今村仁司・三島憲一・鈴木直・塚原史・麻生博之訳)、筑摩書房、2008年、p.337)」。前者の「まだその事実を自覚していない階級」が「即自的階級」であり、後者の「自覚した階級」が「対自的階級」である。著者たちが述べるコミュニティは、「対自的階級」と同じように、実践の中で自分たちの置かれた状況や、利害、そして自分たちが一つの結合したコミュニティであることについての自覚を発展させていき、その変革に取り組むものなのである。

2. ローティ，R. 室井尚他訳(2014)『プラグマティズムの帰結』ちくま学芸文庫、pp.80–81 を参考に、本書の文脈に合わせながら翻訳を行った。

3. 原文では、per-form-ance of life。つまり、生活のパフォーマンス(performance of life)には生活形式(form of life)が含まれているのである。

4. ヴィゴツキー，L.S. 柴田義松訳(2001)『新訳版・思考と言語』新読書社、32ページを参考に、本書の文脈に合わせながら翻訳を行った。

5. ウィトゲンシュタイン，L. 大森荘蔵・杖下隆英訳(1975)『ウィトゲンシュタイン全集第6巻　青色本・茶色本／個人的経験および感覚与件について／フレーザー『金枝篇』について』大修館書店、406ページを参考に、本書の文脈に合わせながら翻訳を行った。

(広瀬拓海訳)

第9章　ウィトゲンシュタイン、ヴィゴツキーそして人間の生に関する文化－パフォーマンス的理解

　レフ・ヴィゴツキーとルートウィヒ・ウィトゲンシュタインは、それぞれの歴史的「瞬間」に備わる、文化的、政治的、社会的、そして知的なコンフリクトを反映する存在であると同時に、このコンフリクトに作用した存在でもある。二人は全くのアウトサイダーでありながらインサイダーでもある（あるいは、内部にいるアウトサイダーとの論もあるかもしれない）[原注1]。二人とも、学術界と大衆文化の双方によって、近年再評価され再流行したのだが、もともと学ぶべき二人である。二人はそれぞれに、既存の認識論的道具に不満を抱き、利用できる自然科学的パラダイムの仮定、バイアス、結果に悩み、まさに人間的な活動である科学、方法論そして実践の探究に自覚的に取り組んだ。人間の発達に関するヴィゴツキーの見方と、哲学と言語に関するウィトゲンシュタインの見方は、私たちの考え方にもっとも近いものである。

ウィトゲンシュタイン

　　考えることは時には容易だし、しばしば面倒だが、しかし同時にスリリングなことだ。しかし考えることが最も重要である場合には、考えることはまさに快いことではないのだ、それは人を脅かし、甘ったれた考えを捨てさせ、ありとあらゆる当惑をさせ、価値なき感情にさせる。これらの場合には、私や他の人たちは、長い葛藤の後考えることを回避するか、あるいは自分で考えるようにさせるしかない。私は君もまたこうした事情を知っていると確信し、きみに大いなる勇気を希望したい！　ただ私は自分自身ではできないでいる。私たちはみな病める人々だ。

　　　　　　　　　　　（「リースへの手紙」17.10.44、Monk(1990))[訳注1]

私はそのとき考えた。もし哲学が論理学などのいくつかの難問について、きみに何かもっともらしいことを語らせることだけに留まるとすれば、またもし哲学が日常の生活の重要な問題についてきみの考えを改善させるのでなければ、もし哲学が自分だけの目的のために人々が用いるような危険極まりない文句を使う…ジャーナリストよりも、きみを良心的な人間にしないとすれば、哲学を学ぶことは何に役立つのかということです。

（「マルコムへの手紙」16.11.44、Monk（1990））^{訳注2}

われわれは、自分たちのことばの適用に関する規則の体系を、聞いた事もないようなやりかたで洗練したり、完全にしたりしようとは思わない。

　というのは、われわれが目ざしている明晰さは、もちろん完全な明晰さなのだから。だが、このことは、単に哲学的な問題が完全に消滅しなくてはならないということであるにすぎない。

　本当の発見とは、わたくしの欲するときに哲学するのを中断することを可能にしてくれるような発見のことである。──それは哲学に平安を与え、それ自体が問題になるような問題によっては哲学がもはや追いまくられないようにするような発見である。──そして、いまや実例に則して一つの方法が示され、しかもこれら実例の系列をひとは中断する事ができる。──一つの問題でなく、諸々の問題が解消される（諸々の困難がとりのぞかれる）。

　哲学の方法が一つしかない、というようなことはない、実にさまざまな方法があり、いわば異なった治療法があるのである。

（Wittgenstein, 1953,『哲学探究』§ 133）^{訳注3}

　ウィトゲンシュタインは、おそらく20世において最も影響力のあった哲学者である。1919年から1950年代までの彼の著作が、西欧哲学を転覆し破壊したことは間違いない。思想がある学問分野に根本から挑戦をする時には（皮肉にも）しばしば生じるように、ウィトゲンシュタインの同時代の研究者達は、彼の思想をシステム化して、既存のあるいは新しく勃興しつつある

哲学運動に当て嵌めようとする。たくさんの学派が、全ての思想の源でない
としても主要な源泉として、彼の思想が自分たちのものだと主張した。第 3
章でみたように、1920 年には論理実証主義者（ウィーン学派として知られる
哲学者、数学者、科学史家、科学者のグループ）は、ウィトゲンシュタイン
の初期の傑作『論理哲学論考　Tractatus Logico-philosophicus』を自分たちの手
引書だとしたし、（オースティン（J. L. Austin）に由来する）「日常言語派」の哲学
者達は彼の弟子を自称した。しかし、ウィトゲンシュタインは、システムを
構築しようとはしなかった。哲学活動もそうだが、彼の生きた生は、まさに
自分の名前を冠したシステムを残さないようにすることだった。

　ウィトゲンシュタインが送った人生は、素晴らしいとは言わないが（彼に
関する多くの語り手のひとりによると、死の直前にそう述べたという事だが）
明らかに葛藤に満ちた人生だった。1889 年に（1870 年代からヒトラーの権
力掌握まで、ヨーロッパ大陸における文化的で知的情熱のハブだった）ウィ
ーンに生まれたウィトゲンシュタインは、大人になってからのほとんどをイギ
リスのケンブリッジで過ごした。ウィトゲンシュタインは、耐えられないほ
ど堅苦しく嫌気のさす場所を逃れて、アイルランド、ノルウェイ、米国、ソ
ビエト連邦などのもっと田舎の、インテリとは無縁の高慢でない土地を繰り
返し訪問した。父カール・ウィトゲンシュタイン（ウィトゲンシュタイン姓は、
1808 年ナポレオン法典によるユダヤ人に対するクリスチャン姓改名の要請
に応じて祖父が雇い主の名前をもらったもの）と（部分的にはユダヤ系の出自
を持つ）母レオポルディン・カルムスの 8 人兄弟の末子に生まれた。ウィト
ゲンシュタイン家は、莫大な財産を持つ、ウィーンでも最も有力な家系の一
つであり、文化的に知的に豊かな環境を子ども達に与え（子ども達をカトリッ
クとして育てて）オーストリアの上流ブルジョア／貴族階級に同化すること
に成功した。

　ウィトゲンシュタインは、すでに若い時に、財産を兄弟に譲ってしまい、
一生を最低限のお金と物で暮した。若い時期に、原ナチズム（proto-Nazi）、
反ユダヤ主義、オットー・ヴァイニンガーの反同性愛主義などに惹かれたが、
一生涯に渡る思想と著作は、（ホモ）セクシャリティー、（自身の）罪の本質、ユ
ダヤ人で在ること、有意義で道徳的な生への義務に関する苦痛を表現して

いた。彼は、学術界の仰々しさと偏狭さを憎んで(可能な時にはアメリカの
ミュージカルを見るために映画館に逃げ込んだが)、それにもかかわらずオ
クスフォード大学の次期学監ほどに尊大にふるまうこともできた。

　『論理哲学論考』出版直後に、彼はその独断と誤りを認めることになっ
た。その時以来、彼の哲学の著作は理論を避けるようになり、立論や仮定
を伴わない哲学に向かった。方法としての哲学あるいは哲学を廃棄する哲
学の方法となった。後期を代表する(死後出版の)『哲学探究　Philosophical
Investigation』の序文で、ウィトゲンシュタインは『論理哲学論考』の「古い考
え方」と「重大な誤り」を拒否するに至った——これは学術界ではありえない
知的誠実さの発露だった。(哲学を捨て去ることも含めた)哲学への情熱と彼
の傑出した才に見せられた、若い学徒達は彼のもとに結集した。

　モンク(1990/1994)の見事な伝記は『ウィトゲンシュタイン：天才の責務
Ludwig Wittgenstein : The duty of genius』と——いみじくも——名付けられた。
ウィトゲンシュタインは、自らの生きられた生で、天賦の知性によって何か
有意味なものを生み出さねばならないという強烈な義務感(あるいは強迫観
念)を表明していた。学生に対して大学を去るように助言する一方で、彼自
身はついにそうする事はなかった。ウィトゲンシュタインの人生と仕事を解
明する中で、モンクが利用したエピソードの一つではモーリス・ドゥリー
にアドバイスした時のことを伝えている。「ケンブリッジには君の酸素はない
よ」、ここを離れて労働者階級のところで仕事を探した方がよいというアド
バイスだった。ケンブリッジにとどまることを決めた自分は、「私は構わない
のだ。自分の酸素は自分で創り出せる」といった(Monk, 1990, p.6)。

　これまで、ウィトゲンシュタインの哲学的著作に関して、6000 報近くの
論文と書籍が出版されている(Monk, 1990)。ウィトゲンシュタインを親しく
知る者や一二度会っただけの者の場合もあるが、数百の自叙伝と伝記と回想
録が出版されている。彼の仕事と人生は、詩作、音楽、絵画、フィクション
に刺激を与えてきた。テレビドキュメンタリー、演劇、表現芸術や、近年
では受賞作映画(英国の映画監督デレク・ジャーマンの『ウィトゲンシュタイ
ン』)で取り上げられた。ウィトゲンシュタインが生きた歴史の瞬間は、葛藤
と苦痛に満ちた極めて重大な時期だった。それまでの生き方は死に、新しい

生き方が生まれた。ともに資本主義期に対する壮大な展望として生まれた、18 世紀の啓蒙思想も 19 世紀の進歩主義も、その限界を示す現実の前に破綻した。ヴァイニンガ――や、その他のドイツ国家主義者の著作に予示されたファシズムも差し迫っていた。それは、最も進歩的で創造的であると同時に、もっとも野蛮で退廃的な行為と信念の時代だった。いまも我々はウィトゲンシュタインに魅了され続けているが、これは彼の生きられた生が、当時の激変するヨーロッパと世界のミクロコスモスだったことと関連しているだろう。

　ウィトゲンシュタインの仕事が治療の傾向を持つことと、彼のアプローチが実験的あるいは抽象的な哲学大系というよりも臨床的だという事実は、数多くの解説者や伝記作家によって認められている (Baker, 1992; Baker and Hacker, 1980; Fann, 1971; Janik and Toulmin, 1973; Monk, 1990)。『哲学探究』への分析的批評の中で、ベイカーとハッカー (Baker and Hacker, 1980) は、臨床的な概念に数章を費やしている。人間のことばに関するアウグスティヌスの図式が示された序文に関して、彼等は以下のように述べている。

　　　多数の、意味の哲学的説明が無自覚のうちに根ざしているのは、アウグスティヌス風の図式なのであり、これは知識人達の病いを示している。これは多くの症状を発することになるだろう。しかし、哲学者をこの病いに罹患していると診断する上で、全ての症状を示す必要はない。むしろ、この病いはたくさんの症状からなる症候群として表れる。アウグスティヌスの標準図式と比較する事で、この症候群のうちの、一つの症状形態を特定できるのだ。標準形態を発展させることは、臨床的役割を持ちうるのだ。
　　　　　　　　　　　　　　　　　　　　　　　　(Baker and Hacker, 1980, p.34)

　幾人かの哲学者は、臨床という目標を、ウィトゲンシュタインの哲学の中心に位置づける。ピーターマン (Peterman, 1992) は、後期ウィトゲンシュタインの哲学を説明するさい、セラピー的特徴を強調している。哲学的セラピーを準備する上で、ウィトゲンシュタインの著作を、セラピーのための一般モデルとして評価した。ピーターマン (によれば、ウィトゲンシュタイン

の仕事は、そもそも倫理的なセラピーの試みであり、『論考』は倫理を、『探究』はセラピーを取り立てているという。ベーカー（Baker, 1992）も、ウィトゲンシュタインの哲学すること（philosophizing）が、一貫してそして一般に考えられるよりも遥かにセラピー的だったとし、そのような企てに関連して、より文脈に特異的で、それぞれの人に依存するとした。つまりは、思想の幾何学というよりも、個々人の行う思考のダイナミクスに照準した企てだったという。幾人かの心理学者もまた、ウィトゲンシュタインと同じアプローチを開始し、彼の著作に人間発達の主観的倫理的次元に関する見方を解明する、情動、感情、信念に関する洞察を発見し始めている（例えば、Bakhurst, 1991, 1995; Chapman and Dixon, 1987; Gergen and Keye, 1993; Jost, 1995; Shotter, 1993a and b, 1995; Stenner, 1993; その他 Phillips-Griffiths（1991）に編まれた幾つかのエッセイも参照せよ）。

　このようにウィトゲンシュタインを理解することは、心理学、哲学そして両者の関係についての疑問を提起することになる。すでに見てきたように、心理学と哲学は、かつては血族関係（親と子）にあった。正統派心理学は哲学から切り離され、（ほとんどの場合に——パラドクスなのだが——自然科学が哲学にルーツをもつことも全て無視して）医学や自然科学の伝統に接近し、両者は 20 世紀のある時期を除いて、ますます離反していった。批判心理学、現象学的心理学、フェミニズム心理学、社会構成主義などの一部の現代心理学では、哲学と心理学は、ふたたび、接近を強めている。（フッサール、ハイデガー、メルロ・ポンティとともに）ウィトゲンシュタインは真剣に検討される哲学者の 1 人となっている。しかし心理学の歴史への近視眼——と神話のような性質——を考えると、セラピーとしての質を吟味し探究したとしても、ウィトゲンシュタインの研究が全て解明されるのだろうか？　逆に「セラピーとしての哲学」は、心理学の脱構築あるいは再構築に何を寄与できるのだろうか？　セラピー的ということばは何を意味しているのだろうか？　セラピーによる治療の必要な病いとは何だろうか？　誰を癒そうとしているのだろうか？　癒しの意味とは何か？　ウィトゲンシュタイン自身は、哲学と心理学の関係をどのように見ていたのか？

　ウィトゲンシュタインの哲学を分析する上で、これらの問いは、まさに興

味深い補助線となる。私たちの考えでは、ウィトゲンシュタインの仕事は、
哲学的セラピーという見方を通してはじめて、彼の生きられた生と哲学実践
に一致したものとなる。それ以上に、ウィトゲンシュタインの反哲学的な哲
学(彼の反基礎付け主義)は、新しい人間的な、発達臨床実践／情動生活に対
する文化－パフォーマンスアプローチにとっての、極めて重要な方法論的
ツールとなる。彼が自らに課したのは、哲学をその病いから治癒するという
課題だった。(私たちの課題は、これから示すようにその哲学の「病い」を治癒
することの方に近い。)ウィトゲンシュタインは、私たちはみな病人だと述べ
ている。われわれがどのように考えるかが、少なからず、われわれを病気に
するのだ(複雑な形で私たちの考えることに関連し、より根本的には考える
ことそのもの、あるいは考えるかどうかが病気を引き起こす)。とくに(考え
ることそのものと考えるかどうかも含めて)考えることをどのように考える
のか、あるいはその他メンタルプロセスやメンタルオブジェクトといわれる
ものについてどのように考えるのかがわれわれを病気にする。メンタルプロ
セスやメンタルオブジェクトとは、私たちの多くがそうしたいと思う以上に、
私たち(文化メンバー)が考えてしまう何かなのだ、とわれわれ(著者ら)は
考えている。これは、私たちを知的──情動的なごたごた、混乱、罠、隘路
に追い込むことになる。苦痛を与え当惑させる。それはわれわれの「精神的
な拘束 mental cramp」となる。われわれは、思考、ことば、言語的行為に対
して原因、対応、規則、平行関係、一般化、理論、解釈、説明を(しばしば
探そうとしない場合にも探さないようにする時にも)探すのである。しかし、
ウィトゲンシュタインが問うように、そんなものがないとしたらどうすると
いうのか？　自分の方法を説明して、彼は以下のように述べている。

　　哲学において、人はある概念をある仕方で見ることを強いられている
　　ように感じる。私のすることは、それを見る別の方法を示唆すること、
　　あるいはそれを考案さえするような示唆である。私はきみたちが以前
　　には考えたことのないようなさまざまな可能性を示唆する。きみたち
　　は、一つの可能性、あるいはせいぜい二つしか可能性がないと考えて
　　いた。しかし私はきみたちに他の可能性を考えさせた。さらに、私は概

　念がそれらの狭い可能性に限定されるのは馬鹿げていることをきみたち
　に分かってもらった。このようにして、君たちの精神的な拘束 mental
　cramp が解き放たれ、きみたちは自由にその表現の用法についての領域
　をみわたし、それについての異なった種類の用法を記述できるのである。
　　　　　　　　　　　　　　　　　　　　　　　　（Monk, 1990, p.502）^{訳注4}

　なぜ他の可能性を示したり創造することが癒しになるのか？　ある概念を
「見る別の方法」は、表象主義で特定社会固有の言語・思考間を過剰決定する
結合からわれわれを解放してくれる。言語使用のフィールドを自由に見渡せ
ば、別種の言語使用の例を見つけることができるし記述することもできる（と
きに異なるやり方の言語を発見し記述することもできる）。言語と思考の関
係の本性に関する議論が数百年にもわたって哲学、心理学、言語学で行われ
てきたにも関わらず、発展できたのは両者の関係に関する、きわめて狭い、
認知的／分析的な概念化だけだった、と私たちには見えてしまう。しかし、
現在、この概念化の基盤にある物象化した言語学に挑戦する、言語学、言語
哲学、心理学による批判的作業が増加しつつある（例えば Billig,1991; Davis
and Taylor, 1990; Duranti and Goodwin, 1992; Shotter, 1993a and b）。
　西洋文化における言語と思想の発展を検討した、私達の初期の仕事で、言
語の優勢な概念化が、人が如何に語るかばかりでなく、如何に考えるかあ
るいは考えることを如何に考えるかについても、（物象化錯視のかたちで）ど
のようにして過剰決定するに至ったかを議論したことがある（Holzman and
Newman, 1987）。物象化された言語に基づいてモデル化された――人間の認
知と結びついた概念族である――思想、信念、アイディアなどは規則に支配
され私的／内在的である（分析によっては、たとえ外的原因を持ったり、外
側から構成されたとしても、である）。しかし活動である言語は、規則に支
配されてもないし、私的でもない。そういう風に記述可能であったとしても、
である。しかしながら、そのような記述が言語とは何かを記述したとすると、
活動的あるいは労働で生産する創造者としての人間から（プロセスとしても
産物としても）分離不可能である言語活動が、蔓延し、有害で、時に（哲学的
に言えば）奇態な類いの商品化された産物へと歪められる。一度物象化され

た、つまり、その生産活動のプロセス／生産者から、分離され抽象化された言語は、言語がそして生が意味を持つために、何らかの仕方で生に「結合され」（再結合され）なければならない（他でもない、外延的、指示対象的、表象的、延長的なやり方で結合される）。既に見たように、転移は、現代文化において、この結合のための支配的なテクニックとなっている。

　少なくとも近代科学の出現以来、外延的で表象的な（そして延長によって、基本的に認知的なものとして精神生活に言及する）言語への言及は、言語－生を関係付ける上での優勢なやり方となった。つまりは、対応説の復活というわけである（雪が降っている、という文が正しいのは、まさに雪が降っているときだ、というもの）。さらには、語（少なくとも複数の語）が対象物を名指すことは、完全に感知可能であり――たぶんに自然でさえもある。しかしながら、そのような理解は、如何に言語が使用されるかを曖昧にする。明らかに、人間は、語によって名付ける以上の、――句や文によって陳述するだけでなく――もっと多くのことをする。より問題をはらむのは、この近代末期の使用としての言語の理解が、言語の創造、発達そして学習である言語活動を曖昧にし、ねじ曲げるということだ。ウィトゲンシュタインは後期の仕事で、思想と言語と、言語とそれが意味するもの間の、混乱した哲学的分離を防ぐのは、活動として言語を見ることだ、と認めている。

　　以後たびたび私が言語ゲーム（language game）と呼ぶものに君の注意をひくことになろう。それらは、我々の高度に複雑化した日常言語の記号を使う仕方よりも単純な、記号を使う仕方である。言語ゲームは、子供が言葉を使い始めるときの言語の形態である。言語ゲームの研究は、言語の原初的（プリミティヴ）形態すなわち原初的言語の研究である。我々が真偽の問題、[すなわち]命題と事実の一致不一致の問題、肯定、仮定、問の本性の問題、を研究しようとするなら、言語の原初的形態に目を向けるのが非常に有利である。これらの[問題での]思考の諸形態がそこでは、高度に複雑な思考過程の背景に混乱させられることなく現れるからである。言語のかような単純な形態を観察するときには、通常の言語使用を覆っているかにみえるあの心的（メンタル）な[ものの]霧は消失す

　　る。明確に区分された、くもりのない働きや反応が見られる。

(Wittgenstein, 1965)^{訳注 5}

　人は、外延による抽象と具象化(「心的(メンタル)な霧」)を脱ぎ捨てること無しには——すなわち活動としての言語を曝し出すことなしには、言語の活動を見ることも示すこともできない。ウィトゲンシュタインは、これをやってのける方法を見つけたのだと思う。彼の偉業とは、わたしたちの思考(と、あるいは思考と呼ばれるもの)に現れる、西欧哲学(に科学的心理学を私たちは追加したいのだが)の認知的バイアスを明らかにするために、いわゆる心的な活動と社会活動のギャップを暴露する方法を発展させたことにある。事例に継ぐ事例を用いて、言語についての概念、仮定、前提(と思考の仕方)によって、私たちの思考がどれほど過剰決定されているかを示した。ちなみに、この過剰決定は、基本的かつ受動的に(活動的ではなく)心理主義的な物象化と自己同一性から派生したものである。彼のセラピーによる哲学の治療方法——規則支配的で、状況を超えた恒常性、外延的などなどの想定された言語の通常プロセスを誇張することで、そのような仮定の不合理を暴くという方法——は、混乱をおさめて、願わくば、そのような類いの設問をすることなく、何よりも混乱に巻き込むようなことを考えないようにしてくれるものである。彼の方法は、日常生活場の問題を抱えた普通の人々にとって、際立って、実践的でセラピー的である。

　ウィトゲンシュタインは、「日常言語派」哲学として知られるものを推進したと言われるが、そのような特徴付けは、彼の全体的な方法論を曖昧にし、彼の仕事のセラピー的本性を歪めることになる。ウィトゲンシュタインと、分析者と追随者そしてウィトゲンシュタインを誹謗する者に関しては、(哲学界におけるウィトゲンシュタインの主要な解釈者の一人である)ベーカーの著作が役に立つ(Baker and Hacker, 1980; Baker, 1988; Baker, 1992)。ベーカーが問題にしているのは、哲学者達がウィトゲンシュタインにラベルを張ろうとしていること、何らの学派に所属させて彼の見解をカテゴリー化し他の哲学者と比較する、つまり彼の思想をシステム化しようとすることだ。ベーカー(1992)は、これはウィトゲンシュタインの意図に反することに他ならないと

して、ウィトゲンシュタインの特定語句使用に画一性や一般化可能性を探し、彼の仕事から哲学的結論を引き出そうとする傾向に対して、極めて説得的に反対の論陣をしいている。逆に、ベーカーはウィトゲンシュタインの「哲学の探究に関するセラピーに基づく概念化全体」に「慎重な注意」を払うべきだとしている。ウィトゲンシュタインは、「いかなる一般的な実証的立場」も擁護していないし、「私たちの言語に関する論理的地形図のいかなる一般概要も与え」ようともしていないのであって、むしろ「常に特定の人々の固有の哲学問題に応えようとしてきた」(p.129) という。ベーカーの医療的アナロジーは以下のように説得的に見える。

> 彼［ウィトゲンシュタイン］は、自分を地球上から天然痘を根絶しようとする、公衆衛生の役人だと考えていたわけではない（例えば、私的言語論でデカルト的な二元論を完全に抹殺しようとするような）。言語に対抗するように顔を上げて走ると、どの患者も瘤を作ることになるが、むしろ彼は一般開業医として、この瘤の治療に当たろうとしたのだ。
>
> (Baker, 1992, p.129)

　ウィトゲンシュタインは日常言語に焦点をあてたのではない。そうではなく、言語が、とくに哲学者が話し書くようなタイプの言語に関する言語が日常生活を見えなくするのを何とかしようとしていたのだ。どのように子ども達が言語を話すようになるのか、知ることは何を意味するのか、愛、怒り、恐怖などの感情は何なのか、私たちの経験は現実に対してどのように「結びついているのか」といった問いは、普通、日常のディスコースの意識的主題とはならない。しかしながらこれらの問いは、確かに存在して、私たちの日常生活を過剰決定し、制約し、発達的とは言えない役割を果たしている。ウィトゲンシュタインの主な「患者」は、毎日の職業的ディスコースが哲学的問題で作られているような人々すなわち哲学者なのである。しかし、この章の始めの引用が示すように、言語による生の不透明化がどのように普通の人々に影響するかにも関心を向けていた。哲学とは、彼にとって、「部屋の片づけ」に近いものであった。

　私たちには、ウィトゲンシュタインの仕事がセラピーに見える。哲学者は、哲学的な問題への強迫観念ゆえに病気であり（私たちはこの強迫観念ゆえに哲学者が精神障害だというときもある）、そして普通の人々も哲学者と同じように知的——情動的な混乱に陥ることも多い。哲学的な問題への関心が欠落しているにもかかわらずである（この関心の欠落ゆえに彼等が神経症だというときもある）。社会的コミュニケーション制度の複雑なネットワーク——とくに言語制度——の展開によって、哲学の病理形態群は日常生活に充満するようになった。ウィトゲンシュタインにとって、言語制度とは病気の保菌者なのである。「心的な（メンタルな）［ものの］霧」に覆われて、言語活動は見えにくくなっている。——言語の産出とあらゆる人間発達に必要な——意味作りの活動が、ますます言語使用行動に支配されるにつれて、さらに見え難くなっている。言語使用それ自体は、逆に、思考に対する物象化された関係によって過剰決定されている。

　ウィトゲンシュタインの「精神障害のための心理セラピー」の事例を見ることは役に立つ。それは、解釈への強迫観念にとらわれ（道理、因果性、整合性等の）形而上学を必要とする哲学者を、彼がどのように治療するのかのセラピーだ。そこで、私たちは、ウィトゲンシュタインの著作から、哲学的（説明的）環境を創造する彼の方法を可能な限り示すために、長文だが、抜き書きを示してみよう。『心理学の哲学　Remarks on the Philosophy of Psychology, Volume 1』(1980)で、ウィトゲンシュタインは以下のように書いている。

　903.　連想あるいは思考が、脳におけるいかなる過程とも対応せず、したがって脳の過程から思考の過程を読み取ることは不可能である、という想定ほど自然なものはないように思われる。私の言う意味は次のようなことなのだ。私が書いたり話したりするとき、私が語る、あるいは書く思考内容に対応する一連のインパルスの体系が、私の脳から放出される、と私は想定する。しかしどうしてその体系は、さらにその中枢に連なっているものでなくてはならないのか。なぜこの秩序が、いわばカオスから生じてはならないのか。この事態は、次のような場合に似ているといえよう。——ある種の植物が種子によって繁殖し、したがってその

種子はつねに自分が生み出されたのと同じ種類の植物を生み出す。——しかし種子の中には、その種子から生ずる植物に対応するものは何もない。したがって、種子の性質や構造から、それから生ずる植物の性質や構造を推理することは不可能である。——それはただその種子の来歴から推理しうるだけである。それゆえ、ある有機体が、まったく無定形のものから、いわば原因なしに生じることは可能なはずだ。そして、我々の思考についても、したがって語ることや書くことについてもこのことが実情であってはならぬという理由はない。〔『断片』六〇八〕

　　　　　　　　　　　　　　　　　　[Cf. *Z*608.] (p.159)^{訳注6}

904.　したがってある種の心理的現象には生理学的に見てそれに対応する現象がないので、それを生理学的に研究することはできないということは十分可能である。〔『断片』六〇九〕　　　[Cf. *Z*609.] (p.160)^{訳注7}

905.　私がこの男を何年も前に見たことがあるとしよう。今私は再び彼を見て彼だということに気付き、その名前を思い出す。ではどうしてこの想起の原因が、私の神経組織のうちになければならないのか。どうして何かあるものが、それが何であれ、ともかく何らかの形でそこに蓄えられていなければならないのか。なぜ彼の痕跡が残されていなければならないのか。なぜいかなる生理的合法則性にも対応しない心理的合法則性があってはならないのか。もしそれが因果性についてのわれわれの諸概念を覆すとすれば、それはそれらの概念が覆されるべき時だということなのである。〔『断片』六一〇〕　　　[Cf. *Z*610.] (p.160)^{訳注8}

　ここでウィトゲンシュタインは、因果性、対応、本質という、西欧哲学思想の基本に取り組んでいる。私たちが話したり想起する時には、明らかに神経学的、認知的過程が進行しているが、しかし、そのような過程が、私たちが話したり想起することに因果的に結合（対応）していることにはならないし、話しの活動や想起の活動に因果的に結合していることにはならない。ここで、ウィトゲンシュタインは、因果的結合を作り出す規範的プロセスを誇

張するというよりも、むしろ、因果的結合の蔓延を示そうとしている。彼の
種子と植物のアナロジーは、深く浸透している、本質とその格納という信念
の不合理をあらわにする。(ドングリの中に木を見つけることができるとする
古い信仰が、一般的な日常の思考を支配し続けているのだ。)

　おなじ『心理学の哲学』の以下の抜粋にはウィトゲンシュタインのセラピー
的方法がもっとも明確に示されている。

912.　人は、その見かけが偽りであるかもしれないという疑いを全く
持っていない場合でも、「彼は恐ろしい痛みを感じているように見える」
と言う。ではどうして「私は恐ろしい痛みを感じているように見える」と
は言わないのか。というのも、こういう言い方も少なくとも意味はもつ
はずだから。劇の稽古の際には私がこのように言うこともありえようし、
また同様に「私は……する意図をもっているように見える」等等と言うこ
ともありえよう。これに対して誰でも「もちろん私はそんなことは言わ
ない。なぜなら、自分が痛みを感じているかどうか私は知っているから」
と言うであろう。自分が痛みをかんじているかどうかということは、通
常は私の関心をひかない。なぜなら、私は他人におけるそうした印象か
ら引き出すようなさまざまな帰結を、自分自身に関して引き出さないか
らである。「私は恐ろしいうめき声をあげている。医者に行かなくては」
とは私は言わない。しかし「彼は恐ろしいうめき声をあげている。医者
に行かなくては」となら言うのである。　　　　　　　　　　(p.161)^{訳注9}

913.　もし「私は自分が痛みを感じていることを知っている」ということ
が無理であり、――「私は自分の痛みを感じている。」ということもまた
無意味だとしたら、――その場合は「私は自分自身のうめき声を気にか
けない。なぜなら私は自分が痛みを感じていることを知っているから。」
と言うことも――あるいは「……なぜなら私は自分の痛みを感じている
から」と言うことも無意味になる。
　最も、「私は自分のうめき声を気にかけない」と言うことは確かに真で
ある。〔『断片』五三八〕
　　　　　　　　　　　　　　　　　　　　　　　　　　(p.162)^{訳注10}

914.　私は彼の振舞を観察することによって、彼は医者に行く必要があ
ると推論する。しかし自分自身に関しては、自分の振舞いを観察するこ
とによってこうした結論を引き出しはしない。というより、私も時には
そういう推論をすることがあるが、これと同じような場合にはしないの
である。〔『断片』五三九〕　　　　　　　　　　[cf. Z539.]（p.162）^{訳注11}

915.　自分だけでなく他人の痛みの箇所にも手当をし、治療すること
──したがって、他人の痛みを表わす振舞いには注意を払うが、自分の
痛みを表わす振舞いには注意を払わないこと──これらが根源的な反応
であるということをよく考えてみるのがこの際有益であろう。〔『断片』
五四〇〕　　　　　　　　　　　　　　　　　　　　　（p.162）^{訳注12}

916.　しかしここで「根源的」という言葉は何を言おうとしているのか。
まず、そのような態度が前言語的であるということ、すなわちそれはあ
る言語ゲームの基盤であり、ある思考法の原型なのであって、思考の結
果として得られたものではないということである。〔『断片』五四一〕
　　　　　　　　　　　　　　　　　　　　　　　　　（p.162）^{訳注13}

917.　われわれが他人が介抱したのは、自分自身の場合からの類推に
よって、彼もまた痛みを体験していると信じていたからである。──こ
のような説明について人は「本末を転倒している」と言うことができる。
──「われわれの振舞のこの特殊な一章から──すなわちこの言語ゲー
ムから──〈類推〉や〈信じる〉という言葉がそこでいかなる機能を果たし
ているか学べ」と言うかわりに。〔『断片』五四二〕　　[cf. Z542.]（p.162）^{訳注14}

　ここで、ウィトゲンシュタインは、言語が物象化された時、何が起こるの
かを示そうとしている。構造を越えた「おろかな」一貫性が主張される時、何
が起こるのか。一つの試みが、一つの言語状況から他の状況へと当て嵌めよ
うとするとき、例えば他者の痛みを語るやり方を自分自身の痛みに適用され
る時、何が起こるのか。この場合には、関係するのはただ単に代名詞を入れ

替えるだけだとする、言語の一様性あるいは一貫性の前提が、不合理な考え
や主張をもたらすことになる。この場合、チョムスキー的な意味で、文法が
発話内容を通知したり形成するわけではない。それは、むしろ、生の活動か
ら疎外され物象化された当て嵌めであり、まさにウィトゲンシュタインが示
したように誤りに誘導するものだ。彼が明確に言明するように、この二つは、
異なる言語ゲームなのであり、社会文化生活の別の部分であり、生(活動)の
別種の形式なのである。言語が状況を越えて一貫していると前提する、完璧
に規範的プロセスとは、例えば、痛みの主語を「彼」から「私」に変更すること
だが、ばかばかしくも不合理なのだ。このことを示すことは、この不合理が
組織的にモノ化された言語学的前提によって、どれほど私たちを過剰決定す
るかが有無を言わさず暴露されるという、セラピー的な有用性を持つ。

　私たちの目標は、ソーシャルセラピーという私たちの文化ーパフォーマン
スセラピーに備わるウィトゲンシュタイン的な要素を明示すること、そして
ウィトゲンシュタインの哲学的セラピーに存在するソーシャルセラピー的要
素を明示することにある。私たちの脱構築／再構築主義の目標は、二つある。
第1に、言語活動の暴露がいかに意味制作活動を明らかにするのかを吟味す
ることである。第2に、過剰疎外と意味作りの実質的消失とその結果として
の人間の発達の消失が充満した、ポストモダンの歴史時代を再始動するため
に、この暴露(言語自身が活動であること)が有する、実践ー批判的潜在力を
示すという目標だ。

ヴィゴツキー

　最初の社会主義革命以降、当時を主導するマルクス主義の理論家であった
ヴィゴツキーは、心理学と教育の立て直しと、現在私たちが特別教育と呼ぶ
ものの建設において重要な役割を果たした。理想とされた新しい社会に奉仕
する、新しい心理学の建設を熱狂的に追求するソビエトの研究者グループの
リーダーと目された、ヴィゴツキーは、2種類の哲学ー科学的パラダイムの
方法論への理解に取り組み続けた。彼が受け継いだ、二つのパラダイムのう
ち、一方は二元論的でカテゴリーに基づく西洋の科学の伝統であり、今一つ

は新しく生まれた、しかしあっという間に観念論となり二元論となったマル
クス主義である。

　科学だけでなく、文化、教育、社会関係すなわちあらゆる生の領域における、
この短期的ではあったが実験な時代が、スターリンによってあまりにも早
い終止符を打たれた事は悲劇であった (Friedman, 1990; Newman and Holzman,
1993; van der Veer and Valsiner, 1991)。38 歳で結核によって死んだヴィゴツキー
は、スターリン時代の抑圧の犠牲者と言えなくはない。彼の仕事は、存命中
から研究者／教条主義者から攻撃を受け死後抑圧されるに至った。1920 年
代に、幼児のことばと思考に関してピアジェとの間に交わされた刺激的ディ
ベートは、1962 年の『思考と言語』英語版の出版まで忘れさられていた。言語、
学習と発達、学校教育、詩学、文学、演劇、芸術における創造と想像、子供
の遊びと描画、書きことば、記憶、情動、精神遅滞、盲そして聾に関して、
ヴィゴツキーが書いた、200 編に及ぶ文書、論文、口頭発表は、近年まであ
らゆる言語によっても未刊のままであった。ヴィゴツキーの (社会文化的あ
るいは文化歴史的心理学として言及されることが多い) 仕事への関心は過去
10 年間に、発達・社会・教育心理学者の間で再燃している。コミュニケーショ
ンと談話の研究者の間でもそうである[原注2]。そして、ソビエト連邦の崩壊以来、
ヴィゴツキーとソビエト心理学の知的、政治的歴史への関心も増大している
(Joravsky (1989), Kozulin (1990), van der Veer and Valsiner (1991))。

　ヴィゴツキーは、人間の発達について極めて重要な発見をしている。それ
らの発見は、私たちの見るところ、人間心理の科学の発展につながる批判的
方法論的な打開によって可能となったものである。彼の仕事は基礎付け的で
あると同時に反基礎づけ主義でもある (この点ではウィトゲンシュタインに
類似している)。彼は新しい科学の建設のために、ほぼ全ての既存の心理学
的な考え方と多数の西洋哲学とマルクス主義哲学の考え方を厳しい精査の対
象にし──自分が作り上げたものの上に新しい心理学 (私たちのことばでは
アンチ心理学である) の種を植えたのである。ヴィゴツキーの著作には、科
学と不可分のものとしての方法論に関する数多くの申し立てが見られる。古
い方法論と新しいドグマの落とし穴を避け、新しい何かを創造しようとする
奮闘の跡を見ることができる。

　私は、たくさんの引用の切り貼りで心の本質を発見しようとは思わない。
マルクスの方法の全体を学ぶことで、科学の建設法と心の研究へのアプ
ローチ法を見つけたいのだ。　　　　　　　　　　　　（Vygotsky, 1978, p.8）

　実践は科学的活動の最深部に根付いており、科学を徹頭徹尾再構築する
ものだ。課題を与えるのも実践であり、理論の最高位の審判も実践であ
る。実践は真理の基準である。概念の構成と法則の定式化の方向性を決
定するのも実践である。　　　　　　　　　（Vygotsky, 1982, pp.388–389）

　「ヴィゴツキーの心理学」と「ヴィゴツキーの方法論」の関係は、彼の解釈
者や追随者の間でかなりの論争の種であった（例えば、Bakhurst（1991）、
Davydov and Radzikhovskii（1985）、Kozulin（1986）、Newman and Holzman
（1993）、van der Veer and Valsiner（1991））。これらの議論には、マルクスの哲
学的著作へのヴィゴツキーの負債に関する様々な意見も見られる。
　私たちにとって、ヴィゴツキーは第 1 級で最重要のマルクス主義活動理論
家である。彼は、行動ではなく活動を、人間発達に固有の重大な特性に位置
付けた。私たちの理解では、活動と行動の存在論的違いは、現実に変化する
全体性と、（疑似科学的一般法則に基づいた）「個体」の変化の違い、質的な変
形と量的集積の違いである（Newman and Holzman, 1993）。ヴィゴツキーがマ
ルクスから引き継いだのは次のようなポイントである。人間は単に刺激に反
応し、当該社会によって決定された有用なスキルを習得し、人間を規定する
社会に適応するものなのではない。人間の社会生活の固有性は、人間を規定
する社会そのものを変化させようとすることだ。マルクスは次のように言う
「環境を変えることと人間活動を変えすなわち人間自身を変えることの同時
発生は、革命的実践としてのみ概念化することができ、合理的に理解するこ
とができる（Marx, 1973, p.121）」。他所でマルクスが「革命的実践批判活動」と
呼ぶ、革命的実践は、変化しつつあるものを変化させるのであって、この変
化しつつあるものもまた変化しつつあるものを変化させている。それは「現
実の社会関係の実践的な廃棄である」（Marx and Engels, 1973, p.58）。
　ヴィゴツキーの貢献は、私たちの見方では、新しい研究の単位（活動）は（も

ちろんそれから分断されていない) 新しい研究の方法論を必要としている、
という認識の深化にあった。彼は生涯に渡って、科学としての心理学の本性
を探求すること、そのことを課題とした。科学という活動は、すべての人間
活動と同じく、それ自身のパラドクスを体現している。科学は科学自身の探
求対象を(虚構するのではなく)創造しなければならない。

> 探求の方法は、心理活動の人間固有の形態を理解するという試み全体の
> 中で、最も重要な課題となる。この場合、方法は前提であると同時に産
> 物でもあり、研究の道具でもあり結果でもある。　(Vygotsky, 1978, p.65)

　私たちが実践の方法と呼んだ(Newman and Holzman, 1993)、道具と結果と
しての方法論という新しい概念化は、とてつもなくラディカルなものだ。私
たちの見方では、ヴィゴツキーが挑戦しているのは、プラトンからカント(そ
してそれ以降の哲学者) の知識論を含む、西洋の科学——哲学パラダイムま
さにそのものだといえる。伝統的な用語法では、方法は実験の内容と結果か
ら、つまり方法が向けられる対象から分離されているものである。それは適
用されるものであり、ある目標に向かうための機能的手段であり、基本的に
はプラグマティックな、つまり手段的性格を持つものである。このような方
法の二元論的な概念化(道具と結果ではなく、結果のための道具)は、知識の
対象と、その対象に関する知識に到達するための道具(方法)を必要とすると
いう知識理論を前提としている。
　ヴィゴツキーにとって、そしてマルクスにとっても、方法は適用されるも
のではなく、実践されるものである。目標への手段ではなく、結果達成のた
めの道具でもない。知識の対象というものはないし、方法実践の活動から分
離された知識もない。結果(産物、対象)は、道具(産出の過程)から、分離不
可能である(分離されたなら、定義不能で名状不能で、知ることも不可能で
ある)。両者は弁証法的な統一の関係の中で、同時的に立ち現れるのである(そ
れはウィトゲンシュタインの言語ゲームのように、プレーのルールはゲーム
をプレーすることを通して、まさにそれによって立ち現れるのである)。ヴィ
ゴツキーの時代も、まして私たちの時代では、支配的な科学パラダイムは、

一元論的で弁証法的な道具と結果などではない。実用主義的で手段的な、結果のための道具である（道具と結果の方法論と結果のための道具方法論の区別に関するさらなる議論は、Newman and Holzman (1993) を参照されたい）。

　支配的な二元論－手段主義－還元主義の科学パラダイムの裂け目は、現代のヴィゴツキー研究者によって残念ながら一貫して（しかし無自覚のうちに）見過ごされてきた。活動理論というよりも媒介論と見なされる現代のヴィゴツキアン達は、既存の（結果のための）道具の私有化に焦点を当てている。さらに根深いのは、意識的な転覆を目指しながらヴィゴツキー自身も見逃してしまう、結果のための道具方法論の二元論と、過剰な認知主義バイアスである。しかし、ヴィゴツキーの方法を取り損なうことは、彼の革命性も失うことであり、実践－批判的心理学者（アンチ心理学者）としては無用だと宣告することになると私たちは考える。

　ヴィゴツキーの最もよく知られた仕事は、幼児の言葉と思考の発達の関係についての研究である。彼の的確で厳しい分析の大半は、子供の自己中心的言語と思考に関するピアジェの発見への批判と、おどろくことはないが、その方法論に関する手厳しい批判から成り立っている。ほとんどの発達心理学の教科書にあるような、月並みの見方では、ヴィゴツキーの立ち位置を直接ピアジェと闘わせるようにする。一方で、両者の立場が共存可能で統合可能だとする試みもある（Bearison, 1991）。私たちは、これらがともに方法論的には誤りだと考える。

　方法の探求とその方法による新しい心理学の探求という自分に課した課題を心に留めながら、ヴィゴツキーは、ピアジェの仕事にどのようにアプローチしたかを記している。

　　私たちは、ピアジェの研究の基礎を提供する、理論と方法論システムを
　　批判しなければならない。この枠組みから、ただ理論の基礎となり、方
　　法論を具体化する範囲でのみ、私たちは経験的データに関心を払うこと
　　にする。
　　　　　　　　　　　　　　　　　　　　　　　（Vygotsky, 1987, pp.55–56）

　彼は、いったいどのようにピアジェの方法論を特徴付けたのか？　没歴史

的、非文化的、そして形而上学的と特徴付けたが、お望みなら、普遍性のイデア化された「永遠の子ども」の研究ともいえる。「しかし、心理学の課題は、永遠の子どもの発見にはない。心理学の課題は歴史的な子どもの発見にある」という(Vygostky, 1987, p.91)。

　ピアジェの永遠の子どもは、(自閉的存在から合理的で社会的な存在へと変化する)7歳か8歳まで、自己中心的である。彼女／彼のことばは非社会的で「自分のためのもの」であり、コミュニケーションに寄与しない、自己中心的思考のためだけ機能を果たすものである。彼女／彼の初期の思考は、私的で個人的で自閉的である。それは、「外的現実」に対置される(二元論的にも分離され、外的現実に先行するとされる)「内的欲求」を表現するとされる。ヴィゴツキーの子どもは、歴史的であり、話すことの学習は社会的で歴史的な活動である。話すことの学習、子供の発達、子ども、これらは一つの歴史である。子どものことばは常に社会的である。自己中心的ことばは、「個人の精神機能の領域へと至る社会的共同の動きを通して発達する」(Vygotsky, 1987, p.74)社会的ことばの一つの形態なのである。彼女／彼の初期の思考は、知的であるとともに情動的であり、「内的欲求」と「外的現実」の分離などない。そればかりか、自閉的思考は現実的思考に先行するものでもない。自閉的思考の発達は、現実の思考の発達に依存しているのだ。

　ヴィゴツキーは、ピアジェが子どもたちが最初内的欲求の満足に動機付けられ、のちに初めて客観的リアリティーに適応するように強いられると断定することから、ピアジェがフロイトの(形而上学的)枠組みの中で発想しているを示してみせた。このような子どもの世界の分離は、個体と社会の根源的二元論のフロイト主義的現れと言える。基本的に「(ピアジェは)快楽原理と結びついた形而上学の全体を取り入れた。そこで、快楽原理は、生物学的重要度の低い補助的位置づけから、ある種の独立した生の力つまり精神発達全体のプロセスの主要な原動力へと転換されたのである。」(Vygotsky, 1987, p.77)

　私たちはかつて次のように、ヴィゴツキーによるピアジェ批判を記した(Newman and Holzman, 1993)。

論理的必要から、ピアジェは次にさらに他の抽象へと追い込まれること
となった。それは純粋な思考という抽象である。欲求と充足を現実への
適応から引き剥がしたピアジェに残されたのは、子どもの欲求や欲望か
ら完全に切り離された、宙に浮いた現実的思考だけである。一方ヴィゴ
ツキーは、何よりマルクスの歴史的な一元論と、歴史的子どもを固守し
続けた。欲求と適応はそれらの統一体として考察されるべきものである。
「子どもには、純粋に真理のための機能する思考形態などというものは
なく、この地上世界、欲求、希望そして関心から切り離された思考形態
などもありえない」(Vygotsky, 1987, p.77)。

(Newman and Holzman, 1993, p.124)

　子どもの思考も言語も、ピアジェのいうような意味で自己中心的ではない、
つまりは非社会的ではないという、ヴィゴツキーの批判によって、ピアジェ
の論議は大きく弱体化されることとなった。残された(脱構築／再構築の)課
題は、前提された考えることと話すことのリンクを切断することである。と
いうのも、(思考と言語に関するピアジェとヴィゴツキーの観点の相違に着目
するほとんどの研究者が追随する)ピアジェは、考えることが話すことに反
映されると想定するからである。しかしながら、ヴィゴツキーは(ウィトゲ
ンシュタイン同様に)、言語と思考の因果的結合か直線的結合の一方あるい
は両方を必要とするような、個人と社会の分離を拒絶するのである。(これ以
外に、いったい人はどのように発達できるのか。「内的なもの」は外へと表現
されなくてはならないのではないのか？　文化、規範、価値などの「外的な
もの」は、「内的なもの」とならざるをえないのではないのか？)ヴィゴツキー
にとっては、話すことと考えることは、二つに分離された過程ではなく、こ
とばの意味に反映される統一体なのである。

　　ことばの構造は、思考構造の鏡像ではない。それゆえに、洋服棚の衣服
　　のように思考にことばを着せるわけにはいかない。ことばは、ただ単に
　　発達した思考の表現として機能するのではない。思考はことばに転換さ
　　れることで再構造化される。表現されるのではなく、完成されるのだ。

(Vygotsky, 1987, p.251)

　思考を完成する言語（「ことばによって完成される思考」）は、いうまでもなく、ピアジェとの論争をはるかに超えた意味を持つ。西洋の支配的な哲学－言語－心理学のパラダイム（「混乱をもたらす高度に複雑な思考過程の背景」とウィトゲンシュタインが呼ぶものは、言語は思考を表現するという前提に依存している。相当に根深いのは、ことばそのものではなく人々が意味を創造すると主張する、様々な社会構成主義の言語観もこの前提への囚われを認めようとしていないことだ。ヴィゴツキーは、この「関係性」を逆転しようとしたわけではない。言語と思考の分離され静的なままの関係性を拒絶し、そうすることで二つを「再結合」する必要性を廃棄したのである。つまり、言語がそもそも指示し、名付け、代表し、表現するものだという、過剰決定されて、過剰に決定し続ける概念化を拒絶したのだ。思考を完成する言語（話すこと／考えることの統一性）は、言語を社会文化的な関係活動として特定するのである。

　ウィトゲンシュタインの後期の仕事はヴィゴツキーの考え方を支持する。ウィトゲンシュタインの仕事が実際に挑戦するのは、思考を表現する言語という支配的パラダイムと、このパラダイムが具体化したり含意する二元論、平行論そして対応説である。思い出して欲しいのは、例えば、因果的な結合ならびに生理－心理平行論が持つ、形而上学と不条理である。「どうして何かあるものが、それが何であれ、ともかく何らかの形でそこに蓄えられていなければならないのか。言語活動と生活形式を暴露する方法である、言語ゲームは、言語を思考を完成されるものと見なしている。言語ゲームによってウィトゲンシュタインは、発達的（アンチ）心理学を、非解釈的臨床実践／文化－パフォーマンスアプローチへと形作るヴィゴツキーを手助けするのである。

　ヴィゴツキーの目標は、二つの働きをする科学の創造であった。一つは、人間と人間文化の歴史的発達を明らかにする科学である（「人間を自然と関係づけ基礎的な手段としての労働をどのような新しい活動形態が担うのか、そしてこのような活動形態がどのような心理的帰結をもたらすのか？」[Vygotsky, 1978, p.19]）。第二に、新しい社会主義国家が突きつけた無数の難問に応え

ることのできるかであった。この大望が、一生涯にわたって教授／学習と発達の関係を追求させたのである。ヴィゴツキーと同僚たちの経験的な仕事は教育や補償教育に向けられ、文盲、新国家を形成する数百の民族集団の文化差、国中を放浪する数百万の遺棄されたホームレスの子ども達、そして新社会の形成に完全には参加できない人々への教育サービスの不足といった問題を扱った。(手段主義ではない)道具と結果の方法論によってヴィゴツキーは、子どもの学習と発達に関して、発達的文化－パフォーマンス心理学の (アンチ) 基礎づけとなる、いくつかの発見をした。奇しくもウィトゲンシュタインの探求の道筋と一致して、これらの発見は、人間の生の活動の道具と結果の弁証法的で関係論的性格を明らかにした。

　当時の教育理論と教育実践をレビューして、ヴィゴツキーはその不足を痛感した。彼は学習と発達の関係に関する支配的な見方を拒絶した。支配的見方とは、分離主義、同一性論、詳細不明の相互作用論の三つであった(Newman and Holzman, 1993; Vygotsky, 1987)。彼にとっては、学習と発達は、単一のプロセスでもなければ、独立した複数プロセスでもない。むしろ、学習と発達の統一体を認めて、発達を導く学習という挑発的な命題を掲げたのだった。発達段階という抽象を設定して、学習はその上に成立するという (70 年後の今でも通用する) 教育実践を評して、「発達過程においてすでに成熟したものを単に利用するだけならば、つまり教授自体が発達の源泉とならないならば、教授は全く無用となる」と述べている (Vygotsky, 1987, p.212)。学習に導かれた発達という弁証法的統一体の発見によって、二元論に偏よる学習と発達の分離と、人がどのようにどのくらい学習できるかの基礎となる (一般的で抽象的な)「純粋発達」への帰属を退けた。

　発達を先導する学習の革命性は、発達の最近接領域 (ZPD) の発見がなければ (ヴィゴツキーのいう完成の意味で) 完成はできなかった。人、精神、発達、学習、そして思考やことばや想起や問題解決などの心理過程は、社会文化歴史的活動の形態への参加と内化を通して、創造され生産されるのである。

　　あらゆる精神機能は、子どもの文化発達において二度出現する。一度目は社会的レベルで、後に個人レベルで出現する。最初は人々の間で (精

神間で) ついで子どもの内部で (精神内で) 出現する。このことは、すべ
ての随意的注意、論理的記憶、概念形成に等しく当てはまる。すべての
高次精神機能は、人々の現実的な関係に起源を持つ。

(Vygotsky, 1978, p.57)

　zpd は、「他者と一緒にできること」と「単独でできること」の差異である。
子ども達 (と大人が) が他者と共同することで「より多くを達成する」と最初に
指摘したのはヴィゴツキーでもないし彼以降にもそう指摘するものもいた。
しかし、これがどのような社会－文化－歴史的プロセスで起こるのかの詳細
を述べたのはヴィゴツキーである。発達を導く学習 (学習に導かれた発達)
という社会活動は zpd を創造し、zpd の中で生起する。私たちの見方では、
zpd は、現行の非発達的枠組みに収納可能で他のユニットによって置換可能
な、伝統的心理的ユニットではない。確かに伝統的心理的ユニットとするこ
とは可能だし、これまでそうしてきた。しかし、それはヴィゴツキーのプロ
ジェクト全体を裏切ることになり、プロジェクトに内在するとてつもない創
造力を覆い隠すことになると考える。過剰決定され固体化した、メンタリズ
ム、二元論そして機能主義に基かない、新しい関係的認識論にとって、zpd
はまさに重要要素なのである。それは、個人対社会、外界と内界といった哲
学的に過剰決定された区別を廃棄する。zpd は、人間が「世界を知るように
なる」ことはなく、それに「働きかける」ことも「構成する」こともないという
ことを示唆する、なぜなら、その種の命題は、言外に人間と世界の分離を表
現するからである (そして、どのように個人が「世界内で」発達するのかを
理解するためには、必然的に抽象的な説明モードを採用するという結果にな
る)。
　ヴィゴツキーの方法論と発見の探求において、私たちは zpd を私たちが生
活する場所であり、どのように生活するのかの方法に関わる生空間として、
それもそれを生産する私たちと切り離せない生空間として描いた。社会的－
歴史的－文化的に生産された環境が zpd なのだが、この環境で人間は他者そ
して自然との関係、つまり社会関係を組織し再組織するし、社会関係を組織・
再組織する方法にもなっている。時として明らかに、目に見えるような状況

によって決定されてはいる、zpd は人間がそれらの状況を完全に転換する(新しく何かを作る)場所であり方法である。それは、人間の(革命的)活動の場なのである。そして zpd は、同時に、革命的活動の生産であり、革命的活動を可能にする環境でもある(Newman and Holzman, 1993)。

　ヴィゴツキーは、子どもの主要な活動としての遊びに大きな関心を持っていた。彼は、遊びの発達の道筋と発達全体における遊びの役割を検討した。彼には、遊びは、無駄でふざけた行動ではない。それは発達における主導的要因である。遊びは zpd を作り出し「子どもの最大の成果は遊びで可能となる(Vygotsky, 1978, p.100)。そして、遊び状況と遊びでない状況の双方が、革命的活動(発達を導く学習)が発生する zpd を作り出す。違いは、次のようになる。遊びでない状況では、行為が意味を支配する一方、遊び状況では意味が行為を支配する。その理由は、遊び固有の特性が、想像的な状況の創造を通して子どもを状況の制約から解放する事にあるからだ。遊びの発達の道筋(と発達全体における遊びの役割)を分析する中で、ヴィゴツキーは、初期の想像の状況が優勢になる(自由)遊びから、ゲームのルールが支配的になった時、ゲーム遊びに移行することを示して見せた。

　もっとも初期段階の遊びの形態(自由遊び)でさえも、遊びの創造にはルールが含まれている。「遊びに想像の状況が含まれるときはいつでも、ルールが存在する。ルールは事前に決められてゲームの展開の中で変化するものではなく、むしろ想像の状況に由来するのである(Vygotsky, 1978, p.95)」。そのようなルールは、想像の状況を実際作り出す中で立ち現れるものだがこれまで知られていなかったし名付けられていなかった(ヴィゴツキーは潜在ルールと呼ぶ)のだが、ルールの産出活動との関係で初めて理解できるものだ。(発達的には遅れてやってくる)ゲーム遊びのルールは、私たちが普通に考えるルール、例えば指示、教示、目的手段つまりゲームのルールに似ている(ヴィゴツキーはこれらを顕在ルールと呼ぶ)。私たちが(道具と結果と結果のための道具で)方法論に適用した「と(and)」と「のための(for)」の区別は、ヴィゴツキーの遊びの発達に関する発見を理解する上でも有用である。道具が現実へ関係するのと同じように、ルールは想像に関係すると提案したい。結果のためのルールとともに、ルールも結果もという関係も存在する。

　発達にとって、この区別は以下のような意味を持つ。「初期の遊びはルール
も結果も、によって特徴付けられる。パフォーマンスが想像上の結果に影響
を与えるのと同じくらい、想像上の結果はパフォーマンス（遊び）のあり方に
影響する。ゲーム遊びでは、ルールはハウツーとなり、最終結果のための用
具一式はゲームのパフォーマンスのやり方から切り離され、すでに決定され
てもいる（Newman and Holzman, 1993, p.101）」。さらには、ヴィゴツキーが、
実際の生活で意味を支配する行為としたのは、道具と結果を創造する革命的
活動である一方で、想像の領域で行為を支配する意味と特定されたのは、ルー
ルと結果を創造する革命的活動である（Newman and Holzman, 1993）。

　ヴィゴツキーの企図全体は、学習と発達の関係や、言語と思考の関係を織
り合わせ続けるというものだった。話しことばと言語による活動は（精神の
霧が晴れて）、人間の学習と発達を可能にする人間によって創造される心理
的道具と結果である。ヴィゴツキーの方法と彼の発達初期に関する発見を統
合することで、人間はただ道具使用者／言語使用者なのではなく、道具製作
者／言語製作者だということが分かる。子ども達は、意味づくりの革命的活
動に従事することで、話すことと言語使用を学習する（自分の生活世界の要
素を取り上げて、何かしら新しいものに再組織化する）。私たちのヴィゴツ
キーの読み方からは、意味づくりが言語づくりを導く（そしてこれが言語の
使用に至る）ということが示唆される。幼児期初期には、言語の活動が支配
的となる。言語と遊ぶことは、既定された言語の道具を用いて、既存の音声、
構文、意味を崩壊させながら、事前に決められたものではない新しい何かを
創造することである。この言語との遊びは、乳児期と幼児期初期の zpd で生
起する、共同活動である（Newmand and Holzman, 1993）。多くの心理学者が、
ヴィゴツキーの仕事の、この側面を見逃している。活動と使用の重大な違い
を曖昧にして、意味を使用と同じものとみなしたのである（例えば、Bruner,
1983, 1985; Wertsch, 1991）。

　幼少期の子どもは、言語とは何か、それが言語だと知る事に邪魔されず、
その社会において適切な話し手と評価されるルールも知らず、「自分を表現す
る」文化的に造られ商品化された欲求も、普遍性への渇望も知らない子ども
であり、素晴らしい意味の製作者である。よちよち歩きの 1 歳未満児は、「辞

書と文法書をちょうだい。2、3年したらまた来るね」などとはいわない。違うのだ。その子達は——片言を言い、語を用い、意味を作り——社会生活への参加過程と切り離せない事柄を発するのだ。参加方法のルールを知る前に、社会過程（関係活動）に参加している。子ども達は「自分自身を超えて」「頭一つ分の背伸び」をパフォーマンスする (Vygotsky, 1978; 1987)。子ども達は「自分自信を超えたパフォーマンスをし」「自分を超えた存在」として振る舞う活動に関わっているのだ(Newman and Holzman, 1993)。

　子ども達にとっては、（ウィトゲンシュタインのいう意味での）ゲームが、人生の活動のすべてである。しかしゲームはそこそこ良いものだとはいえ、遊びがなければ言語(や他のものも)の存在も発達も説明できないものとなると思える。いうまでもなく、同じことが遊びについても言える。遊びは、ゲームに関連しているからこそ取るに足らないものではなくなるし、実際関連しているからこそ重要なものとなっている。ヴィゴツキーの遊びと、ウィトゲンシュタインのゲームの統合によって、両方を豊かにすることができ、さらには、人間の生を理解するための、新しい発達臨床実践／文化パフォーマンスアプローチを作り上げることができると考える。

　子ども達はゲームで遊んで、初めてルールを覚えられる。この意味で、子ども達は大人よりもはるかに優れた学習者である。私たち大人よりも、たくさんのことを、よりよく学ぶことができるのである。子ども達は、ヴィゴツキーのいう意味での学習をしている。「『良い学習』とは発達を導くものである」(Vygotsky, 1978, p.89)。大人の私たちは、正式の言語（と事実）を学び過ぎてしまったので、「世の中」で決められた、言語のルールに完全に支配されている。そうなので、意味作りをし、片言を言い、新しい言語ゲームを遊び、パフォーマンスすることを、どうやってやれば良いか忘れてしまい、そうするのを助けてくれる環境も全て失っている。(面白いことに、ゲームだということをほとんどあるいは全く知らないままに) 言語ゲームの正しい遊び方を学べば学ぶほど、関係性の活動である子どもの遊び方では遊べなくなるのだ。言語の使用に長ければ長けるほど、言語の活動から遠のくのである。特定社会に適合する言語を知れば知るほど、それは混乱(形而上学)を生み出すのである。

　私たちの考え方では、最初の言語ゲームは「ZPD における意味作り」である。(zpd において zpd として) このゲームを最大限に様々なやり方で遊ぶ共同活動は、その社会で適切とされる言語使用も実際可能とする。指示的 denotative 言語は、もっと後で出現する。このようなアプローチによって、年齢とともに現れる言語と、それが「何についてか」を分離する「論理的必要性」をなくすことができる。意味作りの革命的活動は、言語作りも言語使用も、両方とも可能にする。

認知的でなく文化的に

　後期ウィトゲンシュタインも、ヴィゴツキーも、西欧哲学と科学の形而上学的な前提と仮定に立つように見える場合もあるのだが、後期ウィトゲンシュタインは一貫して反基礎づけ主義であり反機能主義であるとともに、明確に形而上学を病いだと見なしている。

　私たちが形而上学的前提のあらゆるやり方で過剰決定されていることを暴露しながら、ウィトゲンシュタインは、活動としての言語を示すのに必要な探求実践を妨げる、障害を指摘している。一つの障害である「一般的なるものへの渇望は、それぞれ或る哲学的混乱と結びついている思考傾向が幾つか合わさったもの」(Wittgenstein, 1965, p.17)[訳注 15] であり、哲学者を形而上学の罠に陥れるものである。ウィトゲンシュタインは、陥れるものとして四つの思考傾向を指摘している。(1) 一般名詞に包摂される対象 (エンティティー) の全てに共通する何かを探す傾向、(2) 一般名詞を学び知った人なら、それにともなって (個物の像とは異なる) 一般像なるものを獲得している、と考える傾向、(3)「心的状態」の二つの意味／使用－意識状態と仮説上の心的機能の状態－を混同する傾向、(4) 科学の方法に呪縛される傾向 (Wittgenstein, 1965, pp.17–18)[訳注 16]。3 番までは、何世紀にも渡る哲学の、上から、外部から、特別上位から、超越からの、本質探求を反映している。(4) は、内部あるいは下部からの本質探求、つまり還元主義による近代科学の本質探求が、哲学にもたらした影響を意味している。

　哲学者が、言語によってつまり日常的な表現形式によっても、そして言語構造の単純な考え方によっても混乱している一方で、自然現象の説明を、最

小限の数の原初的自然法則に還元するという科学的方法にも魅せられてい
る、とウィトゲンシュタインは述べる。ウィトゲンシュタインは、後者を「形
而上学の真の源」(Wittgenstein, 1965, p.18)[訳注17]だという。

　西欧の物理学と社会科学に結びついた、そしていわゆる常識に結びついた、
実証主義の説明パラダイムに関する、私たちの議論を思い出してほしい。こ
の還元主義的で法則的 nomological モデルは(たとえば Hempel (1965) が提唱
するのだが) 第一前提としての一般化と一般法則と、第二前提としての経験
的に検証可能な現状に関する記述(できるだけ知覚経験に近づけるように還
元できればベストである)、最後に、以上の二つの前提に基づいて、説明対
象の事象の記述を(演繹論理あるいは帰納論理で)論理的に派生させるのであ
る。ウィトゲンシュタインにとって、哲学の治療には、この論理実証主義の
説明パラダイムの廃棄が必須となる。「ここで私は言いたい。それが何であれ、
何かを何かに帰着させる、またそれを説明するというのは断じて我々の仕事
ではない、と。」(Wittgenstein, 1965, p.18)[訳注18]

　ウィトゲンシュタインが記述的ということで何を意味するかは、伝統的実
証主義／還元主義の説明モデルに関連づけ、そしてそれと対照することで一
番よく理解できる。彼は、正統的(そして抽象的)科学的説明に根本的代案を
ぶつける。生の活動から完全に切り離され(それ自体は生の活動とはみなさ
れない)、疑似科学的で形而上学的な生活動の説明に対する代案である。彼は、
もっとよく社会生活を(抽象的説明や解釈ではない、活動の一つとしての理
解の意味で)理解させる、(解釈的でなく、還元主義でない)見せ方と「指摘」の
仕方を探していた。

　新ウィトゲンシュタイン派は、伝統的実証主義・還元主義の説明モデルに
挑戦したのだが、それは1951年のウィトゲンシュタイン の死後20年間に
隆興した、いわゆる日常言語派と大まかに括られる哲学者たちによる批判
であった。社会科学と歴史学の哲学者たち (その中には Dray (1957)、Scriven
(1959)、Winch (1958) などがいる) は、説明は、説明を構造的に解明するだ
けでは理解不能であり、どのように説明の言語が使用されるかについての研
究として可能となると論じた。ウィトゲンシュタインの記述に関する観察に
着目して、単なる記述が適切な文脈次第で説明的になる、様々なやり方を示

そうとした。彼らの説明に関する研究は、説明言語が使用される、様々な微妙なやり方を示して、それゆえに説明となるには、構造モデルの抽象的基準を満足する必要がないことを「証明する」という、論理実証主義批判の典型であった。

　何らかの種類の意味／使用の同等性を打ち立てて、ついで言語あるいは日常言語の分析に照準する、この手続きは、多くのウィトゲンシュタイン以降の哲学者の仕事の特徴となった（例えば Austin（1962）、Searle（1969）、Strawson（1964））。これは論理実証主義を葬る助けには、なったかもしれない。確かに、言語の機微を深く理解することを確かに可能にはした。そして疑いなく、続いて起こった言語研究の発展に寄与した。しかし、私たちの見方では、ヴィゴツキーとウィトゲンシュタインの理解にとって基本的である使用と活動の重大な違いを曖昧にしてしまった。

　現代米国のヴィゴツキー研究者ワーチによる、ウィトゲンシュタインの道具イメージの議論は、使用と活動を曖昧にする（と同時にヴィゴツキーを用具主義化する）ことの、教訓的実例となる。ワーチ（Wertsch, 1991）は、ウィトゲンシュタインの言葉に関して最もよく知られた命題を引用している。

　　道具箱の中に入っている色々な道具について考えよ。そこには、ハンマー、やっとこ、のこぎり、ネジまわし、ものさし、にかわつぼ、にかわ、くぎ、ねじがある。――これらのものの機能が様々であるように、語の機能もさまざまである。（しかも、類似点があちこちにある。）

　　もちろん、われわれを混乱させるのは、いろいろな語が話されたり、文書や印刷物の中で現れたりするとき、それらの現われた姿が同じであるように見えるということである。なぜなら、それらの適用例が、われわれにとってそれほど明らかではないからである。

　　　　　　　　　　　　（（Wittgenstein, 1953, p.6；Wertsch（1991, p.105）より引用）訳注19

　ワーチはこの引用に先立って次のように述べている。「ウィトゲンシュタインは『哲学探究』において、ある言語ゲームを他から区別することの困難を説いている。言語ゲームの組織のされ方は道具箱によって概念化できると述べ

ている (Wertsch, 1991, p.105)。

　しかし、道具箱で整理できるのは、(ウィトゲンシュタインが言うように、組織されるものについての考えであるかもしれないが)――ワーチがいうように言語ゲームでも――ことばでないものではないか？　道具箱の道具は(それを考えることも)社会における言語の使用(例えば語)の理解を助けてくれる。しかし、言語ゲームが可能にするのは、言語の特定社会における使用ではなく、活動を見ることである。ウィトゲンシュタイン、ヴィゴツキーそしてマルクスは、様々なやり方と多様な深さで、言語使用を導く活動／使用の弁証法を理解していたと、私たちは考える(もっともウィトゲンシュタインは、弁証法ということばにがっかりするだろうと心配するのだが)。

　疎外された社会で活動が生産物の中に見つからないのと同じように、(類推としても他のやり方にしても)言語ゲームは道具箱の中に見つかるものではない。言語活動や他の生活形式は、道具箱の中にではなく、歴史／社会の矛盾に満ちた統一体の中に見つかるのである。その社会で有意味なやり方で(道具箱から取り出され)表現され使用される時でも、意味は、言語作りの社会活動(言語ゲーム)から発生するのである。使用と活動の野合は、ワーチがいうような「道具箱に整理された言語ゲーム」という奇妙な定式化をもたらすのである。

心の語彙に関する見方

　使用と活動の区別を明らかにすることで、さらに、哲学と無縁の認識論に基づいた、新しい文化的セラピーつまり方法の実践を、創造し解明することができる[原注3]。「心の語彙に関する二つの見方」つまり象的な pictorial 見方とプラグマティックな見方 (Gergen, 1994) を区別し対比することで(第 6 章の二つの意味理論の議論で事前に示したが)、ここまで述べてきたことを要約して「臨床化」してみよう。私たちの文化における実践で(言語一般についてもそして特に心の言語についてはさらに)優勢な、像的な見方は、心的語彙を指示的なものとみなす。その主要な機能は、心の状態を、日常の情動的、態度そして認知的語法で正確に(真実に基づいて)記述することにある。あるいは、生理学的語法で、現象学的語法で、心の内界の語法で、(心の生活の離散

的で識別可能な事象はそれと結びついた行動だと信じる人々によって）行動
の語法で、あるいはその他の語法で、記述される。像的な見方では、これら
の記述が、「現実」の内的（時には外的）な客観的状態に対応する。

　セラピーにおける、そのような記述を含む発話は、普通、心の状態の表現
と伝達あるいはそのどちらか一つを行う、（患者という）1 人称人物の作業に
より発せられるか、あるいはそのような心的状態を 2 人称あるいは 3 人称
人物が、（患者、クライエント、セラピーグループのメンバーとも呼ばれる）
1 人称人物へと帰属させる作業によるものである。その結果、多くの場合に、
臨床クライエントはセラピストによって「何が生起しているのか」を語るよ
うに迫られることになる。つまり、セラピストは、できる限り詳しく、率直
に、深く、患者がおそらく全てを知ってはいないが特別な観察力を有するだ
ろう「内的現実」を、クライエントや患者に語ることを求める。セラピストは、
患者がそうできるように支援するスキルに特別に長けており、さらには患者
の心の状態について、別種の記述を提案する資格を与えられている。この別
種の記述は、真であり、意味があり、首尾一貫し、患者の一人称記述の価値
に挑戦するものでもある。

　診断は、このような記述と再記述（定義）の過程の一つの要素に過ぎない。
診断そのものは患者に直接伝えられる場合もそうでない場合もあるが（最大
限に自由で急進的な環境では普通それは「物語」として廃棄されたり再ラベル
化されるにしても、より自由で急進的な環境であればそうされるだろうが）、
少なくとも、セラピストの非診断的な記述が告げられることになる。さら
に、私たちも他の研究者も（例えば Deleuze and Guattari(1977)；Gergen(1994)）
指摘するように、医療あるいは疑似医療における像的な言語使用での再記述
は、患者の心の状態をノーマリゼーションするので、多くの場合に大変ポジ
ティブな反応を受けることになる。実際、「精神的健康に関わる職業の語彙
は、見知らぬものを親しみが湧くものにし、そして恐怖心を減らすことにな
る。「悪魔の技」とか「恐ろしいほどの異常さ」ではなく、例えば、異常な活動
に標準化されたラベルが与えられることで、それはとても自然なことであり
完全に想定内であり科学が長く熟知していることだ、と意味することになる
(Gergen, 1994, p.148)。トークセラピー（心理療法）の従来の特徴づけは（これ

はかなりの程度、日常生活で心について語ることにも通じることだが）、その焦点があまりにも狭いために明らかに単純すぎる。それ以上に、今のところ正確でもない。

　近年、トマス・サーズ（Tomath Szasz）は、彼に影響を受けた人々とともに、心の語彙に関する像的な見方あるいは診断と精神に関する一部か全ての記述に関する妥当性、またはその両方に対して厳しい批判を向けている。さらには、臨床実践を支配し続けているのは、この心に関する／情動的な言語であるのだ。その証拠としては、ガーゲン（1994）がいうように、診断記述の数（例えば『DSM-IV』を参照のこと）とともに、心理実践職に就く者の数の指数関数的増加を指摘すれば良い。現在、過去のどの時代よりも多くの患者に関して、はるかに多数の科学的、疑似科学的で、医療的あるいは疑似医療的で、像的な記述を利用する、セラピストが存在している。心理診断的記述は、私たちの見方からすると、幅広い文化領域に浸透して有害な結果をもたらしている。

　心の言語の像的な見方は、過去半世紀、哲学的心理学を専門とする相当の数の哲学者によって、最も徹底した批判の対象となってきた[原注4]。この批判のうち多くは、ウィトゲンシュタインと関係があり、特に『哲学探究』と関連している。心理学者（とともに臨床現場に関わる人々）は、心理学的問題とパラドクスに対する像的ではないアプローチを探求する中で、彼の後期の仕事を発見し、「哲学的心理学」を研究主題として開拓した（例えば、Chapman and Dixon, 1987; Gergen, 1994; Hyman, 1991; Jost, 1995; Morss, 1992; Shotter, 1991, 1993a and b, 1995; Stenner, 1993）。ファン・デル・メルヴェとヴォスターマンズ（van der Merwe and Voestermans, 1995）は次のように述べている。「現在のルートウィヒ・ウィトゲンシュタインに対する関心の復活の背景には、行動科学の哲学と方法論において、私たちの世界経験を媒介する、概念枠組み、モデルや、メタファが果たした役割への関心の増大がある」（p.27）。様々な心理学領域におけるウィトゲンシュタインの影響は、飛躍的に増大している。

　その結果として、どのように彼が理解されているのか（そして当然ながら、どう理解すべきかを含んで）は、ますます重要になっていると考える。ファン・

デル・メルヴェとヴォスターマンズは、中でも、誤解されてきたと考える人
たちだ。心理学者へのウィトゲンシュタインの「メッセージ」は、「本質的特徴
を描写するのではなく、世界の事物と出来事に関われ（1995, p.38）」というこ
とだと、二人はいう。心理学者は、このメッセージを明瞭には受け取ってい
ない、と二人は確信している。

　　　ウィトゲンシュタインは、哲学ばかりでなく、心理的理解も含む、理解
　　　することのあらゆる作業において、自分が最重要課題とみなしたことか
　　　ら逃げる機会を与えてくれている。そのための二つの主要ルートを描い
　　　ている。一つは、言語ゲーム概念の導入である。この概念は「言語を話
　　　すということが、一つの活動ないし生活様式の一部であることをはっき
　　　りさせる（*PI*: §23）訳注20」。一方で、彼はいわば純粋化戦略にとらわれて
　　　いて、概念を明確化する哲学的分析を試みている。後者の戦略ラインで
　　　は、活動あるいは言語ゲームがその部分となっている生活様式への関
　　　与も参加もなく、言語ゲームアプローチは終わりを迎えることになる…
　　　「世界の事物と出来事に関わる」という挑戦、つまり、生活様式が実際に
　　　果たす役割をつかむことへの挑戦を本当に始めることを犠牲にして、一
　　　般に心理学者はこの第二ルートを選択するのである。　　　（1995, p.39）

　これは、一つの重大な意味で、ウィトゲンシュタインと頻繁に結び付けら
れることの多い、言語の語用論的な見方を超えることを意味している。確か
に、ことばは社会で結果のための道具のやり方で使用される。そして、ウィ
トゲンシュタインはプラグマティストあるいは用具主義と確かに（分類があ
なたのゲームならば）分類されやすい。というのも、「文章を道具と見、その
意義を適用と見よ！」（*PI*, §421）訳注21 というような主張もしているからだ。
多分もっと罪深いのは、「「意味」という語を利用する多くの場合に――これを
利用するすべての場合ではないとしても――ひとはこの語を次のように説明
することができる。すなわち、語の意味とは、言語内におけるその慣用であ
る、と。（*PI*, §43）」訳注22 というよく引用される主張である。さらには、彼は、
他の哲学者からはプラグマティストと分類されている。それでもやはり、こ

の分類はウィトゲンシュタインの「生活形式主義」を曖昧にするかもしれない（実際には曖昧にしている）。彼は様々なやり方で言語ゲームの概念と言葉を使用しているのだが、彼の理解の中心には、以下に見られる挑発的な定式化があると私たちは信じている。「「言語ゲーム」ということばは、言語を話すということが、一つの活動ないし生活様式の一部であることをはっきりさせるのでなくてはならない（*PI*: §23)」訳注23。「思考と生活の流れにおいてのみ、言葉は意味をもつ。(*Z*: §173)訳注24

　ことば *word* と言語ゲームの過度の同一視は、深層にある常識的な、言語ゲームの誤解から発していると思う。驚くにはあたらないことだが、ウィトゲンシュタインがアンチ本質主義とアンチ同一性主義であることを踏まえると、著作のどこに、言語ゲームの明確な定義は書かれていない。他のあらゆることと同様に、異なる言語ゲームは、ただ、互いに家族的類似を生むだけである。しかし、（メタ心理学の分析に関心を寄せる）多くの心理学者は、意味――使用を等値するのは心的語彙の分析のための心理学的／哲学的テクニックだとして、言語ゲームをプラグマティックな参照枠と理解している。ウィトゲンシュタイン自身が、このような用語の使い方を提供しているのは確かである。

　しかしながら私たちは、意味－使用の等値は理解とは同じではないというベーカー(1992)の主張に賛成する。等値（同一視）も、さらにはいかなる分析も、生活形式であり意味の理論に関連して「世界の事物と出来事に関わる」というパフォーマンスにはならない。それゆえ、私たちの考えでは分析の実用的道具として言語ゲームを理解することは、重大な誤りである。理解は、（ウィトゲンシュタインの初期の『論考』のように）世界の事実の「本質的特徴の描写」にはない。社会の概念と言語の使用を記述することでもない。むしろ、それは社会的活動でありパフォーマンスであり「世界の事物と出来事に関わる」ことである。意味を理解し変えるためには、私たちは歴史的能動性を発揮し、つまり革命的に能動的に、実践－批判的にアクティブでなければならない。私たちは哲学的あるいは心理学的分析を手段とせずに、私たちの活動によって事物と出来事に関わり私たちの立ち位置を変えて、「その姿」（事物の全体）を変化させなければならない。というのも、ファン・デル・メル

ヴェとヴォスターマンズが言うように、「言語や名付けは、突然に現れる訳ではない。両者は、まさに身体的情動的に構造化された形式で、実践が帰属する、生活形式から生まれる」(1995, p.42)からである。

　さらに言えば、私たちの考えでは、ウィトゲンシュタインの生活形式と彼の思考形式が（それらについてウィトゲンシュタインが言わなくてはならなかったこととは別に）、新しい、科学とは無縁の心理学一般と、特に臨床実践／文化パフォーマンスアプローチの創造にとって極めて重要である。と言うのも、一方では心的言語の語彙のプラグマティックな理解は、心的言語の像的な理解とは違い、批判的脱構築主義者と社会構築主義者のメタ心理学的視点からすれば相当に価値のあるものだが、私たちには「生活形式主義」こそが、新しい社会心理学(Jost, 1995)、新しい発達心理学(van der Merwe and Voestermans, 1995)、臨床心理学の新しい領域(Gergen and Key, 1993; Newman and Holzman, 1993)を生み出す上で、最大限に不可欠なものだからだ。

　過去20年、ソーシャルセラピーによるグループ実践を展開してきたが、私たちは、セラピー的でもあるウィトゲンシュタインの（システムでない）実践批判的生活形式と活動理論的理解を利用してきた。このことはどのように成り立っているのか？　まず言いたいのは、実践的な目標のためには像的、プラグマティックな「心的語彙のメタ的見方」を破棄しなければならないならない。と言うのも、一方でプラグマティックな見方は、生に近いしウィトゲンシュタインにも近いとは言え、まだ十分には近くない。なぜか？　図的な見方は心底では同一性の理論だからだ。図的な見方は、いわゆるリアリティーに関したものだ。プラグマティックな見方は、特定の社会における使用に関したものである。図的な記述の中で名付けられた、空間－時間リアリティー(事実)のことさら特定の部分と、プラグマティックな記述において名づけられた同じように個別の社会的使用(用具的道具)が、関係的活動を見えなくし、「言語を話すということが、一つの活動ないし生活様式の一部である」ことを覆い隠すのである。

　図的なそしてプラグマティックな心的意味の理論は、両方とも、ソーシャルセラピーアプローチの基礎としての関係的活動に届することになる。と言うのも、生きられた生の活動においてのみ、ことばは関係的に意味を持つ。

生活形式を変更することは、ことばと談話の意味を変えることになる。しかし、この活動理論的なアプローチが、表現や内包化を求めてやまない「何か」（現象学で言えば「身体」）を「心」の中に置き去りにしているのではないかという、実践的／理論的な心配性の関心はどうするのか？　ヴィゴツキーが、思考／考えることと言語／話すことの関係について語らなければならなかったことを思い出そう。それは「思考はことばで表現さない、完成されるのだ」ということだ。

　そこで、それは、ただ思想あるいは思考とではなく、全ての「心的状態」あるいは行為とともにあると言いたい。ヴィゴツキーの主張は、あらゆる二元論的で同一性に基礎を置く、全ての心、心的語彙、そして心的行為の理論である「表現」概念に対する、見事で最も有用な批判であると思う。関係活動への移行は、心の中身と心の外側の内容物から（デカルトの精神／身体、人間／自然の二元論）から離れ、自他の統一性に至る、完璧な再存在論化を必要とする。そのような活動理論的存在論だけが、一方で意味の製作を可能として、他方で－意味の転換を通して－生と生の形式を転換する、生活形式を生み出すために、生と歴史の他の要素を混合することができる。心的言語と意味に関する、このヴィゴツキーーウィトゲンシュタインの活動理論的で、関係論的で、過激に一元論の見方は同一性理論に基づく、二元論的、デカルト流の視点とは、明らかに、別物なのだ。

診断をパフォーマンスする

　今や、（二元論を脱した）新鮮な視点から、臨床場面における分類と診断の問題にアプローチできる。それ以上に、ソーシャルセラピーが診断することをどのようにパフォーマンスするかについて具体的に議論して、私たちの「抽象的」理論の定式化について共有できると期待している。

　サーズ（Szasz, 1961）に従うことで、批判を信条とする私たちは、十分な注意を診断による生活形式に払わずに、診断記述に対する際限のない（絶え間なくおかしく、特に些細なことばかりの）批判に、極めて容易に巻き込まれてしまってきた。過去の四半世紀、このような問題に関する私たちの考えにサーズが及ぼした影響の全てから、サーズは私たちに実際に酷い仕打ちをし

てきたと言える。精神病の神話に注意を向けさせたことによって、私たちの批判的な目は心理学の神話／虚偽からそらされたのだった。多分、私たち自身、「十分に飽和した」(Gergen, 1991)ので、精神病は痛いほどリアルなものになったのだ。しかし、同一性理論で反関係論的で、疑似科学的なパラダイムによって形成された心理学は、明らかに発達しない疎外形態にとっての、安息の地（であると同時に改宗勧誘者）となったのだ。そのような伝統的セラピーの一つの形態が、臨床心理学の分類モードの診断である。

　すでに述べてきたように、ソーシャルセラピーの過程は、集合的な世界の事物と出来事に関わることである。より詳しくいえば、世界の情動的な事物と出来事に関わることであり、「抑うつ」「不安」「3日も続く耐えられない痛み」「君に怒っているんだ」などの関わりである。どうやって関われば良いのだろうか？　明らかに、分析的に本質を探し出すことではない。関わりに含まれる判断の真偽を決定することではないのは確かである。そのような言語の、当該社会での複雑な使用法を、認知的に明白にすることではない。関係的な生の形式を変えることによってだ。言い換えれば、既存の(私たちの)社会的に疎外された形式に関する、同一性を基盤に作られた前提なしに、私たちが集合的に創造的に私たちの関係的な生の形式を(行為するのではなく)パフォーマンスするのだ。というわけで、私たちが、新しい関係的な生の形式を生み出すにつれて、私たちは既存の行為の形式を理解するようになれる。私たちが生を共同でパフォーマンスできるようになるにつれて、私たちは生をパフォーマンスとして理解できるようになれるのだ。

　ソーシャルセラピーでは、個人セッションであれグループセッションであれ、(一人称、二人称、三人称で)患者かセラピストが発した記述は、指示的記述として扱われることはない。つまり、発話は真偽判断されず、むしろ私たちが集団で一緒に創造し、パフォーマンスする、演劇(ポエムの方が正確か)の台詞のようにみなされる。パフォーマンスのディレクターとしてのソーシャルセラピストは、絶えず患者相手に芝居をやっているのであって、自分の行う記述と判断の両方あるいはどちらかが真か偽かになる「リアルな生活」ではないことを思い出させることで、活動をパフォーマンスとして持続するのを支援するのである。

　このような環境を創造するのは生易しいことではない。ヴィゴツキーが教えるように、幼児期初期では模倣とグループでのパフォーマンスが、成長、発達そして文化適応(例えばことばの獲得)に重要であるという事実があるにも関わらず、困難である。思春期に手が届く頃には、私たちのほとんどは、自分のパフォーマンスのスキル、つまり自分でないものになり、自分を超えて「頭一つ抜け出た人物」になり、どうやってやるのか知らないことをやってのける能力が、「特別な」場面を除いてはふさわしくないことを学んでしまう。パフォーマンスは「無意識の表出」として評判を下げられるか、少数ではあるが「演技」のための天賦の才能とされる。ソーシャルセラピーでは、子ども時代普通に持っていたパフォーマンスの能力を、再び呼び起こすことも育てることもできる、と考える。

　このような、過激なパフォーマンス環境では、グループメンバーと特にセラピストは、いうまでもなく知る人ではない。ただ単に、答えを部分的にしか知らないとか答えの大半を知らないからというわけではなく、知るべき答えなどないからである。それでも、集合的パフォーマンスによって、成長し、発達できるのである。このことが結果的に起こるのかどうか知ることはできるのか？　否である。それが起こる理由は知る必要もない。グループは、無限のやり方で言語ゲームを遊ぶのである。グループはグループの関係的な生をパフォーマンスするのである。さらには、セラピーをパフォーマンスして、それを通して心理学を新しく創造し続けるのである。そのような環境では、記述(あるいはお好みならば記述のふり)は、最も重要な意味で、何かについて示すわけでは一切ない、芝居や詩の一節である。詩的な意味は、多くの場合に、詩そのものから意識的に派生するのであって、何について意味しているかからではない。芝居で(多分日曜のマチネーで)俳優が「今日は暗く退屈な日だ」という台詞を言っても、他の俳優も観客も、今日が気温24度で雲ひとつない青空だと主張して、その俳優と喧嘩を始めたりはしない。

　そのように情動的な事物と出来事に関わりながら、関係的な生の形式を変えてパフォーマンスの環境を創造するとき、自分自身の診断は無害で価値あるものとなる。『DSM-IV』のもっと馬鹿げた特性記述に関する私たちのふざけた全ての観察にも関わらず、これは変じゃない。なぜか？　日常の、像的で、

同一性理論に基づいたセラピーでは、これらの記述(診断)は、診断が提供される人々に、烙印を押し、制約し、罰するために使われる。どのような種類の分析でも、これは変えられない。疎外の診断形式を変えるしかない。指示的でなく、判断せずに、診断をすべての人にオープンにし続けるのだ。私たちは誰でも、一緒に診断することができる。ちゃんとした理解ではなく。そうするチャンスを全員に与えるのではなく。代わりに、(もしヴィゴツキーの定式化のライセンスがとれたら)一緒に新しい生活形式、新しい意味、新しい生を創造できる発達の関係領域を創造・パフォーマンスするのだ。ソーシャルセラピーの課題は、靄をはらい、メンタルな霧を晴らして、神経症を必要としない環境を創造することだ。

　結局のところ、なぜ私たちはプロセス定義を、セラピーやコンサルテーションの主たる特徴として受け入れているのか?　なぜ準備万端のところに参加するのか?　問題は、診断ではなく準備万端のところへの参加にある。つまり、疎外の診断的な形式、記述の定義的形式、談話の同一性的な形式、セラピーならびに情動的な対話の分析的形式にあるのだ。もし「診断」が問題なら(実際そうなのだが)、過激に民主的なやり方でパフォーマンス可能な環境で全員にさせてみたら、問題ではなくなる。診断というよりも、疎外され、権威主義で、男性上位で、私的な、分類の「真理」こそが有害なのだから。人々が情動生活を一緒にパフォーマンスすれば、権威主義的で疑似医療的で疑似科学的な診断記述が人々を疎外された社会に巻き込むのと同程度には、クライエントや患者を歴史の中に包み込むことは可能となる。

生活の形式と疎外の形式

　最大限広くいって、科学的心理学は人間の――認知情動的――主観を商品化するものである。一般的に、商品化は、疎外(と転移)が商品化された世界を知る上で必要となる、偶発的に出現した認識論と同じように、経済的に過剰決定された西欧の存在論の、哲学による究極の個別化である。それは、生なき個人化された主体によって理解された、過程なき個人化された世界(対象)である。

　その最大限プラグマティックな達成と同じく、完璧な抽象と高度な技術と
しての科学モデルとともに、近代主義のパラダイムは、資本主義の計り知れ
ないほどの政治的経済的イデオロギー的独占のコンテクストにおいては、（た
とえ過去はどうであれ）そのまま永らえることはできない。資本主義の全面
勝利に至る手前の、19世紀に、商品化は遍在するものとなっていた。科学
的心理学は、おそらく、（人間社会にとって）最も高価で広範な、疑似科学と
擬似経済学の病的産物である。（心理学と同じような神話であり虚偽に過ぎな
い経済学もまた、人間の活動を説明もしないし、その転換などに取り組む様
子も見せずに、人間活動を合理化し解釈した。もし、その主要な所有者——
国家——が、それほど完全に人間活動が行われる実験室——社会——をコン
トロールしなかったら、心理学と同じように、経済学は「科学的」という価値
評価を受けることは全くあり得ない。）

　心的状態は個人の内部に深く（それほど深くなくても）隠されており、それ
ゆえに（分子構造やアメーバのように）種々の研究方法での発見の対象となる
という科学的議論は、それ自体としても、方法論としても、ハードサイエン
スの基準からしても脆弱である。資本主義文化において、主観的生活を商品
化するということを可能にすることの金銭価値は相当なものになる。こうし
て、第2部で多少示したように、不正な行為は完了する。その結果、科学
的心理学は、近代の呪術医以上のものでなく、近代の呪文と説教の役割を果
たすだけの、擬似測定と擬似法則による資本主義の「魔法」以上のものではな
い。臨床領域では、リアルに人々がいて、それゆえリアルな関係性（例えば人々
が「心理学の被験者」となる心理学研究と対照的に）に巻き込まれていること
が、商品化された心理学をさらに困難なものにしている。

　臨床心理学は、この障害にどのように対処するのか？　セラピーへのいわ
ゆる科学的アプローチは、患者を生物物理的で化学的な情報貯蔵庫かあるい
は行動主義の被験者に、概念的に転換することで、患者に非人間的な扱いを
する。このような馬鹿げたトリックが続く限り、愚かで明らかに非科学的
な『DSM-IV』的な一般法則が、ただ金のため使用されることになる。（このト
リックは、ヘンペル（1965）によって提唱された驚くほど単純な「歴史法則」に
類似している。この法則については前に指摘したように、そういう法則があ

るというアプリオリな主張を正当化する以外のなんの機能も考えられない。)
最重要の義務とはなんだろうか？　それは、科学のように見えなくてはなら
ないこと。後期資本主義市場に自由に持ち込まれて販売されている、商品化
された知識によって、愚かさを知識に変えるために必要なのは「科学的」「客
観的」という商標登録である。そういうわけで、患者の情動の痛みを助けに
きた人には、普通、説明、真実、解釈、報告、客観的鑑定などなどが提供さ
れる（あからさまにも隠した形でも）。その理由は、それらの（科学的あるい
はそうでもない）発見が助けになるわけではなく（というのもすぐに薬に走る
ので）、むしろ「科学的」反応だけが商品化可能であり、それゆえ十分金にな
ることが存在論的／経済的に理解可能だからである。

　もちろん、疎外が、資本主義社会における生活一般の、同質的な特徴とい
うわけではない。これは、むしろ知ること（そして知られたこと）の多様な進
化形態として発現する。つまり、非－生の形態で、あるいは認識論的疎外と
して発現する。様々なアプローチから成る伝統的セラピーは、私たちの疎外
された文化における、疎外された患者の情動生活への、疎外されたセラピ
ストによる、疎外された干渉に与えられた、単なる名前と記述である。それ
はもちろん、「良い」意味を持つ、なぜなら疎外された生活形式（疎外形式）は、
確かに後期資本主義文化のアレンジメントを「意味付ける」からである。心理
学におけるフロイト主義の一時的流行と、より広範な文化における修正され
た形式での、長期にわたる滲透は、有効性あるいは有用性には関係がなく、
心的生活において転移として「意味をなす」ことがうまくいくかどうかにか
かっているのだ。多数の人が議論しているが、それは、驚くべき、全く役に
立たない物語あるいは精神分析や文学のフィクションを分析するためのアプ
ローチである。

　パフォーマンスによって世界の事物と出来事に関わりながら、ソーシャル
セラピーにおいて実践的に適用されるように、ウィトゲンシュタインの生活
形式概念を理解するには、それをパラドクスとして、疎外形式との弁証法で
見ることが有用である。後期資本主義文化における私たちの「心の情動状態」
は、完璧に疎外され、個人化され、真偽指示的に、商品化されている。それ
らの状態のあり方と、それの理解は商品化によって弁証法的にではなく、（石

灰化によって）速乾性となったイデオロギーのセメントで結合されている。
（これまた疎外された）物理的真理は、観察者と遠くに観察される無生の星々
の間の「リアルな」関係の微少量の最小限を捉える、ついて性（aboutness）を採
用している。その一方で、この物理科学的——認識論的モデルを人間——対
ー人間の活動に乱暴に適用することは、生きられた生の、個別的、自己言及的、
（パラドクスとして）関係的、活動的な次元を歪めてしまう。このいわゆる内
的生活（心の情動的、認知的、態度の状態）の、セメントでつなぎ合わされた、
真理指示的、疎外され、個人化されたいわゆる表現こそが、情動的関係的生
の新しく社会的に完成された形式を創造するために、世界の事物と出来事に
関わらなくてはならない。
　人生のパフォーマンスは、私たちの科学的に心理学化された文化における、
情動生活の疎外された出来事（状態）に関わる、創造的に多様で持続的な運動
である。分析と物語の双方あるいはいずれかは、そうはならない。なぜなら、
その二つは、それ自体のあり方として、意味ある他の一つを要請するばかり
で、実践批判的な関係性にはならないからだ。その代わりに必要なものは、
パフォーマンスに基づく、関係的で、活動的な方法実践である。哲学的にパ
フォーマンスする（セメントで結合され疎外された出来事に実践批判的に関
わる）中で、（出来る限りの範囲で、当該社会環境全体も含めて）私たちは、私
たちの個人化された自我を描写し、実践的につまり革命的、実践ー批判的に、
社会的に完成された活動によって、私たちの社会的関係性を再創造する。
　私たちは、私たちの疎外された意識と情動性を否定はしない。それを抑圧
はしない。それを分析したり、実存を超えて「物語化」しない。むしろ革命的
に取り組む。それに（関わり）パフォーマンスする。私たちは、そこで、自ら
を超えるパフォーマンスによって、社会的な意味の作り手としての能力を再
燃させる。パフォーマンスは、結局のところ、予測ではなく、人間の「自分
自身を超える」能力である。私たちは、新しい関係的で、実践——批判的な
革命的心理学としての全体によって、診断もさらにはセラピーも集合的に創
造する。これは、最終的な（分析ではなく）方法の実践における（言うまでも
なく、最終はなく、ヴィゴツキーのいう完成の意味だが）持続的な発達的（完
全にポイントのない pointless）関係的活動である。

　セラピストの役割とは何か？　グループのメンバーに、「疎外者」である大文字のリアリティと大文字の真理に用心するように促すことだ。関係活動の持続的な組織化と再組織化を支援することだ。過激に民主的で、威圧しない、虐待のない、グループが決めた基準に沿った、あらゆるパフォーマンスの仕方を奨励することだ。疎外の形式化を受け身で受容するのではなく、生の形式作りを促し続けることだ。ソーシャルセラピーのグループは、普通は、(何週にもわたって)資本主義文化における情動生活である、様々な疎外の形をメンバーが私たちの目の前に晒すことで始まる。次に、私たちが、新しい意味、新しい世界、新しい関係活動を創造して、彼らとの関わりを始めることになる。これが、(ソーシャルセラピーでの話を、成文化され具象化された言語にすれば)「グループ作り」と呼ばれるものだ。

　私たちのパフォーマンスグループは成長し発達し、最後には病気は消える。私たちはみんなで、注意を他のものにそらす。私たちは、革命的活動をパフォーマンスする。翌週も同じことをやる。誰が聞こうか聞くまいが、倒れれば大きな音がする森(哲学)の中の有名な木と違って、私たちが見ようが見まいが輝き続ける天空の星々とは違って、私達の情動性といわれるものは－ウィトゲンシュタインが教える疎外された生の形式──、私たちが別のものに注意を向ければ、単純に消えて無くなるのだ。(私達以外の近代主義／資本主義イデオロギーに支えられた)あらゆる科学的心理学の研究にも関わらず、私達の疎外された情動状態とは、森の木々でもなければ空の星々でもない。情動の状態は、それらとは違うのだ。私達の心理病理学は、大半は、そんなところだ。ソーシャルセラピーは、単純に言って、他のものに「あなたの注意をそらし」、一度期にではなく持続的に生を新しく形成する、私達の関係的生活の全ての瞬間に革命を起こす、文化－パフォーマンス的、実践－批判的、革命的に、哲学的、関係的、発達的な活動である。

　情動的状態の情動的状態は、私達の生活において他の疎外されて商品化された過程とは違って、一つの疎外の形態である。科学の物語と心理学の物語は、相当に異なる物語である。一方は、私たちの種と自然についての進化物語であり、もう一つは私たち自身同士の関係についての物語とされているが、どうしようもなく単純で、完璧に保守的で、使えない物語である。パフォー

マンスによって、私達の新しい生を創造しても、疎外された心の状態を無くすことはできない。しかし、このことは疎外された状態との関係を劇的に変えることになり、それゆえに、疎外が存在する世界との関係も変えるのだ。その時疎外された状態は真理と同じように消失し、疎外状態が「疎外するもの」と見えれば見えるほど、私自身の状態は見えなくなり、遍在するイデオロギーで伝達された私達の状態が見えてくる。このような関係活動に携わることで、「心の健康」を回復することは、もちろん、政治的アクションである。ロトリンガー (Lotringer, 1977, p.7) が指摘するように、「神経症はなおらない、しかし神経症なしではやっていけない世界を変えることはできる」。持続的に新しい生の形式を創造することで、私達の疎外された心の状態と関わり続けることで、まさにそのことをやろうとしていることになるのだ。

　ジェインズが言った最も驚くべき種の発展は、イリアスとオデュッセイアの間のどこかで起ったとされ、哲学とその壮大な子孫が形づくり、2500 年以上に渡って世界をイデオロギーとして支配してきたが、自覚的な抽象は、その後どうなったのか？　私達の進行する複雑なプロセスの中で解放されたのだ。哲学は、哲学することに道をゆずり、知ることは活動に道を譲り、疎外の形成は生の形成に道を譲るのである。

原注

1．ヴィゴツキーは、レニングラードで 1924 年に開催された「第 2 回神経学会」において心理学の危機に関して基調講演を行ったのだが、それまで心理学の正式な訓練を受けたことがない。1930 年代までに、彼の著作は政治／イデオロギー的検閲の対象となり、スターリンの全体主義的官僚主義にとって相応しくないものとされた。(正式の哲学訓練をほぼ受けることのなかった) ウィトゲンシュタインは学生に対して絶えず、哲学をやめて「役に立つことをするように」と助言していた。度々学術界に対する軽蔑をあらわにする彼は、周期的に長期の休職を繰り返した。

2．ヴィゴツキーに影響され、活動理論・文化活動的アプローチそして社会文化的アプローチの一方あるいは両方に関する、書籍、論文、学術誌の拡散は指数関数的に増加し続けている。以下には極めて限定的であるし本書が読まれる頃には時代遅れかも知れないが列挙しておく。Chaiklin and Lave (1993)、Daniels (1993)、

Moll（1990）、Wertsch（1985b）に収められた論考、Cole（1995）、Holzman（1993,
1995）、Lave and Wenger（1991）、D. Newman, Griffin, and Cole（1989）、Newman
and Holzman（1993）、Rogoff（1990）、Tharp and Gallimore（1988）、Wertsch（1985a,
1991）のテクストと論文。

3．このセクションで述べるアイディアは、フレド・ニューマンとケネス・ガーゲンの、
1995 年のアメリカ心理学会 103 回年次総会における「診断：人間の秩序への憤怒
が持つコスト」と題する発表で最初に述べた。

4．この種の問題に取り組んだ初期の思想家には、ギルバート・ライル（Gilbert Ryle）
の *The Concept of Mind*（1949）（ライル『心の概念』坂本百大、井上治子、服部裕幸訳、
みすず書房、1987）；G. E. M. Amscombe, *Intention*（1959）（アンスコム『インテン
ション：実践知の考察』菅豊彦訳、産業図書、2022）；Stuart Hampshire, *Thought
and Action*（1959）；H. L. A. Hart and A. M. Honore, *Causation in the Law*（1959）；
William A. Dray, Laws and Explanation in History（1957）、そして Anthony Kenny,
Action, Emotion and Will（1963）や A. I. Melden, Free Action（1961）を含む、R. F.
Holland が編集した Studies in Philosophical Psychology のシリーズに収められたほ
とんどの書籍が含まれる。

訳注

1．モンク，R. 岡田雅勝訳（1994）『ウィトゲンシュタイン：天才の債務』みすず書房、
p.527 を引用。

2．モンク，R. 岡田雅勝訳（1994）『ウィトゲンシュタイン：天才の債務』みすず書房、
pp.527–528 を引用。

3．ウィトゲンシュタイン，L. 藤本隆志訳（1976）『ウィトゲンシュタイン全集第 8 巻
哲学研究』大修館書店、§133 を引用。

4．モンク，R. 岡田雅勝訳（1994）『ウィトゲンシュタイン：天才の債務』みすず書房、
pp.555–556 を引用。

5．ウィトゲンシュタイン，L. 大森荘蔵・杖下隆英訳（1975）『ウィトゲンシュタイン
全集第 6 巻　青色本・茶色本／個人的経験および感覚与件について／フレーザー
『金枝篇』について』大修館書店、p.45 を引用。

6．ウィトゲンシュタイン，L. 佐藤徹郎訳（1985）『ウィトゲンシュタイン全集補巻 1
心理学の哲学 1』大修館書店、九〇三を引用。漢数字は『心理学の哲学 1』における
断章の番号を示す。以下同じ。

7．ウィトゲンシュタイン，L. 佐藤徹郎訳（1985）『ウィトゲンシュタイン全集補巻 1
心理学の哲学 1』大修館書店、九〇四を引用。

8．ウィトゲンシュタイン，L. 佐藤徹郎訳（1985）『ウィトゲンシュタイン全集補巻 1

心理学の哲学 1』大修館書店、九〇五を引用。

9．ウィトゲンシュタイン，L．佐藤徹郎訳 (1985)『ウィトゲンシュタイン全集補巻 1
心理学の哲学 1』大修館書店、九一二を引用。

10．ウィトゲンシュタイン，L．佐藤徹郎訳 (1985)『ウィトゲンシュタイン全集補巻 1
心理学の哲学 1』大修館書店、九一三を引用。

11．ウィトゲンシュタイン，L．佐藤徹郎訳 (1985)『ウィトゲンシュタイン全集補巻 1
心理学の哲学 1』大修館書店、九一四を引用。

12．ウィトゲンシュタイン，L．佐藤徹郎訳 (1985)『ウィトゲンシュタイン全集補巻 1
心理学の哲学 1』大修館書店、九一五を引用。

13．ウィトゲンシュタイン，L．佐藤徹郎訳 (1985)『ウィトゲンシュタイン全集補巻 1
心理学の哲学 1』大修館書店、九一六を引用。

14．ウィトゲンシュタイン，L．佐藤徹郎訳 (1985)『ウィトゲンシュタイン全集補巻 1
心理学の哲学 1』大修館書店、九一七を引用。

15．ウィトゲンシュタイン，L．大森荘蔵・杖下隆英訳 (1975)『ウィトゲンシュタイ
ン全集第 6 巻　青色本／茶色本／個人的経験および感覚与件について／フレーザー
『金枝篇』について』大修館書店、p.46 を引用。

16．ウィトゲンシュタイン，L．大森荘蔵・杖下隆英訳 (1975)『ウィトゲンシュタイン
全集第 6 巻　青色本・茶色本／個人的経験および感覚与件について／フレーザー
『金枝篇』について』大修館書店、pp.46–47 を引用。

17．ウィトゲンシュタイン，L．大森荘蔵・杖下隆英訳 (1975)『ウィトゲンシュタイン
全集第 6 巻　青色本・茶色本／個人的経験および感覚与件について／フレーザー
『金枝篇』について』大修館書店、p.47 を引用。

18．ウィトゲンシュタイン，L．大森荘蔵・杖下隆英訳 (1975)『ウィトゲンシュタイン
全集第 6 巻　青色本・茶色本／個人的経験および感覚与件について／フレーザー
『金枝篇』について』大修館書店、p.47 を引用。

19．ウィトゲンシュタイン，L．奥雅博訳 (1975)『ウィトゲンシュタイン全集第 1 巻
論理哲学論考』大修館書店、p.22 を引用。

20．ウィトゲンシュタイン，L．藤本隆志訳 (1976)『ウィトゲンシュタイン全集第 8 巻
哲学探求』大修館書店、§23 を引用。PI は『哲学探求 Philosophical Investigation』
を指す。§ は、『哲学探求』の断章のセクション番号を示す。以下同じ。

21．ウィトゲンシュタイン，L．藤本隆志訳 (1976)『ウィトゲンシュタイン全集第 8 巻
哲学探求』大修館書店、§412 を引用。

22．ウィトゲンシュタイン，L．藤本隆志訳 (1976)『ウィトゲンシュタイン全集第 8 巻
哲学探求』大修館書店、§43 を引用。

23．ウィトゲンシュタイン，L．藤本隆志訳 (1976)『ウィトゲンシュタイン全集第 8 巻

哲学探求』大修館書店、§ 23 を引用。

24. ウィトゲンシュタイン，L.　黒田亘・菅豊彦訳（1975）『ウィトゲンシュタイン全集　第 9 巻　断片』大修館書店、§ 173 を引用。Z は『断片 Zettle』を意味する。§ は断章セクションの番号を示す。

（茂呂雄二訳）

引用文献

Albee, G. W. (1981). Politics, power, prevention and social change. In J. M. Joffe and G. W. Albee (Eds.), *Prevention through political action and social change.* Hanover, NH: University Press of New England, pp.3–24.

Albee, G. W. (1986). Toward a just society: Lessons from observations on the primary prevention of psychopathology. *American Psychologist, 41*, 891–898.

Albee, G. W., Joffe, J. M., and Dusenbury, L. A. (Eds.) (1988). *Prevention, powerlessness and politics: Readings on social change.* Beverly Hills, CA: Sage.

Albino, J.E.N. (1995). Five-year report of the policy and planning board, 1994. *American Psychologist, 50*, 620–632.

American Psychiatric Association (1994). *Diagnostic and statistical manual of mental disorders, 4th ed.* Washington, DC: American Psychiatric Association. (高橋三郎・大野裕・染矢俊幸訳 (1996)『DSM-IV 精神疾患の診断・統計マニュアル』医学書院)

American Psychological Association (1995, July). *APA Monitor, 26, 7.*

Anderson, H. and Goolishian, H. (1992). The client is the expert A not-knowing approach to therapy. In S. McNamee and K. J. Gergen (Eds.) *Therapy as social construction.* London: Sage, pp.25–39.

Anscombe, G.E.M. (1959). *Intention.* Oxford: Blackwell. (柏端達也訳 (2022)『インテンション：行為と実践知の哲学』岩波書店)

Ariès, P. (1962). *Centuries of childhood: A social history of family life.* New York: Vintage Books. (杉山光信・杉山恵美子訳 (1980)『〈子供〉の誕生：アンシャンレジーム期の子供と家族生活』みすず書房)

Ash, M. G. and Woodward, W. R. (Eds.) (1987). *Psychology in twentieth century thought and society.* Cambridge: Cambridge University Press.

Austin, J. (1962). *How to do things with words.* Oxford: Oxford University Press. (坂本百大訳 (1978)『言語と行為』大修館書店)

Baker, G. P. (1988). *Wittgenstein, Frege and the Vienna Circle.* Oxford: Blackwell.

Baker, G. P. (1992). Some remarks on "language" and "grammar." *Grazer Philosophische Studien, 42*, 107–131.

Baker, G. P. and Hacker, P.M.S. (1980). *Wittgenstein: Understanding and meaning.* Oxford: Blackwell.

Bakhtin, M. M. (1981). *The dialogic imagination: Four essays by M. M.* Bakhtin. Austin: University of Texas Press. (伊東一郎訳 (1979)『小説の言葉』新時代社など)

Bakhurst, D. (1991). *Consciousness and revolution in Soviet philosophy*. Cambridge: Cambridge University Press.

Bakhurst, D. and Sypnowich, C. (Eds.) (1995). *The social self*. London: Sage.

Baritz, L. (1960). *The servants of power: A history of the use of social science in American industry*. Westport, CT: Greenwood Press. （三戸公・米田清貴訳 (1969)『権力につかえる人々：産学協同批判』未来社）

Bearison, D. J. (1991). Interactional contexts of cognitive development: Piagetian approaches to sociogenesis. In L. Tolchinsky Landsmann (Ed.) *Culture, schooling and psychological development*. Norwood, NJ: Ablex, pp.56–70.

Benjamin, W. (1969). The work of art in the age of mechanical reproduction. In *Illuminations*. New York: Schocken Books, pp.217–251.

Berger, J. (1966). *The success and failure of Picasso*. Baltimore: Penguin Books. （奥村三舟訳 (1966)『ピカソ：その成功と失敗』雄渾社）

Billig, M. (1982). *Ideology and social psychology*. Oxford: Blackwell.

Billig, M. (1991). *Ideology and opinions: Studies in rhetorical psychology*. London:Sage.

Bradley, B. S. (1989). *Visions of infancy: A critical introduction to child psychology*. Cambridge: Polity.

Bradley, B. S. (1991). Infancy as paradise. *Human Development, 34*, 35–54.

Brandt, L. W. (1979). Behaviorism—the psychological buttress of late capitalism. In

Brecht, B. (1994). The modern theatre is the epic theatre. In J. Willett (Trans. and Ed.) *Brech t on theatre*. New York: Hill and Wong.

Broughton, J. M. (Ed.) (1987). *Critical theories of psychological development*. New York: Plenum.

Brown, R. E. (1979). *Rockefeller medicine men: Medicine and capitalism in America*. Berkeley: University of California Press.

Bruner, J. S. (1983). *Child's talk: Learning to use language*. New York: W. W. Norton. （寺田晃・本郷一夫訳(1988)『乳幼児の話しことば：コミュニケーションの学習』新曜社）

Bruner, J. S. (1984). Narrative and paradigmatic modes of thought. Invited address, American Psychological Association, Toronto.

Bruner, J. S. (1985). Vygotsky: A historical and conceptual perspective. In J. V. Wertsch (Ed.) *Culture, communication and cognition: Vygotskian perspectives*. Cambridge: Cambridge University Press, pp.21–34.

Bruner, J. (1993). Explaining and interpreting: Two ways of using mind. In G. Harman (Ed.) *Conceptions of the human mind: Essays in honor of George Miller*. Hillsdale, NJ: Lawrence Erlbaum.

Bulhan, H. A. (1985). *Frantz Fanon and the psychology of oppression.* New York: Plenum.

Burman, E. (Ed.) (1990). *Feminists and psychological practice.* London: Sage.

Burman, E. (1994). *Deconstructing developmental psychology.* London: Routledge. (青野篤子・村本邦子監訳（2012）『発達心理学の脱構築』ミネルヴァ書房)

Burtt, E. A. (1954). *The metaphysical foundations of modern science.* Garden City, NY: Doubleday Anchor Books. (市場泰男訳（1988）『近代科学の形而上学的基礎：コペルニクスからニュートンへ』平凡社)

Buss, A. R. (1975). The emerging field of the sociology of psychological knowledge. *American Psychologist, 30,* 988–1002.

Buss, A. R. (Ed.) (1975). *Psychology in social context.* New York: Irvington, pp.77–100.

Buss, A. R. (Ed.) (1979). *Psychology in social context.* New York: Irvington.

Buss, D. M. (1995). Evolutionary psychology: A new paradigm for psychological science. *Psychological Inquiry, 6(1),* 1–30.

Butterfield, H. (1962). *Origins of modern science.* New York: Collier Books. (渡辺正雄訳（1978）『近代科学の誕生（上・下）』講談社)

Cassell, E. J. (1991). *The nature of suffering and the goals of medicine.* New York: Oxford University Press.

Chaiklin, S. and Lave, J. (Eds.) (1993). *Understanding practice: Perspectives on activity and context.* Cambridge: Cambridge University Press.

Chapman, M. and Dixon, R. A. (Eds.) (1987). *Meaning and the growth of understanding: Wittgenstein's significance for developmental psychology.* Berlin: Springer.

Chomsky, N. (1959). A review of B. F. Skinner's *Verbal Behavior. Language, 35,1.*

Cole, M. (1995). Culture and cognitive development: From cross-cultural research to creating systems of cultural mediation. *Culture and Psychology, 1,* 25–54.

Cole, M., Hood, L., and McDermott, R. P. (1978). *Ecological niche-picking: Ecological validity as an axiom of experimental cognitive psychology.* (Monograph). New York: Rockefeller University, Laboratory of Comparative Human Cognition. [Reprinted in *Practice, 4(1),* 117–129].

Cooper, D. (1970). *The cubist epoch.* London: Phaidon Press.

Cushman, P. (1990). Why the self is empty: Toward a historically situated psychology. *American Psychologist, 45,* 599–611.

Cushman, P. (1991). Ideology obscured: Political uses of the self in Daniel Stern's infant. *American Psychologist, 46,* 206–219.

Cushman, P. (1995). *Constructing the self, constructing America: A cultural history of psychotherapy.* Reading, MA: Addison-Wesley.

Daniels, H. (1993). *Charting the agenda: Educational activity after Vygotsky.* London: Routledge.

Danziger, K. (1979). The social origins of modern psychology. In A. R. Buss (Ed.). *Psychology in social context.* New York: Irvington, pp.27–46.

Danziger, K. (1987). Social context and investigative practice in early twentieth century psychology. In M. G. Ash and W. R. Woodward (Eds.) *Psychology in twentieth century thought and society.* Cambridge: Cambridge University Press, pp.13–34.

Danziger, K. (1994). *Constructing the subject: Historical origins of psychological research.* Cambridge: Cambridge University Press.

Davidson, D. (1980). Actions, reasons and causes. In D. Davidson, *Essays on actions and events.* Oxford: Oxford University Press, pp.3–19. (服部裕幸・柴田正良訳 (1990)『行為と出来事』勁草書房)

Davis, H. and Taylor, T. (1990). *Redefining linguistics.* London: Routledge.

Davydov, V. V. and Radzikhovskii, L. A. (1985). Vygotsky's theory and the activity-oriented approach in psychology. In J. V. Wertsch (Ed.) *Culture, communication and cognition: Vygotskian perspectives.* Cambridge: Cambridge University Press, pp.35–65.

Dawes, R. M. (1994). *House of cards: Psychology and psychotherapy built on myth.* New York: The Free Press.

DeBerry, S. T. (1991). *The externalization of consciousness and the psychopathology of everyday life.* Westport, CT: Greenwood Press.

Deleuze, G. and Guattari, F. (1977). *Anti-Oedipus: Capitalism and schizophrenia.* New York: Viking Press. (宇野邦一訳 (2006)『アンチ・オイディプス：資本主義と分裂症』、上下巻、河出書房新社)

Dore, J. (1985). Holophrases revisited, dialogically. In M. Barrett (Ed.) *Children's single word speech.* London: Wiley.

Dray, W. (1957). *Laws and explanation in history.* Oxford: Oxford University Press. (神川正彦訳 (1968)『歴史の哲学』培風館)

Duranti, A. and Goodwin, C. (Eds.) (1992). *Rethinking context: Language as an interactive phenomenon.* Cambridge: Cambridge University Press.

Ewen, S. (1976). *Captains of consciousness: Advertising and the social roots of the consumer culture.* New York: McGraw-Hill.

Fann, K. T. (1971). *Wittgenstein's conception of philosophy.* Berkeley: University of California Press.

Fanon, F. (1963). *The wretched of the earth.* New York: Grove Press. (鈴木道彦・浦野衣子訳 (2015)『地に呪われたる者【新装版】』みすず書房)

Fanon, F. (1967). *Black skin, white masks.* New York: Grove Press.（海老坂武・加藤晴久 (2020)『黒い皮膚・白い仮面【新装版】』みすず書房）

Faulconer, J. E. and Williams, R. N. (Eds.) (1990). *Reconsidering psychology: Perspectives from continental philosophy.* Pittsburgh: Duquesne University Press.

Feinstein, A. R. (1967). *Clinical judgment.* Baltimore: Williams & Wilkins.

Feyerabend, P. (1978). *Against method: Outline of an anarchistic theory of knowledge.* London: Verso.（村上陽一郎・渡辺博訳 (1981)『方法への挑戦：科学的創造と知のアナーキズム』新曜社）

Foucault, M. (1965). *Madness and civilization: A history of insanity in the age of reason.* New York: Pantheon.（田村俶訳 (1975／2020)『狂気の歴史：古典主義時代における』新潮社）

Foucault, M. (1975). *The birth of the clinic: An archaeology of medical perception.* New York: Vintage Books.（神谷美恵子訳 (1969/2020)『臨床医学の誕生』みすず書房）

Fowler, R. D. (1995). 1994 report of the chief executive officer: The winds of change. *American Psychologist*, *50*, 600–611.

Freedheim, D. D. (Ed.) (1992). *The history of psychotherapy: A century of change.* Washington, DC: American Psychological Association.

Friedman, D. (1990). The Soviet Union in the 1920s: An historical laboratory. *Practice, The Magazine of Psychology and Political Economy*, *7*, 5–9.

Fry, S. L. (1991). A conversation with Edward L. Bernays, Fellow, PRSA. *Public Relations Journal*, 31–33.

Fukuyama, F. (1989). The end of history? *The National Interest*, *16*, 3–18.

Fulani, L. (Ed.) (1988). *The psychopathology of everyday racism and sexism.* New York: Harrington Park Press.

Furumoto. L. (1987). On the margins: Women and the professionalization of psychology in the United States, 1890–1940. In M. G. Ash and W. R. Wood-ward (Eds.) *Psychology in twentieth century thought and society.* Cambridge: Cambridge University Press, pp.93–114.

Garfinkel, H. (1967). *Studies in ethnomethodology.* New York: Prentice-Hall.

Gergen, K. J. (1982). *Toward transformation in social knowledge.* London: Sage.（杉万俊夫・矢守克也・渥美公秀監訳 (1998)『もう一つの社会心理学：社会行動学の転換に向けて』ナカニシヤ出版）

Gergen, K. J. (1991). *The saturated self Dilemmas of identity in contemporary life.* New York: Basic Books.

Gergen, K. J. (1994). *Realities and relationships: Soundings in social construction.* Cambridge,

MA: Harvard University Press.（永田素彦・深尾誠訳（2004）『社会構成主義の理論と実践：関係性が現実をつくる』ナカニシヤ出版）

Gergen, K. J. (1995). Social construction and the transformation of identity politics. Presented at the New School for Social Research, New York City.

Gergen, K. J. and Kaye, J. (1993). Beyond narrative in the negotiation of therapeutic meaning. In S. McNamee and K. J. Gergen (Eds.) *Therapy as social construction.* London: Sage, pp.166–187.（野口裕二・野村直樹訳（1997）『ナラティヴ・セラピー：社会構成主義の実践』遠見書房）

Gergen, M. M. (Ed.) (1988). *Feminist structure of knowledge.* New York: New York University Press.

Gergen, M. M. (1995). Postmodern, post-Cartesian positionings on the subject of psychology. *Theory and Psychology, 5(3),* 361–368.

Gilgen, A. R. (1982). *American psychology since W.W.II: A profile of the discipline.* Westport, CT: Greenwood.

Gilligan, C. (1982). *In a different voice: Psychological theory and women's development.* Cambridge, MA: Harvard University Press.（岩男寿美子監訳、生田久美子・並木美智子共訳（1986）『もうひとつの声：男女の道徳観のちがいと女性のアイデンティティ』川島書店）

Gödel, K. (1962). *On formally undecidable propositions of Principia Mathematica and related systems.* London: Oliver and Boyd.（林晋・八杉満利子訳・解説（2006）『不完全性定理』岩波書店）

Goffman, E. (1961). *Asylums.* Chicago: Aldine.（石黒毅訳（1984）『アサイラム：施設被収容者の日常世界』誠信書房）

Golding, J. (1968). *Cubism: A history and an analysis.* London: Faber and Faber.

Golub, E. S. (1994). *The limits of medicine: How science shapes our hope for the cure.* New York: Times Books.

Greer, C. (1972). *The great school legend: A revisionist interpretation of American public education.* New York: Basic Books.

Gross, P. R. and Levitt, N. (1994). *Higher superstition: The academic left and its quarrels with science.* Baltimore: Johns Hopkins University Press.

Gruber, H. E. and Voneche, J. J. (1977). *The essential Piaget.* New York: Basic Books.

Hampshire, S. (1959). *Thought and action.* London: Chatto and Windus.

Harding, S. (1986). *The science question in feminism.* Ithaca, NY: Cornell University Press.

Harding, S. (Ed.) (1987). *Feminism and methodology.* Milton Keynes: Open University.

Harding, S. and Hintikka, M. B. (Eds.) (1983). *Discovering reality: Feminist perspectives on epistemology, metaphysics, methodology and philosophy of science.* Dordrecht, Holland: D. Reidel.

Hare-Mustin, R. T. and Marecek, J. (Eds.) (1990). *Making a difference: Psychology and the construction of gender.* New Haven, CT: Yale University Press.

Harré, R. and Gillett, G. (1994). *The discursive mind.* London: Sage.

Hart, H.L.A. and Honoré, A. M. (1959). *Causation in the law.* Oxford: Clarendon Press.

Hempel, C. (1965). *Aspects of scientific explanation and other essays in the philosophy of science.* New York: The Free Press. (長坂源一郎訳(1973)『科学的説明の諸問題』岩波書店)

Henriques, J., Holloway, W., Urwin, C., Venn, C., and Walkerdine, V. (1984). *Changing the subject.* London: Methuen.

Herman, E. (1995). *The romance of American psychology: Political culture in the age of experts.* Berkeley: University of California Press.

Herrnstein, R. J. and Murray, C. (1994). *The bell curve: The reshaping of American life by differences in intelligence.* New York: The Free Press.

Hilgard, E. R. (Ed.) (1978). *American psychology in historical perspective: Addresses of the APA, 1892–1977.* Washington, DC: American Psychological Association.

Hoffman, L. (1993). A reflexive stance for family therapy. In S. McNamee and K. J. Gergen (Eds.) *Therapy as social construction.* London: Sage, pp.7–24.

Holzman, L. (1993) Notes from the laboratory: A work-in-progress report from the Barbara Taylor School. *Practice, the Magazine of Psychology and Political Economy, 9(1),* 25–37.

Holzman, L. (1995). Creating developmental learning environments: A Vygotskian practice. *School Psychology International, 16,* 199–212.

Holzman, L. (1996). Newman's practice of method completes Vygotsky. In I. Parker and R. Spears (Eds.) *Psychology and society: Radical theory and practice.* London: Pluto. pp.128–138.

Holzman, L. and Newman, F. (1979). *The practice of method: An introduction to the foundations of social therapy.* New York: New York Institute for Social Therapy and Research.

Holzman, L. and Newman, F. (1987). Language and thought about history. In M. Hickmann (Ed.) *Social and functional approaches to language and thought.* London: Academic Press, pp.109–121.

Holzman, L. and Polk, H. (Eds.) (1988). *History is the cure: A social therapy reader.* New York: Practice Press.

Hood, L., McDermott, R. P. and Cole, M. (1980). "Let's try to make it a good day" —Some not so simple ways. *Discourse Prgcesses,* 3,155–168.

Hunt, M. (1993). *The story of psychology.* New York: Doubleday.

Hyman, J. (Ed.) (1991). *Investigating psychology: Sciences of the mind after Wittgenstein.* London: Routledge.

Ingleby, D. (Ed.) (1980a). *Critical psychiatry: The politics of mental health.* New York: Pantheon Books.

Ingleby, D. (1980b). Understanding mental illness. In D. Ingleby (Ed.) *Critical psychiatry: The politics of mental health.* New York: Pantheon Books, pp.23–71.

Janik, A., and Toulmin, S. (1973). *Wittgenstein's Vienna.* New York: Simon and Schuster. (藤村竜雄訳(1992)『ウィトゲンシュタインのウィーン 』平凡社)

Jaynes, J. (1976). *The origin of consciousness in the breakdown of the bicameral mind.* Boston: Houghton Mifflin. (柴田裕之訳 (2005)『神々の沈黙：意識の誕生と文明の興亡』紀伊國屋書店)

Joravsky, D. (1989). *Russian psychology: A critical history.* Oxford: Blackwell.

Jost, J. T. (1995). Toward a Wittgensteinian social psychology of human development. *Theory & Psychology, 5W,* 5–25.

Kamin, L. J. (1974). *The science and politics of I.Q.* Potomac, MD: Lawrence Erlbaum.

Kant, I. (1965). *Critique of Pure Reason.* New York: St. Martin's Press. (熊野純彦訳 (2012)『純粋理性批判』作品社)

Kaye, J. (1982). *The mental and social life of babies.* Chicago: University of Chicago Press. (鯨岡峻・鯨岡和子訳 (1993)『親はどのようにして赤ちゃんをひとりの人間にするか』ミネルヴァ書房)

Keller, E. F. (1985). *Reflections on gender and science.* New Haven, CT: Yale University Press.

Keller, E. F. and Grontkowski, C. R. (1983). The mind's eye. In S. Harding and M. B. Hintikka (Eds.) *Discovering reality: Feminist perspectives on epistemology, metaphysics, methodology and philosophy of science.* Dordrecht, Holland: D. Reidel, pp.207–224.

Kenny, A. J. P. (1963). *Action, emotion and will.* London: Routledge and Kegan Paul.

Koch, S. (Ed.) (1959). *Psychology: A study of a science.* New York: McGraw-Hill.

Koch, S. and Leary, D. E. (Eds.) (1992). *A century of psychology as science.* Washington, DC: American Psychological Association.

Kovel, J. (1980). The American mental health industry. In D. Ingleby (Ed.) *Critical psychiatry: The politics of mental health.* New York: Pantheon Books, pp.72–101.

Kozulin, A. (1986). Vygotsky in context. In L. S. *Vygotsky, Thought and language.* Cambridge, MA: MIT Press, pp.xi–xvi.

Kozulin, A. (1990). *Vygotsky's psychology: A biography of ideas.* Cambridge, MA: Harvard University Press.

Kuhn, T. (1962). *The structure of scientific revolutions.* Chicago: University of Chicago Press.

（中山茂訳（1971）『科学革命の構造』みすず書房）

Kvale, S. (Ed.) (1992). *Psychology and postmodernism.* London: Sage.

Lave, J. and Wenger, E. (1991). *Situated learning: Legitimate peripheral participation.* Cambridge: Cambridge University Press. （佐伯胖訳（1993『状況に埋め込まれた学習：正統的周辺参加』産業図書）

Lawler, J. (1978). *IQ, heritability and racism.* New York: International.

Lerner, E. (1991). *The big bang never happened.* New York: Times Books.

Levitin, K. (1982). *One is not born a personality: Profiles of Soviet education psychologists.* Moscow: Progress. （柴田義松訳（1984）『ヴィゴツキー学派：ソビエト心理学の成立と発展』プログレス出版所）

Lotringer, S. (1977). Libido unbound: The politics of "schizophrenia." *semiotexte, 2(3),* 5–10.

Lovejoy, A. O. (1960). *The revolt against dualism: An inquiry concerning the existence of ideas.* 2nd ed. LaSalle, IL: Open Court.

Magaro, P., Gripp, R., and McDowell, D. J. (1978). *The mental health industry: A cultural phenomenon.* New York: John Wiley & Sons.

Marx, K. (1973). Theses on Feuerbach. In K. Marx and F. Engels, *The German ideology.* New York: International, pp.121–123. （廣松渉編訳（2002）『ドイツ・イデオロギー』岩波書店）

Marx, K. and Engels, F. (1973). *The German ideology.* New York: International. （廣松渉編訳（2002）『ドイツ・イデオロギー』岩波書店）

McNamee, S. (1993). Reconstructing identity: The communal construction of crisis. In S. McNamee and K. J. Gergen (Eds.) *Therapy as social construction.* London: Sage, pp.186–199. （野口裕二・野村直樹訳（1998）『ナラティヴ・セラピー：社会構成主義の実践 』金剛出版）

McNamee, S. and Gergen, K. J. (Eds.) (1993). *Therapy as social construction.* London: Sage. （野口裕二・野村直樹訳（2014）『ナラティヴ・セラピー：社会構成主義の実践』遠見書房）

Melden, A. I. (1961). *Free action.* London: Routledge and Kegan Paul.

Moll, L. C. (Ed.) (1990). *Vygotsky and education: Instructional implications and applications of sociocultural psychology.* Cambridge: Cambridge University Press.

Monk, R. (1990). *Ludwig Wittgenstein: The duty of genius.* New York: Penguin. （岡田雅勝訳（1994）『ウィトゲンシュタイン：天才の責務』みすず書房）

Morawski, J. G. (Ed.) (1988). *The rise of experimentation in American psychology.* New Haven, CT: Yale University Press.

Morss, J. (1990). *The biologising of childhood: Developmental psychology and the Darwinian myth.* East Sussex: Lawrence Erlbaum Associates.

Morss, J. (1992). Making waves: Deconstruction and developmental psychology. *Theory and Psychology, 2(4)*, 445–465.

Morss, J. (1993). Spirited away: A consideration of the anti-developmental Zeitgeist. *Practice, the Magazine of Psychology and Political Economy, 9(2)*, 22–28.

Morss, J. (1995). *Going critical: Alternatives to developmental psychology.* London:Routledge.

Muhlhauser, P. and Harré, R. (1990). *Pronouns and people: The linguistic construction of social and personal identity.* Oxford: Blackwell.

Napoli, D. S. (1981). *Architects of adjustment: The history of the psychological profession in the United States.* Port Washington, NY: Kennikat Press.

Newman, D., Griffin, P. and Cole, M. (1989). *The construction zone: Working for cognitive change in school.* Cambridge: Cambridge University Press.

Newman, F. (1965). Two analyses of prediction. Theorie.

Newman, F. (1978). *Practical-critical activities.* New York: Institute for Social Therapy and Research. Reprinted in *Practice, the Journal of Politics, Economics, Psychology, Sociology and Culture, 1983, 1(2–3)*, 52–101.

Newman, F. (1983). Talkin' transference. *Practice, The Journal of Politics, Economics, Psychology, Sociology and Culture, 1(1)*. Reprinted in F. Newman (1991a), *The myth of psychology.* New York: Castillo International, pp.16–44.

Newman, F. (1991a). *The myth of psychology.* New York: Castillo International.

Newman, F. (1991b). The myth of addiction. In F. Newman, *The myth of psychology.* New York: Castillo International, pp.111–139.

Newman, F. (1994). *Let's develop! A guide to continuous personal growth.* New York: Castillo International. (茂呂雄二・郡司菜津美・城間祥子・有元典文訳 (2019)『みんなの発達！：ニューマン博士の成長と発達のガイドブック』新曜社)

Newman, F. (1996). *Performance of a lifetime: A practical—philosophical guide to the joyous life.* New York: Castillo International.

Newman, F. and Holzman, L. (1993). *Lev Vygotsky: Revolutionary scientist.* London: Routledge. (伊藤崇・川俣智路訳 (2020)『革命のヴィゴツキー：もうひとつの「発達の最近接領域」理論』新曜社．この邦訳は 2014 年 Psychology Press 社から刊行された Classic Edition 版に基づく。)

Parker, I. (1989). *The crisis in modern social psychology and how to end it.* London: Routledge.

Parker, I. (1992). *Discourse dynamics.* London: Routledge.

Parker, I. and Shotter, J. (1990). *Deconstructing social psychology.* London: Routledge.

Peterman, J. F. (1992). *Philosophy as therapy: An interpretation and defense of Wittgenstein's later philosophical project.* Albany: SUNY Press.

Phillips-Griffiths, A. (Ed.) (1991). *Wittgenstein: Centenary essays.* Cambridge: Cam-bridge University Press.

Piaget, J. (1955). *The language and thought of the child.* London: Kegan Paul.（大伴茂訳（1970）『児童の自己中心性（改訳改版）』同文書院）

Polkinghorne, D. (1983). *Methodology for the human sciences: Systems of inquiry.* Albany: SUNY Press.

Poster, M. (1978). *Critical theory of the family.* New York: Seabury.

Prilleltensky, I. (1994). *The morals and politics of psychology: Psychological discourse and the status quo.* Albany: SUNY Press.

Quine, W.V.O. (1963). *From a logical point of view.* New York: Harper & Row.（飯田隆訳（1992）『論理的観点から：論理と哲学をめぐる九章』勁草書房）

Rivlin, L. G. and Wolfe, M. (1985). *Institutional settings in children's lives.* New York: John Wiley & Sons.

Rogoff, B. (1990). *Apprenticeship in thinking: Cognitive development in social context.* New York: Oxford University Press.

Rogoff, B. and Lave, J. (Eds.) (1984). *Everyday cognition: Its development in social contexts.* Cambridge, MA: Harvard University Press.

Rorty, R. (1982). *Consequences of pragmatism.* Minneapolis: University of Minnesota Press.（室井尚・吉岡洋・加藤哲弘・浜日出夫・庁茂訳（2014）『プラグマティズムの帰結』筑摩書房）

Rose, N. (1990). *Governing the soul: The shaping of the private self.* London: Routledge.（堀内進之介・神代健彦監訳（2016）『魂を統治する：私的な自己の形成』以文社）

Rothstein, S. W. (1994). *Schooling the poor: A social inquiry into the American educational experience.* Westport, CT: Bergin & Garvey.

Ryle, G. (1949). *The concept of mind.* New York: Barnes and Noble.（坂本百大・井上治子・服部裕幸訳（1987）『心の概念』みすず書房）

Samelson, F. (1979). Putting psychology on the map: Ideology and intelligence testing. In A. R. Buss (Ed.) *Psychology in social context.* New York: Irvington, pp.103–168.

Sampson, E. E. (1991). The democratization of psychology. *Theory and Psychology*, 1, 275–298.

Sampson, E. E. (1993). *Celebrating the other: A dialogic account of human nature.* Boulder, CO: Westview Press.

Santayana, G. (1911). The genteel tradition in American philosophy. *University of California*

278

Chronicle, XII, 4. Reprinted in D. L. Wilson (Ed.) (1967) *The genteel tradition: Nine essays by George Santayana.* Cambridge, MA: Harvard University Press, pp.37–64.

Sarason, S. B. (1981). *Psychology misdirected.* New York: The Free Press.

Schacht, T. E. (1985). DSM-III and the politics of truth. *American Psychologist, 40,* 513–521.

Schwartz, P. W. (1971). *The cubists.* London: Thames and Hudson.

Scriven, M. (1959). Truisms as the grounds for historical explanation. In Gardiner (Ed.) *Theories of History.* Glencoe, IL: The Free Press.

Searle, J. R. (1969). *Speech acts: An essay in the philosophy of language.* Cambridge: Cambridge University Press. (坂本百大・土屋俊訳 (1986)『言語行為：言語哲学への試論』勁草書房)

Searle, J. R. (1992). *The rediscovery of mind.* Cambridge, MA: The MIT Press. (宮原勇訳 (2008)『ディスカバー・マインド！：哲学の挑戦』筑摩書房)

Shotter, J. (1990). *Knowing of the third kind.* Utrecht: ISOR.

Shotter, J. (1991). Wittgenstein and psychology: On our "hook up" to reality. In A. Phillips-Griffiths (Ed.) *Wittgenstein: Centenary essays.* Cambridge: Cambridge University Press, pp.193–208.

Shotter, J. (1993a). *Conversational realities: Studies in social constructionism.* London: Sage.

Shotter, J. (1993b). *Cultural politics of everyday life: Social constructionism, rhetoric and knowing of the third kind.* Toronto: University of Toronto Press.

Shotter, J. (1995). In conversation: Joint action, shared intentionality and ethics. *Theory and Psychology,* 5(1), 49–73.

Shotter, J. and Gergen, K. J. (Eds.) (1989). *Texts of identity.* London: Sage.

Shotter, J. and Newman, F. (1995). Understanding practice in practice (rather than in theory). Presented at the East Side Institute for Short Term Psychotherapy, New York. [manuscript available]

Sinha, D. (1986). *Psychology in a third world country: The Indian experience.* Beverly Hills, CA: Sage.

Skinner, B. F. (1957). *Verbal behavior.* New York: Appleton-Century-Crofts.

Soldz, S. (1988). The deficiencies of deficiency theories: A critique of ideology in contemporary psychology. *Practice, the Magazine of Psychology and Political Economy, 6(1),* 50–63.

Stenner, P. (1993). Wittgenstein and the textuality of emotional experience. *Practice, the Magazine of Psychology and Political Economy, 9(2),* 29–35.

Stern, D. N. (1985). *The interpersonal world of the infant.* New York: Basic Books. (小此木

啓吾・丸田俊彦監訳、神庭靖子・神庭重信訳 (1989–1991)『乳児の対人世界』岩崎学術出版社)

Stern, D. N. (1990). *Diary of a baby*. New York: Basic Books. (亀井よし子訳(1992)『もし、赤ちゃんが日記を書いたら』草思社)

Strawson, P. F. (1964). *Individuals*. London: Routledge. (中村秀吉訳 (1979)『個体と主語』みすず書房)

Suvin, D. (1972). The mirror and the dynamo. In E. Munk (Ed.) *Brecht*. New York: Bantam Books.

Szasz, T. (1961). *The myth of mental illness: Foundations of a theory of personal conduct*. New York: Harper & Row.

Tharp, R. G. and Gallimore, R. (1988). *Rousing minds to life: Teaching, learning and schooling in social context*. Cambridge: Cambridge University Press.

Timpanaro, S. (1976). *The Freudian slip: Psychoanalysis and textual criticism*. London:Verso.

Tolman, C. W. and Maiers, W. (1991). *Critical psychology: Contributions to an historical science of the subject*. Cambridge: Cambridge University Press.

Torrey, E. F. (1992). *Freudian fraud*. New York: HarperCollins.

Trevarthen, C. and Hubley, P. (1978). Secondary intersubjectivity: Confidence, confiding and acts of meaning in the first year. In A. Lock (Ed.) *Action, gesture and symbol: The emergence of language*. New York: Academic Press, pp.183–229.

Tuana, N. (1992). *Woman and the history of philosophy*. New York: Paragon House.

Turkle, S. (1980). French anti-psychiatry. In D. Ingleby (Ed.) *Critical psychiatry: The politics of mental health*. New York: Pantheon Books, pp.150–183.

Ussher, J. and Nicholson, P. (Eds.) (1992). *Gender issues in clinical psychology*. London: Routledge.

van der Merwe, W. L. and Voestermans, P. P. (1995). Wittgenstein's legacy and the challenge to psychology. *Theory & Psychology*, *5(1)* 27–48.

van der Veer, R. and Valsiner, J. (1991). *Understanding Vygotsky: A quest for synthesis*. Oxford: Blackwell.

Venn, C. (1984). The subject of psychology. In J. Henriques, W. Holloway, C.Urwin, C. Vensn, and V. Walkerdine (Eds.) *Changing the subject: Psychology, social regulation and subjectivity*. London: Methuen, pp.119–152.

Vygotsky, L. S. (1978). *Mind in society*. Cambridge, MA: Harvard University Press.

Vygotsky, L. S. (1982). The historical meaning of the crisis in psychology. In A. R. Luria and M. G. Iaroshevski (Eds.) *L. S. Vygotsky: Collected works*. Vol. 1. Moscow: Pedagogika. [In Russian.] (柴田義松・森岡修一・藤本卓訳(1987)『心理学の危機』明治図書)

Vygotsky, L. S. (1987). *The collected works of L. S. Vygotsky*, Vol. 1. New York: Plenum. (柴田義松訳(2001)『新訳版・思考と言語』新読書社)

Vygotsky, L. S. (1993). *The collected works of L. S. Vygotsky*, Vol. 2. New York: Plenum. (柴田義松・宮坂琇子訳(2006)『ヴィゴツキー 障害児発達・教育論集』新読書社)

Walkerdine, V. (1984). Developmental psychology and the child-centered pedagogy: The insertion of Piaget into early education. In J. Henriques, W. Holloway, C. Urwin, C. Venn, and V. Walkerdine (Eds.), *Changing the subject:Psychology, social regulation and subjectivity*. London: Methuen, pp.153–202.

Walkerdine, V. (1988). *The mastery of reason*. London: Routledge.

Wertsch, J. V. (1985a). *Vygotsky and the social formation of mind*. Cambridge, MA: Harvard University Press.

Wertsch, J. V. (Ed.) (1985b). *Culture, communication and cognition: Vygotskian perspectives.* Cambridge: Cambridge University Press.

Wertsch, J. V. (1991). *Voices of the mind: A sociocultural approach to mediated action.* Cambridge, MA: Harvard University Press. (田島信元・佐藤公治・茂呂雄二・上村佳世子訳(2004)『心の声：媒介された行為への社会文化的アプローチ』福村出版)

Wilkinson, S. and Kitzinger, C. (Eds.) (1993). *Heterosexuality: A feminism and psychology reader.* London: Sage.

Winch, P. (1958). *The idea of a social science.* New York: Routledge and Kegan Paul.

Wittgenstein, L. (1953). *Philosophical investigations.* Oxford: Blackwell. (藤本隆志訳(1976)『ウィトゲンシュタイン全集第8巻 哲学探究』大修館書店)

Wittgenstein, L. (1961). *Tractatus logico-philosophicus.* London: Routledge. (奥雅博訳(1975)『ウィトゲンシュタイン全集第1巻 論理哲学論考』大修館書店)

Wittgenstein, L. (1965). *The blue and brown books.* New York: Harper Torchbooks. (大森荘蔵・杖下隆英訳(1975)『ウィトゲンシュタイン全集第6巻 青色本・茶色本／個人的経験および感覚与件について／フレーザー『金枝篇』について』大修館書店)

Wittgenstein, L. (1967). *Zettel.* Oxford: Blackwell. (黒田亘・菅豊彦訳(1975)『ウィトゲンシュタイン全集第9巻 確実性の問題・断片』大修館書店)

Wittgenstein, L. (1971). *Remarks on Frazer's Golden Bough. The Human World, 3*, 28–41. (大森荘蔵・杖下隆英訳(1975)『ウィトゲンシュタイン全集第6巻 青色本・茶色本／個人的経験および感覚与件について／フレーザー『金枝篇』について』大修館書店)

Wittgenstein, L. (1974). *Philosophical grammar.* Oxford: Blackwell. (山本信訳(1975)『ウィトゲンシュタイン全集第3巻 哲学的文法1』坂井秀寿訳(1976)『ウィトゲンシュタイン全集第4巻 哲学的文法2』大修館書店)

Wittgenstein, L. (1975). *Philosophical remarks.* Oxford: Blackwell. (奥雅博訳(1978)『ウィ

トゲンシュタイン全集第 2 巻　哲学的考察』大修館書店）

Wittgenstein, L. (1980). *Remarks on the philosophy of psychology, Vol. I*. Oxford: Blackwell.（佐藤徹郎訳（1985）『ウィトゲンシュタイン全集補巻 1　心理学の哲学 1』大修館書店）

Zelizer, V. A. (1985). *Pricing the priceless child: The changing value of children*. New York: Basic Books.

自分の才能を発揮しスターになれた瞬間。社会とのつながりが途切れてしまった難民の子どもたちが、パフォーマンスを通して、家族、地域、NGO職員、専門家、多様な世代の人など、さまざまな人とつながり、なりたい自分へむけて頭ひとつ分の背伸びができた場面。

ジャパン・オールスターズ（https://japanallstars.jp/ 代表：茂呂雄二）が開発した「交換ゲーム」のトルコでの実施場面。トルコ人とシリア人生徒がそれぞれ1枚の紙の裏表に「What I want to get」「What I want to give」を書き、それらをつなげる会話（パフォーマンス）を通して、共生の関係を構築していった。

解説「パフォーマンスにもとづく心のアートの意味」

茂呂雄二

アートとしての心理学へ

　著者のフレド・ニューマン (1935–2011) とロイス・ホルツマンは、哲学者と発達心理学者であるが、1960年台後半からアカデミズムを離れて、ニューヨークを拠点に人々の発達と成長を支援する、コミュニティビルディング活動を行ってきた。ベトナム反戦運動と公民権運動に大きく揺れ動く米国で、大学での学術研究に見切りをつけた二人は、ニューヨークの街中でアクティビストになった。貧困や差別などさまざまな困難を抱える人々をエンパワーするアクティビストである。

　有色の貧困層の子供と若者の発達を促すには、既存の科学的心理学を大学の研究室から、ニューヨークのストリートに移植するだけでは何も生み出せない。むしろ心理学の解体と言っても良いほどの根本的な見直しと、従来の心理学を超える新しい方法論の開拓が必須である。そう考えた二人は、ロシアの心理学者レフ・ヴィゴツキーと哲学者ルートウィヒ・ウィトゲンシュタインの考え方をミックスして、新しいアプローチの開拓を始めた。コミュニティビルディング活動の中で、実際にグループセラピーを実践し、若者・子供の発達をトリガーするプログラムを開発し、時に暴力にまで発展する人種間対立を融和する演劇ワークを進める中で、この新しいアプローチを洗練させ、さらにさまざまな新たな実践を開拓してきた。

　このアプローチは、自然科学には基づかない。むしろアートというべきものである。美的センスと遊び心に満ちた実践のわざとなるという意味でアートである。さまざまな実践の場でのコミュニティ作り活動を通して、新しい遊び方・新しい言葉の意味作り・新しい振る舞い方・新しい生のあり方を共

同創造するアートなのである。

　哲学と科学の意味や心理学の歴史に関わる本書は一見とっつきにくい。しかし本書を読むことで、著者たちの 40 年以上にわたって継続されてきた発達支援の実践が、一体どのような考え方や思いに支えられてきたのか、その背景にアクセスすることができる。それは、日本においても同様に人々の支援を志す実践者や研究者にとっても多いに役に立つものである。

心理学の物語

　本書『パフォーマンス・アプローチ心理学：自然科学から心のアートへ』は、心理学の物語である。古代ギリシャ哲学を始まりとして、現在の商品化されたあり様をへて、まだ見ぬ未来にまで至る、心理学の成長物語（ビルドゥングスロマーン）である。この物語を書くことによって、非常に困難な課題ではあるが、自然科学を超えた新しい心理学を作り上げることが可能だと、ニューマンとホルツマンは信じている。心理学の出自である哲学にまつわる困難を物語り、自然科学を模倣することで心理学が得たかりそめの成功に潜む重大欠陥を物語りながら、さらに新しいアートへと成長する未来の心理学を物語るのである。

　ニューマンとホルツマンは、心理学は哲学を母親して生まれたという。同じ母から生まれたのは、西洋の宗教、政治システム、自然科学・技術などである。心理学は、これらの同腹の姉妹の中で、遅く生まれた不出来の子供とされる。

　心理学は、西欧哲学から 19 世紀の後半に生まれた。その際に、哲学という母親の偏った信念システムと、ウィトゲンシュタインがいう意味での病理も受け継いだ。この困難と病理を隠すためか、誕生と同時に母親の存在を忘却してしまった。加えて、その当時近代精神の頂点として偶像化されていた、自然科学のイメージをまとい出自を偽った。自然科学の方法基準を満たすなど叶わないにもかかわらず、自然科学を自認し偽装することで現在の興隆を果たした、これがニューマンとホルツマンの心理学への厳しい評価である。

　それでは心理学の父親は誰なのか。ニューマンとホルツマン

は、資本主義だとDNA鑑定する（実は、本書では自然科学が父親だと述べる箇所もあり、これもまた正しい指摘である）。心理学は世に出る際に、資本主義に取り入ることで自分を大きく見せた。もっとも畏怖する父親である資本主義のやり方で、自分自身を商品化し売り出すことに成功した。この振舞は、心理学の隆盛にもかかわらず、個人レベルについても、種のレベルでも、人間を発達させ成長させることは全くなかった。それどころか、現在、私たちが目の当たりにしている、文化的、政治的そして道徳的な泥沼は主として、商品化された科学的心理学によって作られた、とニューマンとホルツマンは激しく断じるのである。

　本書が届けようとするのは、未来の心理学物語である。私たち人間をここまでつれてきた哲学と自然科学は、心理学を発達させないし、私たちと種としての人間をさらに先へと連れて行きはしないだろう、と確信するニューマンとホルツマンは、哲学、自然科学、商品化から離れて、未来の心理学を物語る。この未来の物語の著者は、哲学、自然科学や資本主義ではなく、私たち自身である。私たちの日々の生活実践と変化創造の活動を素材として、普通の人々である私たちが著者となって紡ぎ出す、新しい心理学の出現を本書は黙示するのである。

　ところで、著者のいう物語には二つの意味があることに注意したい。まず、物語という戦略採用の意味である。自然科学の真偽に基づいた、確定的な真偽判断を避けるために意図的に採用されたのが物語の戦略である。

　二つ目は、著者二人には、物語りつつ物語を越える実践が目指されていることである。現在の心理学では、物語というとナラティブという自己語りが真っ先に頭に浮かぶ。本書でいう物語は、過剰に決定されたアイデンティティアを生み出すナラティブではない。むしろ、語られることのなかった他者の言葉との関係性が生み出す、更なる活動と意味づくりに焦点を当てようとする。他者との関係的活動から、語られたものと語られないもの、話された物語と話されなかった物語に潜むテンションから、共同創造が始まり、さらなる活動が生み出される過程を焦点化しようとするのである。

　ホルツマンは、ニューマンが卓越した語り部であり、物語の価値は物語活動自身がもつ転換の力にあると信じていたと述べている（Holzman, 2003）。

ニューマンにとっては、物語は数世紀にわたって行われてきた人間の確かな
実践の一つであり、新しい生き方を創造することを可能にする、創造の方法
論でもある。

哲学と科学の物語

　ウィトゲンシュタインに従って、哲学と形而上学は極めて不十分なもので
あり、現在の心理学の抱える困難をもたらしたと考える、ニューマンとホル
ツマンは、第一部「哲学のいくつかの物語」において、心理学の母親である哲
学と兄弟である科学について物語る。哲学は、役割を終えつつある瀕死の主
人公として描かれる。2500年にわたり、西欧文明を導き、さらには西欧を
超えて全世界の考え方と理解を牽引してきたにもかかわらず、哲学は種とし
ての人間に対して、もうこれ以上の発達をたらさないと二人は言うのである。
哲学の物語は古代ギリシャから始まり、近世・近代の哲学まで発展するもの
の、哲学は自然科学によってお払い箱にされ、科学的心理学によって思考や
認識など主要な主題を盗み取られてしまったのである。

　ところでソクラテスは当時すでに哲学のモードとなっていた自己意識と抽
象化の二つについて、問うことそれ自体を問うという対話によって一つに統
合した。この重大な発展をさらに押し進めたプラトンは、見る人による理解
という視覚優位の世界像をパラダイム化した。この視覚優位は、世界、眺め
（観測者）、そしてこの二つを統合する方法、すなわち存在論（世界実在）、認
識論（世界知識）、方法論（実在と知識の結合手段）という哲学の内容ならびに
方法として整備されることになった。

　近代の鳥羽口で再発見されたアリストテレスの哲学は、トマス・アクィナ
スによってキリスト教と合体することで、近代哲学の構成要素となり、科学
にも広範囲に影響を及ぼしたが、ニューマンとホルツマンは、とくに男性性
へのジェンダーバイアス、目的論、そして分類的（集合的）論理学の影響に注
目する。アリストテレスは、男性を、形相と質料の統一された二元性の世界
を合理的に知覚し思念する存在へと位置付けた。その意味では人間（男性）中
心の世界像を発明したといえるが、この世界を突き動かす原因が必要となり、

合理的男性の比喩に沿う目的論の導入で解決した。これは目的に従うように
モノが移動することを表す哲学用語だが、個物が自然の静止状態へと回帰す
る目的を有するという意味であり、世界を個物と静止状態から理解するやり
方は現在の科学をも支配している。

　さて、哲学の教科書的物語が合理主義と経験主義をきれいに分けて展開し
すぎだというニューマンとホルツマンは、二つを統合したカントに注目する。
カントは、世界経験とともに観察者経験の重要性を根拠にして、経験は精神
や物質よりいっそう基礎的なのだと主張して、認識重視の経験主義つまり心
理学の誕生にも使われた近代哲学の基盤を構築するパラダイムを実質的に定
式化し、認識に関する問題と、私たちが認識を得る方法についての学問を考
案した。

　しかし、この認識と経験する人間は、相変わらず見ることを通して世界を
思い描くという意味でギリシャ哲学以来の枠組みのままである。それを活動
つまり働き、生み出す人間に大転換したのはマルクスだと評価しつつも、観
念論批判の不徹底を指摘しながらも実践批判的活動の概念を未来の心理学の
ひみつ道具に追加するのである。

　ところで哲学と科学の物語は、経験賛美のコロスとともに進行する物語で
あったといえる。それは、ギリシャに発して2500年間にわたって支配的だっ
た経験主義の隆盛と栄華を讃える叙事詩であると同時に、哲学と科学と数学
と論理学の運動自身によって内破され瓦解していく叙事詩でもある。例えば、
ニューマンとホルツマンは、この内破を、論理と数学の共通言語化の発展過
程で、自己再帰的集合が生み出すパラドクスの発見とゲーデルの証明にみる。
またクワインは「経験主義の二つのドグマ」において、還元主義と分析的－総
合的の区別が維持できないことを示したことで、経験主義（論理実証主義）を
自ら解体しようとしたのである。近代科学の基盤となった論理学と数学も経
験主義も内側からの徹底挑戦を受けて、大きく揺らいだのである。

　ちなみにニューマンの博士論文は『歴史における記述による説明』（New-
man, 1968）である。師のドナルド・ディッドソンに倣ってカール・ヘンペル
流に、歴史における説明を科学的説明と変わりないものとして論じ始めたも
のの、ニューマンは反対側のウィリアム・ドレイにも与することなく、実践

としての説明という当時の枠組みからはクレージーとされた方向を唱えて、主流の哲学学派から自ら離れることになったのだった。ニューマン自身、まさに哲学の内破と瓦解を、身をもって体験したのだともいえる。

　哲学の物語の終章あるいは哲学の訃報は、ウィトゲンシュタインの手に委ねられた。ニューマンとホルツマンによれば、ウィトゲンシュタインは訃報を書くだけでなく、哲学にかわる私たちの生活実践と言語実践の創造、言い換えれば哲学なしの哲学の日常実践つまり新しい言語ゲームを創造し絶え間なく遊ぶという新しい生の活動について書くのであるが、これは第3部のテーマとなる。

心理学の商品化

　第2部「心理学のとんでもない物語：国家と心」で、ニューマンとホルツマンは、心理学の社会史研究に依拠しながら、心理学の商品化と産業化の歴史的過程を要約するとともに、その過程で生み出された数々の神話を暴露する。特に、個人差、精神疾患そして子供の発達の三つの心理学の中心テーマ、言い換えれば心理学の三つの商品を取り上げて、それらがどのような資本制のニーズを媒介に神話化されたのか要約しながら、それとは別種の心の探究の道を模索している。

　このとき、ニューマンとホルツマンは、社会文化的現象である人間の心の研究は、近代科学を応用するアプローチが不適切であるとして、以下のような問いを発する。近代科学のどのような特徴がこの不適切さを作るのか。どのような歴史条件が心の理解の必要性を生み出したのか。これほどまでに過剰に心理学化された文化が如何に作り上げられたのかなどなど。心理学という神話の社会－文化－歴史的分析を行おうとする。

　第5章では、心理学の個人差物語を主題に、クルト・ダンジガーやエリカ・バーマンなど邦訳でも知られる既存のポストモダン批評の心理学の社会史に基づきながら、個人差の測定方法とそれに基づく知識の主張が時代背景の中でどのように実践されてきたかをみている。

　心理学は、個人に目を向けるといいながらも、個人の個性的実存などは無

視して、集団平均からの偏差という抽象的測度に人々を還元してきた。このような没歴史的で人間の本源的社会性を排除するやり方は、孤立した個人、抽象化された個人、操作され規格化された個人像を生み出してきた。これは、心理学が哲学からの脱却宣言をして、科学と同じ道を歩み始めたにもかかわらず、真逆の事実が明らかになったとニューマンらは述べる。真逆の事実とは、自然科学の特殊な哲学的な前提を無視した、心理学の自然科学の模倣という事実である。心理学者が開発した構成概念という仕掛けや、実験対象やマジックのようなテクニックは、実は化学者、物理学者、生物学者たちが使う方法とは関係がないのである。それらは心理学的な形をした形而上学であるとニューマンらは述べる。結局のところ、個人差と言いながら、人々の実践上の多様性を明らかにしたことはなく、結局のところ、個性を支持し個性的な表現を育てる文化づくりではなく、平均からの偏差による社会適応の文化づくり進めてきたのである。

　精神疾患を扱う第6章では、米国におけるフロイトと神経症の大衆化の社会史の事実を追跡しつつ、分類、説明、解釈という科学的心理学における定番の「科学的実践」の困難を鋭く指摘する。ウィトゲンシュタインの「人は科学的に信じていなくても簡単に信じることができる」との議論を導きとしながら、科学的心理学が採用する科学的、因果的、演繹的、法則的な理解が不要なこと、他者の心に寄り添う実践がこのような科学的モードによる理解を必要としないと、ニューマンとホルツマンは論じる。科学は確かに理解の方法の一つかもしれないし、科学が生み出した技術はたくさんのイノベーションで私たちの生活を豊かにした。しかし、科学は、人間の理解の活動を理解するための適切な方法と言えるのか、さらに重要なのは、科学が私たちの生活活動を理解するための適切な方法なのかという点である。

　ニューマンとホルツマンによる、心理学の商品化の歴史の要約は、ただ社会史と文化史の事実を連ねているだけではない。そこには、いわば哲学の歴史物語という縦糸が張られており、経験主義に集約される抽象化、固体化、体系化が、どのように心理学の商品化に関わったのかに関する確かな分析が施されているのである。

　第7章では、発達心理学の成立の物語が語られる。ラマルク、ダーウィン、

ホール、ピアジェ、フロイト、スターン、ワーチ、ケイなど多数の発達論の分析を通して、子供概念を本来的なものとして自然化し発達と発達段階が商品化される過程を明らかにしながら、ニューマンとホルツマンは、発達心理学に「何が発達するのか」についての問いが欠如していることに着目する。そして、分析の単位を個人であるとの個人主義・固体主義を全く疑うことなく、発達するのは、乳児、子どもあるいは母親個人との仮定によって、心理学の哲学と形而上学を隠蔽し続けていると指摘する。いくら社会的な状況づけ、社会的構成、発達する人の社会性を強調したとしても、個人を単位として、それに見栄えの良い属性を追加したにすぎないのだと評される。

1996 年—2022 年

　以下の一覧は、ニューマンとホルツマンが、1990 年代に出版した主要書籍のリストである。この 10 年が非常に多産な 10 年であることがわかる。この多産の背景は、1960 年代後半から、共同研究と共同実践を進めてきた二人のコラボが、約 20 年にわたる共同研究と共同実践によって深化し、理論として実践成果としても、1990 年代に確かな結実を見せたことを意味する。

・Newman, F. (1991). *The Myth of Psychology*. New York: Castillo International.

・Newman, F. & Holzman, L. (1993). *Lev Vygotsky: A revolutionary Scientist*. London: Routledge.（伊藤崇・川俣智路訳 (2020)『革命のヴィゴツキー：もうひとつの「発達の最近接領域」理論』新曜社. この邦訳は 2014 年 Psychology Press 社より発刊された Classic Edition 版に基づいている。）

・Newman, F. (1994). *Let's Develop: A Self-Help Guide to Continuous Personal Growth*. New York: Castillo International（茂呂雄二・郡司菜津美・城間祥子・有元典文訳 (2019)『みんなの発達！：ニューマン博士の成長と発達のガイドブック』新曜社.

・Newman. F. (1996). *Performance of A Life Time.: A Practical-Philosophical Guide to the Joyous Life*. New York: Castillo International. （未邦訳）

・Newman, F. & Holzman, L. (1996). *Unscientific Psychology*: A Cultural-Per-

formatory Approach to Understanding Human Life. Westport, CT: Praeger.『パ
フォーマンス・アプローチ心理学：自然科学から心のアートへ』(本書)
・Newman, F. & Holzman, L. (1997). *The End of Knowing: A New Developmental
Way of Learning*. New York: Routledge. (未邦訳)
・Holzman, L. (Ed.)(1997). School for *Growth: Radical Alternatives to Current
Educational Models*. Mahwah, NJ: Lawrence Erlbaum Associates. (未邦訳)
・Holzman, L. (Ed)(1998). *Performing Psychology: A Postmodern Culture of the
Mind*. London: Routledge. (未邦訳)

　1996年初版刊の本書『パフォーマンス・アプローチ心理学：自然科学から
心のアートへ』は、これらのリストの書籍の中でも、独特の位置取りにある。
　ニューマンとホルツマンのコラボは、ウィトゲンシュタインの哲学革命と
ヴィゴツキーの心理学革命をハイブリッド化させて、新しい心理学を提案す
るプロジェクトとなった。二人のコラボは、ニューマンのニューヨークの街
場での哲学とセラピー実践に強く共鳴したホルツマンの参加によって実現
したものであった。1970年代半ばに、哲学者ニューマンのウィトゲンシュ
タイン読解と実践の場に、心理学のポスドク研究者ホルツマンが持ち込んだ
ヴィゴツキー理解が、化学反応を起こして新しい心理学物語を編むという未
来のプロジェクトが生まれたのだった。
　このプロジェクトの全体は、そのボリュームから言っても、上記リストの
うちのどれか1冊ですべてを書くことはできず、複数の書籍に分散されて発
表されたと考えるべきである。
　上記のリストのうち、1993年、1996年(本書)、1997年刊の3冊が、ニュー
マンとホルツマンの二人で書いたものの主著といえるものである。本書は
このプロジェクトの骨子を描いたものというふうに位置付けられる。一方、
1993年本は、ヴィゴツキーに対する著者二人の独自の解釈を述べた上で、
ヴィゴツキーを更に発展させようとするもので、当時のヴィゴツキー研究へ
の鋭い批評にもなっている。1997年本は哲学と科学の中心である知の終焉
を説くという意味では本書のテーマを発展させたものであるが、同時に知に
変わる実践をソーシャルセラピーや著者らが運営していたヴィゴツキー学校
の具体的な言語ゲームで示すという構成になっており邦訳が待たれるもので

ある。

さて本書は、哲学者としての訓練を受け言語哲学と科学哲学を専門とする
フレド・ニューマンの面目躍如というべき作品である。パフォーマンスアプ
ローチは、マルクス、ヴィゴツキー、ウィトゲンシュタインのミックス、良
い意味での折衷主義だと自己評価されるが、なぜウィトゲンシュタインなの
かが、哲学の歴史と科学哲学の視点から明確にされているといえる。

それでは、2022 年の現在、1996 初版の本書はどのように読まれるべきな
のだろうか。過去の研究と出版の事実、あるいは(あまり注目されなかった)
心理学史の一コマとして済ませられるのだろうか。心理学の歴史好事家のみ
が注目するような一時的に流行したパラダイムに関する歴史的事実として扱
えば済むのだろうか。

そうではない。著者の紡いだ物語は、現在さまざまに展開する、人間に関
する探求の転換と連動し、それらを先取りしているのだ。

人間の見方特に演劇的で即興的な振る舞いから人間を理解する議論、科学
的研究の限界への気づきと代替方法論の模索、せまく心理学に限っても記述
と説明の心理学から実践を通した共生的支援への転換などなど、さまざまな
領域で現在進行中の議論を、ニューマンとホルツマンの 4 半世紀前の探求が
先取りしていたのだとわかる。現在の心理学ならびに人文社会学の動向を的
確に予言したともいえるのである。

例えば、多くの実践領域でパフォーマンスと即興が注目を集めている。こ
の先行きの見えない VUCA の時代(変化し(Volatility)、不確実で(Uncertain)、
複雑で(Complexity)、曖昧(Ambiguity)な時代)では、企業活動も、変転する世
界先取りし、変化に即応するようなコンピテンシーが企業にも構成員にも強
く求められている。従来の規定され方にはまったやり方を如何に超えるかは、
企業活動から一番保守的にカプセル化された学校の学習活動にも流入しよう
としているが、それは歓迎すべきトレンドかもしれない。

一方で、地球温暖化問題を代表とする生態系のサステナビリティーへの関
心は、人新世という新しい概念枠組みをきっかけに多くの共感を生み出して
いる。これまでの自然科学と技術一辺倒のやり方への懐疑と危惧は、科学と
人間の関係性の捉え直しを促しているが、本書で明らかにされた科学技術と

その元となる哲学の特殊性、偏向や病理は、大いに参考にされて良いだろう。

　現在、心理学とくにヴィゴツキーに始まる活動理論に基づく心理学研究では、「転換するエージェンシー（transformative agency）」の議論がさらに活発化している（Engeström, 2015; Stetsenko, 2019）。これは、実践的な介入指向の心理学であり、学習科学におけるデザイン研究やデザイン領域における参加者デザインなどとも呼応する流れだといえる。実際に実践の場を作り上げ、実践の進行とともに受け取る手応えに従って、実践の場を組み直し、参加者と共に意味を作り上げるというやり方は、まさにパフォーマンスアプローチが議論してきたテーマである。

未来の心理学の物語

　第3部「方法の実践：自然科学でない心理学のための新しい認識論」で、ニューマンとホルツマンは、心理学の未来の物語を紡ごうとする。未来の心理学は、ある種のコミュニティビルディングに基づく関係活動となることが黙示される。この関係活動とは、ただ話すこと、答えを求めず、ただただ問う活動を実践することで、新しい感情・情動のパフォーマンスを開拓し、停止してしまった発達を再点火する実践である。

　このような関係活動を実践することは、科学的パラダイムへの挑戦であり、自然科学に基づかない、自然科学以外の何かを発見する実践である。そして、このような活動は発達するコミュニティビルディング活動となり、現在私たちがいるところから、コミュニティの仲間たちと目指すべきところへと、共同して進んでいくことを可能にもするだろう。

　ニューマンらの構想は夢物語ではない、なぜならば、ニューマンとホルツマンと仲間たちが、その当時で4半世紀にわたって実践されてきたソーシャルセラピーと呼ばれるコミュニティビルディング活動がその証左となるからだ。

　　ソーシャルセラピーでは、個人セッションであれグループセッションであれ、（一人称、二人称、三人称で）患者かセラピストが発した記述は、

294

指示的記述として扱われることはない。つまり、発話は真偽判断されず、むしろ私たちが集団で一緒に創造し、パフォーマンスする、演劇（ポエムの方が正確か）の台詞のようにみなされる。パフォーマンスのディレクターとしてのソーシャルセラピストは、絶えず患者相手に芝居をやっているのであって、自分の行う記述と判断の両方あるいはどちらかが真か偽かになる「リアルな生活」ではないことを思い出させることで、活動をパフォーマンスとして持続するのを支援するのである。　（本書 p.255）

本書で暗示される未来の心理学については、さまざまな評価がありうるだろう。ニューマンとホルツマンが示した、哲学の歴史物語についても、自然科学の位置づけについてもさまざまな評価もあることだろう。

しかし確かなことは、著者二人の自然科学化した心理学への大胆な挑戦に、私たちが応答する責任があるということだ。二人の物語に対して、うなずくも反論するも読者の自由ではあるが、少なくとも何らかの応答する責任がある。そうして開始される、新しい視野からの新しい語り合いと新しい意味づくりこそが、ニューマンとホルツマンの願うところに違いない。

引用文献

Engeström, Y. (2015). *Learning by expanding: An activity-theoretical approach to developmental research. 2nd edition.* Cambridge: Cambridge University Press.

Holzman, L. (2003). Creating the context: An introduction. In L. Holzman & R. Mendez (Eds.) *Psychological investigations: A clinician's guide to social therapy.* New York: Brunner-Routledge.

Newman, F. (1968). *Explanation by Description* (Studies in Philosophy). Berlin: Walter de Gruyter.

Stetsenko, A. (2019). *The Transformative Mind: Expanding Vygotsky's Approach to Development and Education.* Cambridge: Cambridge University Press

索　引

著者紹介

フレド・ニューマン(Fred Newman)

1935年生まれ。前イーストサイド短期グループセラピー研究所長。スタンフォード大学で哲学博士号を取得したのち、ノックス大学やニューヨーク市立大学で教鞭をとるものの、実践としての哲学を実現するために、1968年から在野の哲学者として、コミュニティビルディング活動をニューヨーク市で開始し、ソーシャルセラピー、若者支援のパフォーマンスアプローチ(All Stars Project, Inc.)、企業向けパフォーマンスコンサルタント(Performance of A Lifetime 社)など多数の文化的パフォーマンスの転換に基づく発達支援プロジェクトを創始した。『革命のヴィゴツキー』(新曜社刊)『End of Knowing』(Routledge刊)など、戯曲集を含む多数の著作を残すも、2011年に膵臓癌で没した。

ロイス・ホルツマン(Lois Holzman)

イーストサイド短期グループセラピー研究所長。コロンビア大学で発達言語心理学の学位取得。パフォーマンスアプローチの開拓をニューマンと共に牽引してきた。日本発達心理学会や教育心理学会などによる招聘で、日本各地で講演やワークショップを開催するために、3回の来日を果たしている。『Schools for Growth』(Routledge刊)『Performing Psychology』(Routledge刊)など多数の著書がある。

訳者紹介

(名前(ふりがな)、＊は監訳者、翻訳担当、所属、専門・関心領域、業績、パフォーマンスアプローチへの思い・考え方・期待)

茂呂雄二(もろ　ゆうじ)＊　日本語版への序文、献辞、前書き、謝辞、1・9章
東京成徳大学応用心理学部教授

パフォーマンス心理学、言語・発達・学習心理学

『パフォーマンス心理学入門—共生と発達のアート』(共編、新曜社、2019)、ロイス・ホルツマン『遊ぶヴィゴツキー—生成の心理学へ』(翻訳、新曜社、2019)ほか。

パフォーマンスアプローチは、自然科学的アプローチを超えて、新しい心理学のあり方を提案するものです。自然科学依存のアプローチのどこに限界があり、どのように超えていくのかを、ニューマンとホルツマンと一緒に考え、実践してみませんか。

岸磨貴子(きし　まきこ)　5章
明治大学国際日本学部准教授

多文化共生、教育工学、学習環境デザイン

ロイス・ホルツマン『「知らない」のパフォーマンスが未来を創る—知識偏重社会への警鐘』(共編訳、ナカニシヤ出版、2020)、「学習環境としての分身型ロボットの活用—特別支援学校の生徒のパフォーマンスに着目して」(『コンピュータ＆エデュケーション』、46、2019)ほか。

20年間パレスチナやシリアの難民の人たちと彼らの生活の場で共に生きる／生み出す経験をしてきて、彼らの強さ、美しさ、有能さ、想像／創造する姿にいつも心を動かされてきました。そのあり様がパフォーマンスです。

北本遼太(きたもと　りょうた)　1部扉、2章
浜松学院大学短期大学部講師

発達心理学、社会物質性アプローチ

「「交換形態論」の再評価と「パフォーマンスとしての交換」への拡張—学習のアレンジメント形成における感情の役割」(共著、『認知科学』、27(1)、2020)、「ギブ‐ゲット関係の転換としての発達—F. Newman のアイディアと状況的学習論の深化」(共著、『筑波大学心理学研究』、58、2020)ほか。

私たちを縛る日常のアタリマエを問いかけ、新たな発展可能性を開くことが「パフォーマンス」の大事さだと思います。

城間祥子（しろま　しょうこ）7章
沖縄県立芸術大学全学教育センター准教授

教育心理学、伝統・文化の学習過程

「ワークショップを実践できる教師の育成を目的とした授業プログラムの開発」（『上越教育大学研究紀要』、38（2）、2019）、「総合学習の支援」（『スタンダード学習心理学』、サイエンス社、2018）ほか。

これまでにやったことのないことをするのは、とても不安で面倒です。でも、やってみたら意外にできたり、楽しかったりします。そうしたパフォーマンスの積み重ねが、新しい世界を作っていきます。

大門貴之（だいもん　たかゆき）6章
NTTテクノクロス株式会社　こころを動かすICTデザイン室

学習環境デザイン、テクノロジーの社会的実践

Mobility and Learning Through Tourism: Touristic Learning of Children During Family Travels. (*International Journal of Mobile and Blended Learning*, 14(1), 2022) ほか。

パフォーマンスアプローチは、新しいやり方や見方を携えて、どのように世界と戯れるかのヒントを開放してくれます。ときに窮屈に思えることに出会ったら、本書とともに別様の戯れ方を模索していきたいものです。

仲嶺真（なかみね　しん）2部扉、4章
東京未来大学モチベーション行動科学部特任講師

心理学論、恋愛論

Challenges marriage-hunting people face: Competition and excessive analysis (*Japanese Psychological Research*, 63(4), 2021)、「「心理学研究」の新心理尺度作成論文に記載された尺度作成の必要性」（共著、『心理学研究』、90、2019）ほか。

初めて出会ったとき、パフォーマンスはよくわからないものでした。それでも、知らないままとりあえずパフォーマンスと遊んでいるうちに、その可能性を感じられるようになりました。まずは私たちと遊んでいただけると嬉しいです。

広瀬拓海（ひろせ　たくみ）3章、3部扉、8章
独立研究者

学習・発達心理学、社会物質性アプローチ

Socio-material arrangements of impoverished youth in Japan: Historical and critical perspectives on neoliberalization. （共著、*Mind, Culture, and Activity*, 26, 2019）ほか。

研究者だけでないたくさんの人達が「哲学すること（＝身近な環境を問うこと）」から、パフォーマンスは拡がっていくのだと思います。そのために自分には何ができるのか？　自らの環境を日々、問い続けたいです。

パフォーマンス・アプローチ心理学
—自然科学から心のアートへ

Unscientific Psychology:
A Cultural-Performatory Approach to Understanding Human Life
Fred Newman and Lois Holzman
Japanese translated by Makiko Kishi, Ryota Kitamoto, Shoko Shiroma, Takayuki Daimon,
Shin Nakamine, and Takumi Hirose under the supervision of Yuji Moro

発行	2022年10月7日　初版1刷
定価	2800円＋税
著者	フレド・ニューマン、ロイス・ホルツマン
監訳者	茂呂雄二
訳者	岸磨貴子、北本遼太、城間祥子、大門貴之、仲嶺真、広瀬拓海
発行者	松本功
装丁者	萱島雄太
組版所	株式会社 ディ・トランスポート
印刷・製本所	株式会社 シナノ
発行所	株式会社 ひつじ書房
	〒112-0011 東京都文京区千石2-1-2 大和ビル2階
	Tel.03-5319-4916　Fax.03-5319-4917
	郵便振替 00120-8-142852
	toiawase@hituzi.co.jp　https://www.hituzi.co.jp/

ISBN978-4-8234-1160-1